中国现象学文库

现象学研究丛书

海德格尔传

张祥龙 著

图书在版编目(CIP)数据

海德格尔传/张祥龙著. —北京:商务印书馆,2017
(2023.4 重印)
(中国现象学文库. 现象学研究丛书)
ISBN 978 - 7 - 100 - 12874 - 2

Ⅰ.①海… Ⅱ.①张… Ⅲ.①海德格尔(Heidegger,
Martin 1889 - 1976)—传记 Ⅳ.①B516.54

中国版本图书馆 CIP 数据核字(2017)第 007271 号

中国现象学文库
现象学研究丛书
海德格尔传
张祥龙 著

商 务 印 书 馆 出 版
(北京王府井大街 36 号 邮政编码 100710)
商 务 印 书 馆 发 行
北 京 冠 中 印 刷 厂 印 刷
ISBN 978 - 7 - 100 - 12874 - 2

2017 年 12 月第 1 版　　开本 880×1230 1/32
2023 年 4 月北京第 3 次印刷　　印张 10⅞ 插页 2
定价:76.00 元

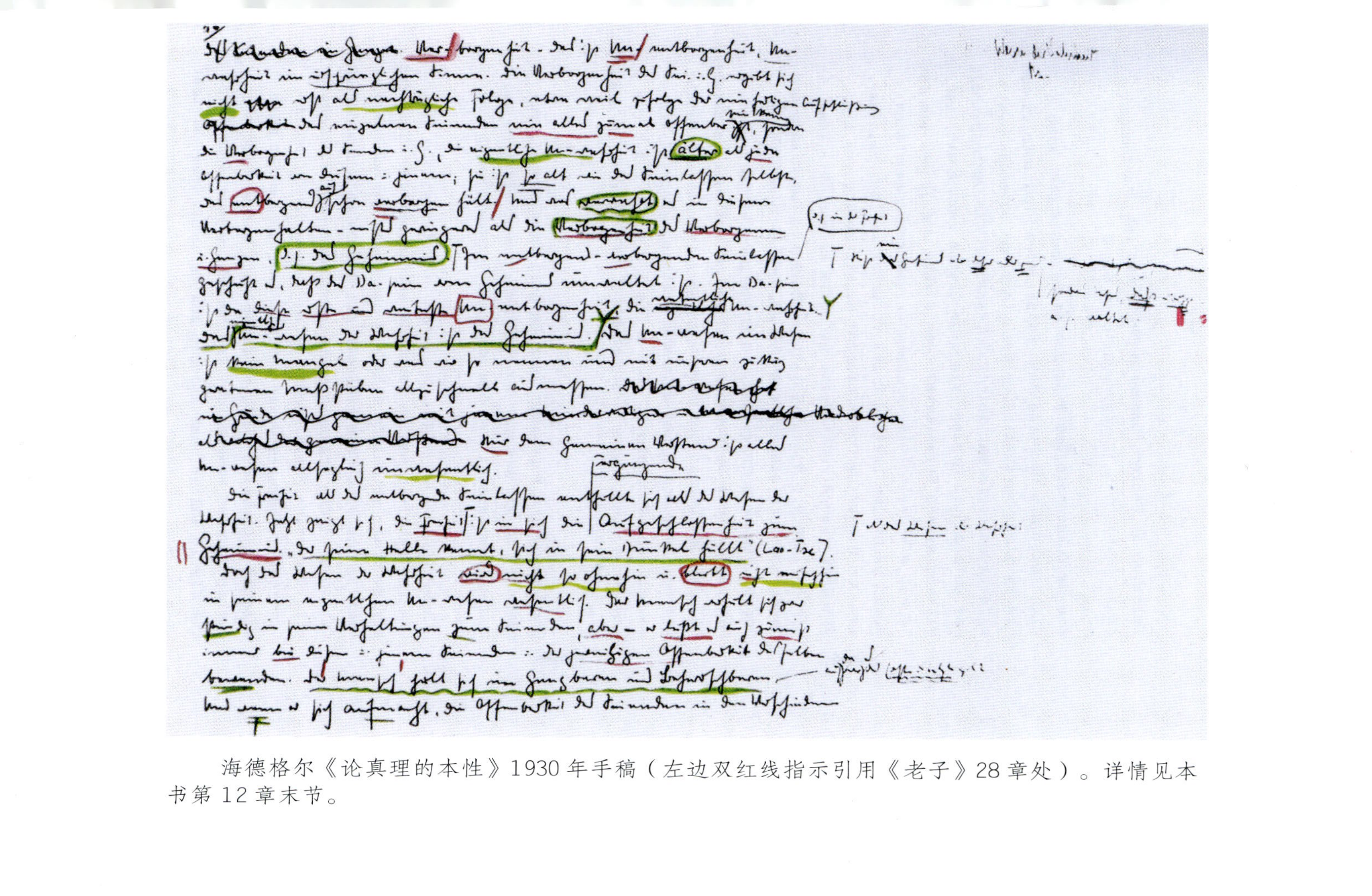

海德格尔《论真理的本性》1930年手稿（左边双红线指示引用《老子》28章处）。详情见本书第12章末节。

Vom Wesen der Wahrheit
Originalfassung 1930

Seienden im Ganzen. Verborgenheit, das ist Unentborgenheit, Unwahrheit im ursprünglichen Sinne.

Die Verborgenheit des Seienden im Ganzen ergibt sich nicht erst als nachträgliche Folge, etwa weil zufolge der nie fertigen Aufschließung des einzelnen Seienden nie alles zumal offenbar sein kann; sondern die Verborgenheit des Seienden im Ganzen, die eigentliche Unwahrheit, ist älter als jede Offenbarkeit von diesem und jenem, sie ist so alt wie das Seinlassen selbst, das entbergend auch schon verborgen hält. Und was verwahrt es (das Seinlassen) in diesem Verborgenhalten? Nichts Geringeres als die Verborgenheit des Verborgenen im Ganzen, d.h. das G e h e i m n i s . Nicht ein Geheimnis über dieses und jenes, sondern dieses, daß überhaupt das Geheimnis im Dasein als solchen waltet. Im entbergend verbergenden Seinlassen (des Seienden), d.h. in der Freiheit geschieht es, daß das Dasein vom Geheimnis umwaltet ist. Im Dasein ist da diese erste und weiteste Untentborgenheit, die wesentliche Unwahrheit. D a s e i g e n t l i c h e U n w e s e n d e r W a h r h e i t i s t d a s G e h e i m n i s.

Das Unwesen im Wesen ist kein Mangel, oder was wir so nennen, und mit unseren zu kurz geratenen Maßstäben allzu schnell ausmessen. Nur dem gemeinen Verstand ist alles Unwesen allsogleich unwesentlich.

Die Freiheit als das entbergende Seinlassen (von Seiendem als solchem) enthüllte sich als das Wesen der Wahrheit. Jetzt zeigt sich: die Freiheit als das Wesen der Wahrheit ist in sich die ergänzende Aufgeschlossenheit zum Geheimnis. Der seine Helle kennt, sich in sein Dunkel hüllt (Lao-tse). Doch das Wesen der Wahrheit wird nicht so ohnehin und bleibt nicht einfachhin in seinem eigentlichen Unwesen wesentlich. Der Mensch verhält sich zwar ständig in seinen Verhaltungen zum Seienden, aber er läßt es auch zumeist immer bei diesem und jenem Seienden und der jeweiligen Offenbarkeit desselben bewenden. Der

海德格尔《论真理的本性》1930年手稿引用《老子》段落的打印件，由比梅尔教授提供。

Walter Biemel
Am Hangeweiher 3
D 52074 Aachen

den 15.5.97

Prof.Dr.Xianglong Zhang
The Institute of Foreign Philosophy
The Third Yard (San Yuan)
Peking University
Beijing 100871
P.R.China

Lieber Kollege Xianglong Zhang,

entschuldigen Sie bitte, daß ich Ihnen verspätet antworte, ich pendle zwischen Aachen und Paris, wo ich auch eine Wohnung habe, dazu kam noch eine Tagung in Prag, zum Thema des Phänomens, anläßlich des 90.Geburtstags von Jan Patocka. Ich sprach über "Schein und Erscheinung in der Kunst".

Nun zu Ihren Fragen. Ich kann Ihnen einen kleinen Hinweis geben zu einem Zitat von Lao-tse, das Heidegger ursprünglich in seiner Schrift "Vom Wesen der Wahrheit" gegeben hatte und zwar im 6.Kapitel "Die Unwahrheit als die Verbergung". Ich gebe Ihnen den deutschen Text, in dem das Zitat vorkommt.
"Die Freiheit als das entbergende Seinlassen (von Seiendem als solchen) enthüllt sich als das Wesen der Wahrheit. Jetzt zeigt sich: die Freiheit als das Wesen der Wahrheit ist in sich die eigentliche Aufgeschlossenheit zum Geheimnis. Der seine Helle kennt, sich in sein Dunkel hüllt.(Lao-tse)"

Heidegger hatte begonnen mit Shi-Yi Hsiao Lao-tse zu übersetzen. Er war aber unzufrieden mit Hsiao Vorschlägen, die nicht den ursprünglichen Charakter des Textes wiedergaben,sondern westliche Begriffe setzten. Deswegen gab er die Arbeit bald auf.Das hat er mir persönlich erzählt. Was aber nicht bedeutet, daß er nicht an dem Taoism interessiert war. Ich würde vielmehr sagen, daß er in ihm Verwandtes entdeckt hat. Genaueres kann ich leider nicht anführen.

Zu Ihrer Bibliographie,Heideggers Biographie bezüglich, möchte ich Sie unbedingt auf das Buch von Francois Fédier hinweisen, ich lege Ihnen eine Karte bei.

Zu Otts Biographie habe ich bei einer Tagung des Heidegger-Circles eine Kritik vorgetragen,+ wenn Sie das interessiert, schicke ich Ihnen eine Ablichtung des Textes, der nicht veröffentlicht wurde.

Mit guten Wünschen zu Ihrer Arbeit und herzlichen Grüßen

[signature]

+ auf englisch

比梅尔教授（在涉及海德格尔引用《老子》问题上）给张祥龙的第一封信，时值1997年5月15日。详情见本书第12章末。

Walter Biemel
Am Hangeweiher 3
B 52074 Aachen

den 3.Juli 97

Herrn
Prof.Dr.Xianglong Zhang
The Institute of Foreign Philosophy
Peking University
Beijing 100871
P.R.China

Lieber Kollege Xianglong Zhang,

herzlichen Dank für Ihren Brief vom 14.Juni. Ich hatte Ihnen die Lao-tse-Stelle aus dem Original genauer zitieren sollen. Ich schicke Ihnen eine Ablichtung des Ms.(Heidegger schenkte mir das Original) und der Abschrift. In der Veröffentlichung, die ja 12 Jahre nach der Original-Fassung erfolgte, geschah dann die Abänderung.

Ich schicke Ihnen auch meine Kritik der Biographie Otts. Die Daten stimmen im großen und ganzen (Hermann Heidegger hat in der letzten Nummer der Heidegger-Studien Korrekturen vorgenommen), aber die Gesamt-Einstellung ist meiner Meinung nach ungerecht. Ott geht nicht auf das Werk ein, sondern versucht Heidegger umzubringen, indem er menschliche Schwächen in den Vordergrund stellt, besonders Heideggers kritische Haltung zur katholischen Kirche.

Leider ist der wichtige Text von Fédier bis jetzt nur auf französisch und auf italienisch erscnienen.

Mit herzlichen Grüßen und guten Wünschen

Ihr Walter Biemel
Walter Biemel

Den Vortrag hielt ich 1994
an der Brigham Young University
in Utah (USA)

比梅尔教授给张祥龙的第二封信（1997 年 7 月 3 日）。

《中国现象学文库》总序

自20世纪80年代以来，现象学在汉语学术界引发了广泛的兴趣，渐成一门显学。1994年10月在南京成立中国现象学专业委员会，此后基本上保持着每年一会一刊的运作节奏。稍后香港的现象学学者们在香港独立成立学会，与设在大陆的中国现象学专业委员会常有友好合作，共同推进汉语现象学哲学事业的发展。

中国现象学学者这些年来对域外现象学著作的翻译、对现象学哲学的介绍和研究著述，无论在数量还是在质量上均值得称道，在我国当代西学研究中占据着重要地位。然而，我们也不能不看到，中国的现象学事业才刚刚起步，即便与东亚邻国日本和韩国相比，我们的译介和研究也还差了一大截。又由于缺乏统筹规划，此间出版的翻译和著述成果散见于多家出版社，选题杂乱，不成系统，致使我国现象学翻译和研究事业未显示整体推进的全部效应和影响。

有鉴于此，中国现象学专业委员会与香港中文大学现象学与当代哲学资料中心合作，编辑出版《中国现象学文库》丛书。《文库》分为“现象学原典译丛”与“现象学研究丛书”两个系列，前者收译作，包括现象学经典与国外现象学研究著作的汉译；后者收中国学者的现象学著述。《文库》初期以整理旧译和旧作为主，逐步过渡到出版首版作品，希望汉语学术界现象学方面的主要成果能以《文库》统一格式集中推出。

我们期待着学界同仁和广大读者的关心和支持，藉《文库》这个园地，共同促进中国的现象学哲学事业的发展。

《中国现象学文库》编委会

2007 年 1 月 26 日

献给先师贺麟

“道路，而非著作”

（Wege—nicht Werke）。

——马丁·海德格尔[①]

① 这是海德格尔临终前对于自己的《全集》所说的话。见 O. 波格勒（Poeggeler）编辑的《海德格尔：阐释其著作的各种视角》（*Heidegger*：*Perspektiven zur Deutung seines Werkes*），Weinheim：Beltz Athenaeum，1994 年，第 404 页。

目　录

《海德格尔传》第二版序言

十几年来，海德格尔思想在中国学术界的影响不断上升。现在，中国哲学史、美学、马克思主义哲学、政治哲学、文学理论等众多领域的研究者中间，越来越多的人关注海德格尔。似乎可以说，海德格尔已经接替黑格尔，成了在中国影响最大的西方纯哲学家。而且，对于"海德格尔"还须作广义的理解，也就是要包括那些受到海德格尔深刻影响——不管是以正面的还是正负面混合的方式——的哲学家们，例如伽达默尔、萨特、梅洛－庞蒂、勒维纳斯、德里达、阿伦特、斯特劳斯等等。因此，完全不了解海德格尔，就很难理解中国哲学事业的当下进程。

这本《海德格尔传》第一版（1998 年初）出版以来，"海德格尔在中国"的势态不断加强，不少新的译作和研究论文、著作出版。我欣慰地看到，由这本传记及其作者的另一本书《海德格尔思想与中国天道》（1996 年）首创的或推动的一些研究方向，在中文学界得到了越来越多的严肃关注。比如，对于海德格尔早期思想，特别是自 1919 年他的哲理独特性形成时开始的、孕育《存在与时间》阶段的学说的重视，已经表现在了一些博士论文和学术刊物的论文中。海德格尔与道家之间严格意义上的思想联系，也在逐渐得到它应有的重视。正是在这个方面，本书的这一版有了新的进展。它介绍并研究了《海德格尔全集》第 75 卷所提供的重要材料，体现在新增加的第 17 章里边。此外，关于第 12 章末提到的海德格尔引用《老子》的事实，这一版又提供了《海德格尔全集》编撰者之一比梅尔（W. Biemel）教授当年给我寄来的一个重要材料的影印本，即海德格尔《论真理的本性》(1930年)初稿的一页彩色复印件以及相关的信件。这个复印件包含了海德格尔引用《老子》第28章“知其白，守其黑”以论证他思想的“转向”的文字，也是迄今见到的海德格尔文字稿中，与道家发生关联的最早证据，十分珍贵。它是由本书第一版首次向学术界披露的。由于这些独特的发现，再加上其他的相关研究成果，可以说，中国人对于海德格尔与道家关系的研究，无论就事实的发掘和思想的分析，现在已经走在了世界学术界的前列。

借这次再版《海德格尔传》的机会，我尽力将第一版中的文字错误(有一些是印刷中造成的)改正过来。学生林丹、朱刚和蔡祥元帮忙校对，商务印书馆的陈小文先生与程秋珍女士，为此书的再版做了必要的工作，在此一并致谢。

丙戌仲夏，张祥龙书于畅春园望山斋

引　言

毫无疑问，马丁·海德格尔（Martin Heidegger，1889—1976）是本世纪最有深远影响力的西方哲学思想家。能与他相比的恐怕只有路德维希·维特根斯坦。而且，他的影响超出了哲学领域，涉及神学、文学批评、历史学、心理分析或广义上的人文学科，也超出了一般意义上的学术研究范围，延伸至那些进行文化创造的人们，比如诗人、艺术家、作家，甚至建筑师。我们可以在这样一些受到广泛关注的人物身上明显感到这种影响，他们包括：萨特、梅洛－庞蒂、伽达默尔、利科尔、福柯、勒维纳斯、拉康、德里达、马塞尔、阿多尔诺、阿佩尔、哈贝马斯、布尔特曼、拉纳等等。对于我们东方人，特别是中国人来讲，海德格尔也具有特殊意义。他对于中国“道”的近半个世纪的兴趣和他的思想与中国古学的内在关联使得他在我们眼中不是个“异己者”，而是一位能够进行亲切深入对话的谈友。在这传统的工业文明走到尽头、全球走向不可避免的文化交融的时代，可以预期，他的“言说”（Sagen）将会被更多的人倾听，引发出更壮阔多姿的思想风云。然而，要深入贴切地理解海德格尔的著作是相当不容易的。其原因在于他的思路与传统西方的哲学或形而上学的基本套路极为不同，与现代西方哲学中其他作家（比如柏格森、萨特、德里达）的思想也有相当大的差距。而且，他的语言独特，里边充满着以各种方式——比如让共词根的一大组词相互影射，用词的字面意义或词源义而不用它为现代人所熟悉的现成意义，通过在词之间加小横线造新词，借词的音似、形似、双关而牵挂勾连，等等——构造出的语言游戏，以及由此种游戏所开显出的一个无法被还原为概念命题的纯在场的思想意境。而且，以他深厚的哲学史素养和思想上的敏感，他能向你表明，这些活在他的独特语境中的思想意境恰恰能够有助于解答那些困扰概念哲学家们、神学家们多少个世纪而无真正突破的问题。如果你确实领会了这语境和意境本身说出的东西，就会感到，这种思考和表达的方式实际上为人们打开了一条理解各种终极问题的新道路。

这本传记就意在帮助读者减轻阅读海德格尔时的困难，从而有希望走上这条尽管曲折艰辛，但却是新意新境叠出的道路。我之所以有这样的用心和一定程度的信心，是基于这样一个可能与许多人不同的看法，即这位以"**实际生活本身的形式－境域显示**"为思想起点和命脉的思想家的人生与他最深奥的思想是不可分的。他的思想**就是**他的实际生活本身的形式－境域显现，如果我们对这生活本身有足够深入和真切的了解的话。为此，在写作此传记时，我不仅参考了尽可能多的有关海德格尔的传记材料，包括最近一些年内出版的几本德文及英译的海德格尔传记，而且利用旅欧的机会，于 1997 年 10 月前往德国，专程访问与海德格尔有关的地方，比如梅斯基尔希、弗莱堡、托特瑙山，采访了与海德格尔有关的人士，例如他的两个儿子及两个侄子等，得到了一些只有"在场"(Anwesenheit)时才能得到的材料和体验。如今，这样一些"场面"在我的记忆中还是栩栩如生：梅斯基尔希市政大厅中高悬的海德格尔画像，海德格尔档案馆中海德格尔家族的照片集，圣马丁教堂里巴洛克式的富丽装饰、弥撒圣歌与教堂顶楼敲响的浑厚钟声，海德格尔出生的房子(已重建)和在其中长大的"海德格尔之屋"，海德格尔受洗之处，即当年充作天主教派临时教堂的马丁礼堂(Martin Saal)，梅镇公墓中鲜花托衬着的海德格尔之墓，领主宫廷花园中的喷泉，自花园大门开始的"田野道路”，那道路上农夫憨朴的笑容和问候，在森林边高大橡树下的粗木长椅，“海德格尔中学”与里边举行的海德格尔学会第九届会议……；还有年青海德格尔尊崇的亚伯拉罕·阿·桑克塔·克拉哈的家乡克瑞亥斯特敦，那边市政厅前矗立的亚伯拉罕的纪念像；多瑙河上游河岸边的巨岩和深秋如画如诗的景色；黑森林的壮丽非凡，通往托特瑙山的盘旋道路，路边隐藏在黑色屋顶下的农舍，风趣粗壮的农妇与农夫，凶猛忠实的牧羊犬，陡峭山坡上挺拔幽深的冷杉林和开阔疏朗的草地，海德格尔小屋（Huette）边的宁静与弥漫的云气山雨；……这一切都在与我脑海中海德格尔的人生相互呼应和印证，逐渐融成一个活生生的“生活世界”或“人生世域”（Umwelt）。唯一可惜的是，由于出版时间所限，我只来得及将一部分有关体会和材料融入本书。余者只有留待将来再行补充。①

因此，我写这本传记时十分注意海德格尔的人生与其思想的相互关联。一些不为西方的海德格尔传记作家们所关注的方面，比如海德格尔与家乡教堂钟声、田野道路和托特瑙山间小屋的联系，在我看来构成了海德格尔人生中“非事件的”但却是在深层涌动的维度，是我们理解他的一些重要窗口。从他的著作看来，这种人生与思想的相关性的最重要体现就是他在20年代初形成的“实际生活本身的形式－境域显示”的思路。这种现象学－解释学的思想方式与实用主义、行为主义、直觉主义等都不同。它的要旨是：不受制于任何现成的、预定的概念原则和主客区别，而只是让活生生的**在场境域本身**显示出、“说”出它本身的原发含义。在海德格尔那里，“道路”、“钟声”、“自然”（physis）、“存在本身”、“缘”（Da）、“时间性”、“语言”、“历

---

① 出于同样的原因，本书论及海德格尔思想的一些章节取自本书作者的《海德格尔思想与中国天道》一书（1996年，北京三联）。还望读者见谅。

史缘在”、“境域”、“生存本性”……都是这在场境域的体现；它像赫拉克利特讲的那团“永恒的活火”，发生着、维持着、构成着原初的意义和领会可能性。对于他，“与人们共在”、“害怕”、“沉沦”、“恐惧”、“良知的呼唤”、“诗的创构”等等就是对这在场境域或不切身或切身的见证；“完全投入”、“生存”、“在缘”(Da-sein)、“面对无”、“倾听”、“朝死存在”、“维持于间隙——消除着隔离的距离——之中”、“技艺”、“发问”等等就是进入这在场境域的方式；而“形式－境域显示”、“言谈”、“语言本身的言说”就是这在场境域表达自身的方式。这不是对于一个外在于语境的“什么”或“存在者”的表达，就像通常的语言－意义观和存在观所认为的，而就是这正在活活体验着、艰难维持着的当下人生境域或语境本身的表达和显示。这就是海德格尔讲的“存在论的区分”或“存在本身不同于任何存在者及其集合”真正要说的意思，是现象学的“意向性构成”思路的更彻底体现。它将我们的思想(Denken)与语言(Sprache)带到了一个与我们的生存方式更切近、更原(缘)发、更饱满紧张而又更加自明的层次，极不同于传统那种充斥着任意性的概念构造和命题表达。

接近海德格尔人生与思想的第二个困难就是他的“纳粹问题”。他在希特勒掌权后的1933年5月就任弗莱堡大学校长并参加了纳粹党，但于1934年2月提前辞职。如何理解这段历史与他的思想的关系？由于这个历史问题令海德格尔的后半生时受折磨，海德格尔和同情于他的许多学者都曾在可能的程度上回避它；而另一些往往对海德格尔的思想缺少了解、却志在让海德格尔名誉扫地的人则抓住此问题不放，全力搜寻海德格尔的档案、通信和一切证据，过一段时间就让“海德格尔问题”出现于报纸的头版新闻中。最近10年里，这些人士推出了相当一批有过轰动效应的传记和文章，力图将海德格尔刻画成一位根深蒂固的反犹太主义者和纳粹，将其思想说成是纳粹在意识形态上的同谋。我所写的这本海德格尔传记不仅不回避他的纳粹问题，而且尽可能彻底地追究他与纳粹合作的思想原因，特别是他1933年校长就职演说的内在含义。我发现，他的“实际生活本身的形式－境域显示”思路在这里同样是主导性的，并由此而看出他与纳粹的共同点所在，以及这共同之处下面的思想方式和政治意向上的巨大差异。这就职演说不只是“政治的”，而是与他对现代技术、科学、文化和西方命运的看法息息相关；也就是说，与他的整个思想，特别是后期思想不可分。但这也绝不意味着他的思想是纳粹的，相反，它只意味着这思想比纳粹的意识形态更深刻得多地吸收了尼采对于西方文化的批判，抛弃了其中还隐含的形而上学前提，在现象学－解释学的维度中转化成了纯在场发生的境域型思路。所以，在辞职后的海德格尔看来，纳粹那些现成化为生物种族主义、扩张主义的主张仍属于西方的形而上学传统和技术文化，只是在政治上以反题的方式出现罢了。实际上，海德格尔在现实的或“现成化了的”西方政治、哲学和文化的主流中找不到真正的知音，只能在诗的和历史领会的境域中“等待”古代神灵（酒神？基督？）的再临。他终生都在寻找西方思想的真正源头，以扭转其颓势；结果达到了这个思想的边缘，甚至在某个意义上超出了它。明白了海德格尔人生－思想中的这样一个大势态，就能更深入和境域（史境、语境）化地理解他的纳粹问题，而不必总是等待那“将会在档案中发现的海德格尔形象”的裁决。

到目前为止，已出版的海德格尔传记还没有一部处理过他与中国“道”的关系。眼下这部传记对之却给予了极大关注，并在思想考察和事实发掘上有自己的独特之处。此传记表明，海德格尔对于“道”的兴趣与他本人的思想“道路”息息相关。这首先是指他在思想方式上的突破已使他不能真正满意于西方现有的绝大多数学说，而形成了与东西方最古朴生动的源头进行对话的要求和能力。对于他，西方的源头是前柏拉图哲学家们对于存在在场的揭示或这个意义上的“逻各斯”；东方的源头则是在阴阳（黑暗与光明、隐藏与开启）相交相即之中而缘构成（ereignen）的“湍急的”、总在开出新路的道境。其次，他用对他来讲具有最缘发（Ereignis）意义的“道路”（Weg）这个意象和思路来解释中国古道。第三，这种充满了生命本身的境域显示的理解不同于目前在“中国哲学”界流行的、在西方概念哲学影响下形成的对于道的种种解释；但细究之下可知，它亦有自己的甚深道理，包括词源学上的根据。因此，这解释在邀请我们去与之对话，并就在这对话语境之中形成新的道路或对道的领悟。

就事实而言，相比于我于 1996 年出版的《海德格尔思想与中国天道》（北京三联）一书所提供者，这次亦有新的发现。通过与一些海德格尔的朋友、学生、亲人、研究者的通信和交谈，我收集到海德格尔与中国“道”发生关系的更多的佐证。其中很重要的一条是由德国的 W. 比梅尔教授提供的，即海德格尔早在 1930 年就已在标志他向后期思想“转向”的“论真理的本性”一文的**手稿**中引用了《老子》或《道德经》第 28 章中的“知其白，守其黑”，说明他对“道”的热情与其思想转向有重要的关联。此外，针对一种要否定海德格尔曾与萧师毅在一个短时间内共同翻译过《老子》的说法，此传记亦提供了更多的事实及相关分析。

尽管做了这些努力，我深知：目前任何关于海德格尔的传记都只能是一个小小的开端。这绝不意味着我们总要等待“档案中的海德格尔”的浮现，而是出于这样一个感受，即这条深邃宏阔、诡谲多弯的人生河流具有异乎寻常的丰富性与“隐藏”的可能性。但我也相信，中国人在理解海德格尔的人生－思想上可以有自己独到的观察角度和领会能力；而且这种观察和领会或许会有助于我们自家思想的开元来复。

在这本传记的写作中，我得到了不少人的帮助。首先我要深深感谢 W.比梅尔（Biemel）教授，他为我提供了有关海德格尔与道家关系的一些宝贵资料，并以各种方式支持我自费访问海德格尔的故乡和生活过的地方。没有他的帮助，这次访问绝不可能如此富于成果。其次，我十分感激我在美国读博士时的论文指导教师之一曹街京（Kah-Kyung Cho）教授。多年来他不但从精神上极力支持我从事海德格尔与中国道家关系的研究，而且在 1996 年香港国际现象学会议后数次给我来信，阐述他对于这个关系的看法，并先后转来 O.波格勒教授的三封谈及萧师毅与海德格尔共译《老子》问题的信，使我受益良多。再者，我要感谢弗莱堡大学冯·赫尔曼（F.-W. von Herrmann）教授的太太和在慕尼黑大学攻读第二个博士学位的中国台湾留学生赖贤宗博士，他们在我访问德国之际给予了最必要的热情帮助。对于我在海德格尔家乡梅斯基尔希及海德格尔学会第九次会议上受到的招待和帮助，我亦满怀感激之情。这主要涉及海德格尔的侄子亨利希（Heinrich Heidegger）、海德格尔次子赫尔曼（Hermann Heidegger）和长子约格（Joerg Heidegger），及海德格尔学会中名叫保罗（Paul）的工作人员、海德格尔档案馆的A.海姆（Heim）博士，等等。我还想借此机会向我的同事和朋友靳希平、王炜及商务印书馆的陈小文表示谢意，感谢他们在与我多年的交往中所给予的资料上和思想上的帮助。对于这套传记的主编雷永生教授和出版者，我亦需致谢。没有他们的邀请、催促和耐心等候，这本书不可能问世。最后，我要深情感谢我的妻子德嘉；除了那些绵绵不绝、“润物无声”般的支持之外，她还为我在电脑上打印了此书稿，使之能够在时限内完成。

一、人生起点

海德格尔的传记作家之一萨夫朗斯基(R. Safranski)称海德格尔为“一位关于起源(Anfang)的大师”。[①] 这“起源”的含义极为丰富,我们这本传记将会一再去揭示它。但首先可以说,这位起源或启源的大师的人生起头也是富于深意而值得关注的。

马丁·海德格尔(Martin Heidegger)1889 年 9 月 26 日出生于德国巴登州的梅斯基尔希(Messkirch)镇(以下简称“梅镇”)一户笃信天主教的家庭。巴登-符腾堡州位于德国西南角,与瑞士和法国毗邻。著名的黑森林山脉就位于此州的西南角。海德格尔是家中长子,父亲弗里德里希·海德格尔(1851—1924 年)是梅斯基尔希镇中圣马丁天主教堂的司事(Mesner)。这是一种管理教堂杂务的低级神职工作,负责敲钟、看守教堂、挖掘墓地、辅助神父做弥撒等。除此之外,他还要做箍桶木工,以维持生计。海德格尔的母亲约翰娜·肯普福·海德格尔(1858—1927 年)也是一名天主教徒。海德格尔有一兄弟,名为弗里茨(Fritz),逊他五岁。兄弟俩感情至厚。另外还有一妹妹,名为玛丽乐(Mariele),50 年代中期去世。海德格尔家族世代是普通农民和手艺人。其祖上 18 世纪自奥地利移居到本地。梅镇的家族研究者已发现,海德格尔家族与麦格勒及克罗伊策尔家族有远房亲属关系。17 世纪著名布道者亚伯拉罕·阿·桑克塔·

---

① R. 萨夫朗斯基:《出自德意志的大师:海德格尔与他的时代》(*Ein Meister aus Deutschland: Heidegger und seine Zeit*),Muenchen: Hanser,1994 年,第 15 页。

克拉哈(Abraham a Sancta Clara)就出自麦格勒家族;关于此人我们以后还会谈及。克罗伊策尔家族中则出过作曲家康拉丁·克罗伊策尔(Konradin Kreutzer)。引海德格尔走上寻求"存在意义"之路的精神导师、后来的弗莱堡主教格约伯(C. Groeber)神父也是海德格尔家族的远亲。① 海德格尔母亲一边的肯普福(Kempf)家族出自离梅镇不远的格金根村。其祖上于17世纪中叶获得了一大份那边的田产使用权,海德格尔的外祖父在1838年花了3800古尔登买下了它。这个家族的人从精神上一直属于那里的教会。童年的海德格尔有时住在格金根村,与同岁的表兄古斯塔夫在那里玩得昏天黑地,"过着无忧无虑的日子"。②

梅镇并不大,到19世纪末时有约两千居民。它离黑森林已有相当一段距离,位于博登湖与施瓦本山之间,属于多瑙河上游。地势近乎平原,但有和缓生动的起伏。这是一片贫瘠的、以前也曾是贫穷的地带,处在阿雷曼与施瓦本的交界处。阿雷曼人性子慢、含蓄、好苦思冥想;施瓦本人则比较开朗、坦率、耽于幻想。前一种人善嘲讽,后一种则有激情。海德格尔则于两边都有所取。他还特别认同于一位大半个世纪之前的施瓦本同乡,著名诗人弗里德里希·荷尔德林(F. Hoelderlin, 1770—1843),视之为自己精神上的守护神。在他1942年解释荷尔德林的诗"伊斯特尔"③的演讲手稿中,海德格尔附进了这样一段议论(不过在出版此讲稿时未收入):"很可能,由于命

① R. 萨夫朗斯基:《出自德意志的大师:海德格尔与他的时代》,第16—17页。

② H.奥特(Ott):《马丁·海德格尔:政治生活》(*Martin Heidegger: A Political Life*), A. Blunden英译, London: Haper Collins, 1993年,第45页。此书的德文原版书名为:《马丁·海德格尔:在通向其传记的途中》(*Martin Heidegger: Unterwegs zu seiner Biographie*), Frankfurt: Campus, 1988年。

③ 海德格尔:《全集》(*Gesamtausgabe*), Frankfurt: Klostermann, 第53卷,《荷尔德林的赞歌"伊斯特尔"》,1984年。此诗已有中译本,见《荷尔德林诗选》,顾正祥译注,北京大学出版社,1994年,第118—121页。伊斯特尔是希腊人对多瑙河的称呼。

运的安排，荷尔德林这位诗人……的出现是为了一位思想者，他的祖父就在这位诗人写出‘伊斯特尔赞歌’的时候……出生于一个牛奶场的羊圈中。这地方就位于多瑙河上游巨岩下的河流岸边。”在这段话里，海德格尔对自己“天命”的领会、他与荷尔德林之间的隐秘沟通，以及他那阿雷曼和施瓦本人的出神冥思的特点都跃然纸上。

对于已 38 岁的父亲和 31 岁的母亲说来，长子海德格尔的出生一定是件极重大的喜事。然而，就像施瓦本山和多瑙河水，这个家庭和它那将闻名世界的长子的命运注定是起伏不平的。在海德格尔出生前许久，当地就发生了一场深刻影响到这个家庭的教派争端。自 19 世纪中叶以来，教会与普鲁士国家之间就纷争不息。教会主张信仰自由，教会和学校不受国家控制。它们在较下层居民，特别是乡村和小城镇中很有影响。很难说清这一运动是自由主义还是保守主义。它的基本倾向是：反对普鲁士、反对工业资本主义、反犹太主义，主张地区、教会和学校的自立；重农业、亲乡土、爱家园。① 1870 年，罗马教皇主持的大公会议通过一个决议，宣称教皇不会犯错。由此引发了德国天主教教会内的一次大分裂，被称为“文化战”（Kulturkampf）。倾向于普鲁士国家的教会人士反对这个决议，形成了所谓“老天主教运动”（altkatholische Bewegung），而倾向于罗马的神父、教徒和在议会中的基督教中心党则形成（正统）天主教派，最终接受了此新教义。② 总的说来，较富裕的、新派的和上层的人支持老天主教运动，而较下层的、虔诚的和安土重迁的人倾向于天主教派。海德格尔的父亲自然属于后一种，也为此付出了相当的代价。1875

---

① 《出自德意志的大师：海德格尔与他的时代》，第 18 页。

② 同上。参见维克多·法瑞阿斯（V. Farias）的《海德格尔与纳粹主义》（*Heidegger and Nazism*），P. Burrell 等英译本，Philadelphia：Temple University Press，1989 年，第 12—13 页。

年前后，代表国家利益的州政府支持梅镇的老天主教派，判决此教派也可以使用圣马丁教堂。正统天主教派则认为此举亵渎了神殿，愤然撤出，并将附近的马丁礼堂（Martin Saal）改建为一所“应急教堂”。就在那个比较简陋的避难所和受“官府”压抑的气氛中，海德格尔的父亲行其司事之职并做他的木匠活计。在一所位于临时教堂对面的旧房里，海德格尔呱呱坠地并在临时教堂受洗。①

这样一个“起头”颇有些福音书中耶稣降生的味道。日后，每当海德格尔沉思这充满浓重夜色和虔信灵光（不管是天上的星光还是柴炉里的火光）的“命运安排”时，定会有大感奋、大神契和大心潮生。这个生命饱含着阴阳、高低的交错扭曲的势态，它有时缓慢、有时又突发的释放将决定这个人生在未来不寻常的道路。

此处可以录下荷尔德林的诗“在多瑙河源头”（手稿）中的几句：

> 母亲亚细亚，我向你致意……
> ……
> 凭借多瑙河，每当它
> 从山头下来，
> 向东方奔去
> 寻找世界，乐意载着舟楫，
> 我便驾着滚滚波涛
> 拜见你。②

---

① 《出自德意志的大师：海德格尔与他的时代》，第 20 页。《马丁·海德格尔：政治生活》，第 43 页以下。本传记作者在访问海德格尔家乡时看到，海德格尔出生于其中的那所老房早已被推倒重建；只有海德格尔自 6 岁起在其中成长的、位于圣马丁教堂旁边的司事房还存在，被称为“海德格尔之屋”（Heidegger-Haus）。

② 《荷尔德林诗选》，第 117 页。

无须解释，也不必评论。让我们只去感受它的浩荡奔腾，混蒙含义。

到了90年代，老天主教在梅镇的人数减少，“文化战”的气氛也就缓和下来。1895年，圣马丁教堂被发还给天主教派，海德格尔一家终得搬回这座教堂的司事房居住。那年的12月1日，举行了节日般隆重的礼拜仪式，正式交接教堂。海德格尔意外地在其中扮演了一个“关键角色”。老天主教的司事耻于将教堂钥匙直接交给他的接任者老海德格尔；看到司事的儿子正在教堂前玩耍，就把这钥匙塞到了他的小手里。这样，6岁的马丁就为期待着的人们带来了开启马丁教堂的钥匙。[①] 当这个孩子长大之后，就称这类“开启”(a-letheia)为原本意义上的“真理”。

从各种迹象看来，这是一个虔诚和简朴的家庭。海德格尔的父亲平日沉默寡言，却能在公开场合朗诵席勒的《大钟歌》。他敲了一辈子钟，对这首诗情有独钟很可理解。母亲约翰娜天性乐观，有情趣，喜欢社交和有意思的谈话。极爱花，为教堂庆典而装饰圣餐台时颇有艺术眼光。她常说，生活被安排得如此奇妙，使得人总可以为什么事欢喜。在这话的后面隐藏着宗教体验，如其所说：“处于恩典里，生活的烦恼就易于忍受了”。[②] 她于1927年5月3日去世，就在长子将他的《存在与时间》带回家之后的第九天。海德格尔好活动，游泳、溜冰、足球、体操、远足、做各种游戏，都是他少年时的爱好。常与兄弟一起在父亲的木工作坊里帮忙，挥锤推刨，早早就有了“应手地”(zuhanden)使用工具的经验。

---

① 《出自德意志的大师：海德格尔与他的时代》，第29页。

② 见海德格尔之弟弗里茨的回忆“生日贺信”，载于马丁·海德格尔：《80诞辰纪念集（由他的家乡梅斯基尔希镇编辑）》(*Zur 80 Geburtstag von Seiner Heimatstadt Messkirch*)，Frankfurt：Klostermann，1980年，第61—62页。此书以下简称为《80诞辰纪念集》。

这个家庭的生活中心就是圣马丁教堂。梅镇的名字"Messkirch"的意思就是"弥撒教堂"。大约西元8世纪，附近地区新皈依的阿雷曼人每个礼拜日在此处举行他们的弥撒活动，因此人们称这个地方为"弥撒教堂"(Messankirche)。这建于冰碛石堆上的教堂以法兰克圣徒"巡游的马丁"(Martin von Tours，大约316/317—397年)为护法者(Patronat)，因而取名"马丁教堂"。早期的马丁教堂于10世纪前期被入侵的匈牙利马扎尔人毁掉。后来重建，至13世纪中期又扩建，以后又经多次改建和重修。如今它是一座具有典型的巴洛克风格的高大教堂。① 这教堂不仅很可能是海德格尔名字"马丁"的来源，也是这个小镇的生活韵律的体现。每天数次、礼拜日、圣诞节、复活节，或逢丧事时，钟声都会从教堂的钟楼上响起。海德格尔在"钟楼的秘密"(1956年)这篇短文中既深情又深思地回忆了他与这钟声(Laeuten)结下的缘分，其中充满了对时间(或时机)境域的隐喻和象征。文章从圣诞节的晨钟讲起："圣诞节清晨四点半，敲钟的孩子们就来到了教堂司事的家中"。他们来不是为了喝咖啡和吃可口的点心，而是为了等待(Erwartung)一个不寻常的时刻(Augenblick)：圣诞钟声的敲响。这种等待不是被动的，因为他们就要爬上钟楼去参与这个时刻的构成。"令人无法言传的兴奋之处在于：那些比较大的钟要被事先'摇晃'起来，它们的钟舌却被钟绳固定住了；只有到了这钟被充分地摆动起来时，才'放出'钟舌，而这正是特别的诀窍之所在。于是，这些钟就一个接一个地以最大的音量被敲响。只有训练有素的耳朵才能正确地判断，是否每一下都敲得'恰到好处'。钟鸣以同样的方式结束，只是次序倒过来而已。"②海德格

① 此资料来自介绍梅镇教堂的附有多幅图片的小册子，题为《圣马丁的梅斯基尔希》，Regensburg：Schnell & Steiner，1994年，第3—4页。

② 海德格尔："钟楼的秘密"，载《80诞辰纪念集》，第8页。

尔接着如数家珍地介绍了钟楼上的七只钟的特点，其中特别提及被称为“小三”的一只小钟，因为每天下午三点敲响它就是包括海德格尔在内的“敲钟的孩子们”的责任。为了这件事，孩子们下午在领主宫廷花园和市政厅前的游戏总要被打断。因此，孩子们有时（特别是在夏天）干脆将游戏挪到钟楼里，甚至到它最高的、有寒鸦和楼燕筑巢的顶梁架中。这只“小三”也是丧钟。不过，传送丧事消息的钟声总是由司事老爹本人敲响的。除了敲钟，孩子们还在钟声伴鸣的弥撒仪式中做辅祭童。……海德格尔就这样叙述着这浸透了他童年和少年的、充满了时间牵挂（Sorge）和恰到好处的韵律的钟声。文章的末尾是这样一段：

> 教堂的节日、节日的前夕、一年四季的进程、每日的晨昏晌午都交融于这深奥神秘的交缝（Fuge）之中，以致总有一种钟声穿过年轻的心、梦想、祈祷和游戏。心中隐藏着这钟楼最迷人、最有复原力、最持久的一个秘密，为的是让这钟鸣总以转化了的和不可重复的方式将它的最后一声也送入存在的隐藏之处（Gebirg des Seyns）。①

从狭义上讲，这钟声象征着神的时间化和人生境域化。在海德格尔的早期教学，特别是关于基督再临的时间性（Kairology）的宗教现象学演讲中，以及他的成名作《存在与时间》中，我们都一再听到过这熟悉的钟声。而且，“以转化了的和不可重复的方式”，这钟声也回响在他后期对荷尔德林诗作的解释之中。那曾经“穿过年轻的心”的

---

① 《80诞辰纪念集》，第10页。此段话末尾的“Gebirg des Seyns”又可译为“存在的群山”。此段话第一句中的“交缝”（Fuge）又可以译为“赋格曲”。

钟声势必“将它的最后一声也送入存在的隐藏之处”，在那里久久回荡不绝。

家乡给海德格尔的另一种持久的影响来自“田野道路”或“田野小道”(Feldweg)。从他的“田野道路”(1947—1948年)一文中可知，这条小道从领主宫廷花园的[后]大门开始，一直引向埃恩里德(Ehnried)。复活节的时候，这小道在生长着的新苗和苏醒过来的草地间容光焕发；到了圣诞节，它消失在小山坡后面的风雪堆中。无论何时，花园中的老椴树总是从墙后注视着它。从田野中的十字架开始，小道弯向森林。林边生长着一株很高的橡树，它下面有一只粗木长椅。就在这长椅上，青年海德格尔读了“伟大思想者们的作品”。每当无法弄通书中的问题时，他就走回到这田野小道上，而这小道给予思想脚步的帮助就如同它给予农人的脚步那样无形无私。“它默默地伴随着小道上的脚步，蜿蜒通过这贫瘠的地域”。海德格尔接着讲到由小道牵动着的森林、橡树、父亲、母亲和自己的童年游戏。“这田野的道路收拢着一切因环绕着这道路而有其本性(Wesen)的东西，并且将每一个在它上面走过者带入存在(das Seine zu tragen)。总是改变着，又总是临近(Naehe)着，这田野路由相同的田地和草坡伴随着穿过每一个季节。……在它的路径上，冬天的暴风雪与收获的时日相交，春天活泼的激情与秋季沉静的死亡(das gelassene Sterben，安时处顺、任其而行的死亡)相遇，孩子的游戏与老者的智慧相互对视(erblicken einander)。但是，就在这独一无二的合奏之中，一切都是清澈的；而田野道路就将这合奏的回声沉默地带来带去。”①

---

① 《80诞辰纪念集》，第14页。海德格尔曾用“相互对视”解释他后期的主导词“Ereignis”(自身的缘起发生)的词源义。参见《同一与区别》(*Identitaet und Differenz*)，Pfullingen：Neske，1957年，第25页。而且，引文中给出德文原文的词大多也是他用来表达纯思想的词。

熟悉海德格尔著作的人，这些谈田野道路的文字中处处都有他的重要思路的映射。这条田野中的小道绝不只是连接两个地点的一条实用的、线性的路径，而是能够引出一个发生境域的“交缝”或“几微”(techne)，对于这位以“道路，而非著作”①为思想生命的人而言，这道路本身就在“召唤”(Zuspruch，鼓励，劝说)。“不过，只有有人、有生来就活在这召唤的氛围之中并因此而能听到这召唤的人，这田野道路才能发出它的召唤。……这召唤在一个遥远的来源中产生出了家园。”②毫不夸张地说，海德格尔的一生就是在努力倾听这田野道路的召唤中度过的。就在这田野道路的氛围中，他读到布伦塔诺讨论亚里士多德“存在”观的书，被唤上纯思想的道路；为了解决其中的问题，他又走上通向《存在与时间》的“现象学道路”；以后，又是“通向语言的道路”；而且，他以这发生境域化了的“道路”来理解和解释老庄的“道”或中国的“天道”，一点不假地“在一个遥远的来源中产生出了家园”。实际上，“道路”(Weg)这个词在他的著作中的地位就相当于“(自身的)缘构发生”(Ereignis)，有着比“存在”(Sein)还更本源的含义。③

1903年，14岁的海德格尔到离家50公里之外的康斯坦兹寄宿学校读初中。海德格尔的家境绝不富裕，当地人也没有让孩子上中学的风气，海德格尔的父亲之所以愿意送海德格尔去几十公里之外的一所中学去读书，是因为海德格尔当时已有了做一名神父的愿望。并且，由于他的天赋和杰出表现，得到梅镇教区C.勃兰德胡贝尔

---

① T.克兹尔(Kisiel)：《海德格尔的〈存在与时间〉的起源》(*The Genesis of Heidegger's Being and Time*)，Berkeley：University of California Press，1993年，第3页。

② 《80诞辰纪念集》，第13—15页。

③ 海德格尔：《在通向语言的道路上》(*Unterwegs zur Sprache*)，Pfullingen：G. Neske，1986年，第269页注释。

(Brandhuber)神父和当时任康斯坦兹寄宿学校校长(Praefekt)的C.格约伯(Groeber)的赏识,帮助他从一个地方基金会和一个赞助神学学习的基金会得到了两笔学生的定期生活补贴。[①] 从这时起直到1916年的13年中,海德格尔一直处于依靠各种经济资助的紧张状态中。1906年,海德格尔进入弗莱堡(位于梅斯基尔希以西约一百公里处)一所教会办的文科中学读高中,直到1909年。从此,他的生活与弗莱堡以及周边的黑森林地区结下了不解之缘。

在康斯坦兹,从1903年到1906年,海德格尔住在一处叫圣·康拉德的男生寄宿学校。法瑞阿斯(《海德格尔与纳粹》的作者)在他的书中,总是千方百计地寻找能证明海德格尔是一名根深蒂固的纳粹分子的材料。关于这段学习生活,他要强调的是这里宗教冲突和“文化战”的严重,以表明在这种气氛中成长的海德格尔会有一种好走极端的、反对现代文化的倾向乃至变态心理,以致后来与纳粹思想一拍即合。他提供的事实是:在这里,一方面,大多数学生来自中上层家庭,教员中也不乏自由主义者和人文主义者;另一方面,则有一些受教会荫庇的下层人家的孩子,他们要被训练成为罗马天主教的神职人员。前一类孩子总是要欺负后一类。法瑞阿斯特别引述了一位当年在那里学习的富人子弟的回忆,其中描述他这阶层的学生们如何欺负、嘲弄甚至“剥削”(比如让对方替自己做作业)那些来自下层人家的同窗们。[②] 这些材料并不能达到法瑞阿斯所要的结论,因为即使存在这种情况,它的广泛程度,它是否严重影响到海德格尔,它对海德格尔意味着什么,都还是不确定的。法瑞阿斯的论证方式中有太多的推测和臆断。因此,一些海德格尔的研究者,比如伽达默尔、

① 《出自德意志的大师:海德格尔与他的时代》,第28页。

② 法瑞阿斯:《海德格尔与纳粹主义》,第16页。

德里达、奥特(另一本追究海德格尔与纳粹关系的传记的作者)批评法瑞阿斯的书牵强、肤浅,甚至有不少不符合事实之处。[①]

不管怎样,这中学的六年时光对于这位来自梅镇的少年是极关键的。海德格尔自己于 1957 年回忆了这段“持续地穿过思想境域”的生活:“在 1903 年至 1909 年之间,在康斯坦兹和弗莱堡(布莱斯高)人文中学,在那些出色的希腊文、拉丁文和德文教师的指导下,我有一段硕果累累的学习经历。除了教科书之外,我还被给予了日后将具有持久意义的一切东西。”[②]海德格尔这里所说的应该更近乎事实,不仅因为它与后来的事态发展相吻合,而且还由于这样一个很浅显的道理,即被法瑞阿斯引述的那位富家子弟在人文中学受到的一切教育和影响,教堂司事的儿子也同样可以得到,甚至更好地得到。活的生活,特别是青春涌动的求学生活,是不会从根子上被某些先定框架套住的。

在这段时间中,海德格尔开始读奥地利裔的德语小说家 A. 施蒂夫特(Stifter)的《五彩石》和对他有终身深刻影响的伟大诗人荷尔德林的作品。然而,不应产生这样的印象,即这位人文中学的学生所关注的限于我们现在的教育体制下被称之为“文科”的内容。据海德格尔本人于 1915 年附于他的教职论文的“自述简历”所言,他对于数学的天生爱好在高一(即 1906 年至 1907 年间)时变成了一种实实在在的兴趣,即由原来单纯的解题练习转向了理论上的关注。而且这一

---

① 《马丁·海德格尔和国家社会主义:问题与回答》(*Martin Heidegger and National Socialism: Questions and Answers*), G. Neske & E. Kettering 编辑, L. Harris 英译, New York: Paragon, 1990 年,第 127—148 页。此书以下简称《问题与回答》。

② 海德格尔:《早期著作》(*Fruehe Schriften*), Frankfurt: Klostermann, 1972 年,前言,罗马数字页数第 10 页。

兴趣还延伸到了物理学。[①] 日后，海德格尔的博士论文与教职论文都与逻辑问题有关。

1907 年夏季，正读高中的海德格尔回家乡度假，与那位也是回家度假的格约伯（K. Groeber）神父相遇。这位多年的邻居和“父辈的朋友”希望这个有志于神父事业的年轻人能通晓亚里士多德的形而上学，以便熟悉托马斯的神学。在一次田野小道的散步中，格约伯送给快到 18 岁的海德格尔一本影响他一生事业的书：布伦塔诺（F. Brentano）的博士论文《论存在（Seiende）对于亚里士多德的多种含义》。此书唤起了海德格尔对于“存在”或“是”这个古希腊问题的强烈兴趣，并引发了这样的疑问：“既然‘存在’有这样多的意义，哪种是它最根本的含义呢？”尽管在当时他无法找到满意的答案，但此问题久悬于心，促使他多方索求、苦苦思考，反倒引他超出了神学的视野而走上了探究“存在的本义”的哲学思想道路。

高中毕业时，校长给他的评语是：“有天赋，勤奋，品德端正。性格已趋于成熟，并有独立学习的能力；有时甚至牺牲其他课程而去阅读大量德语文献（或文学作品），在这方面知识极为广博。已坚定地选择了神学专业，并有去过教团生活的倾向，很有可能申请加入耶稣会。”[②]显然，这是一个出身寒微但才华出众的青年人，虽然那时矢志于神学，但已表现出相当独立的学习态度和精神追求。

① 《马丁·海德格尔：政治生活》，第 84 页；《出自德意志的大师：海德格尔与他的时代》，第 29 页。

② 《出自德意志的大师：海德格尔与他的时代》，第 29 页；译文参考靳希平：《海德格尔早期思想研究》，上海人民出版社，1995 年，第 22 页。

二、同乡亚伯拉罕的精神感召

1909年,海德格尔结束了中学学习。正如中学校长的评语所预言的,他马上申请加入耶稣会。由于当时德国领土上没有耶稣会,他于是年9月30日进入奥地利弗阿尔堡的蒂西斯耶稣会的见习班。然而,两星期的适应期结束时,海德格尔被迫离开。按照奥特的分析和推断,其理由是这位申请者的身体条件不足以应付严格的宗教献身生活的要求。比如,他在一次爬山时感到胸痛。这是他的身体问题的第一次表现。今后,类似的问题会一再干预他生活的进程。海德格尔立即申请弗莱堡大学的神学院并被接受。于是,从这一年的冬季学期开始,他进入了弗莱堡大学。如果没有那次和下一次的胸痛,很可能,今天面对我们的就不是哲学思想家海德格尔,而是神学家海德格尔了。

19岁的海德格尔在家乡已小有名气。1908年7月21日,梅镇的天主教日报《霍依贝尔格公民报》(*Heuberger Volksblatt*)上有这样一条消息:"教堂司事弗里德里希·海德格尔的儿子,才华横溢的年青的海德格尔已经在弗莱堡获得[人文高中的]荣誉毕业证书,并计划献身于神学研究。"[①]9月11日,同一报纸又报道了"出自梅镇的神学学生海德格尔"如何领导了一次学生集会的情况。

这次集会是为了纪念当地二百多年前出现的一位誉满德语世界的布道者:亚伯拉罕·阿·桑克塔·克拉哈(Abraham a Sancta

---

① 法瑞阿斯:《海德格尔与纳粹主义》,第33页。

Clara，1644—1709）。从海德格尔的青少年时代直到晚年，同乡亚伯拉罕是他心目中立身立言的一个楷模。目前我们能看到的海德格尔公开发表的第一篇文章（1910 年 8 月）就是关于此人的。此外，他还于 1964 年在家乡的小学母校的同学会上，做了“关于亚伯拉罕”的发言并于事后整理成文发表。两篇文章以各自的方式透露出了海德格尔自己为人为学的一些重要特点。

亚伯拉罕原名约翰·乌尔里希·麦格勒（J. U. Megerle），1644 年生于施瓦本地区的克瑞亥斯特敦（Kreenheinstetten）村。其父开客店。他就在梅镇的拉丁文学校上小学，与海德格尔可谓同乡和同学。小学之后，继续上耶稣会学校，进维也纳的奥古斯丁赤足僧修士教团，受到了当时最好的天主教神学训练，于 1666 年获得神职，开始讲道。可见，他的家庭背景，尤其是青少年时的求学经历与海德格尔相类似。海德格尔在 1964 年的文章一开头就引用了亚伯拉罕的这样一句话：“并非所有在茅草屋檐下出生者的头脑里都是茅草。”①

亚伯拉罕不仅口才出众，而且“由于他对社会的各种情况和各个阶层人的不寻常的鉴别力”，他对于“他的时代的状况和命运有着警醒的洞见”。② 他的才华引起了帝国皇帝莱奥波德一世的激赏，于是请他任维也纳宫廷讲道师（Hofprediger），处于整个德语世界精神上的最敏感处，成了那个时代最著名的德语宣道者和宣道文作家。

亚伯拉罕的讲道内容与国家民族的命运、人民的疾苦、社会的风气相关，热情激昂，直率尖锐，充满了德语的形象（Bild）表达力。1679 年维也纳城瘟疫的爆发和 1683 年土耳其人攻占维也纳是他讲道生涯中最重大的两次事件。他相应的两篇宣道文“维也纳醒来！”

---

① 海德格尔：《80 诞辰纪念集》，第 46 页。

② 同上书，第 49 页。

和“起来，起来，你们这些基督徒！”成为最脍炙人口的名篇。（海德格尔1933年就任弗莱堡大学校长的讲演“德国大学的自我主张”的背后，想必有类似的“以天下兴亡为己任”的抱负。）另一方面，他对于那时的“现代化”，尤其是维也纳宫廷中的侈靡风气，大加挞伐，有时甚至加进“民间粗话”来尽其辛辣讽刺之能事。海德格尔1964年“关于亚伯拉罕”一文中记述了这样一件事。一次，亚伯拉罕在讲道中批评上层社交界中流行的“露出半个背”的女子服装样式，用了一些粗话，因而引发了一场来势汹汹的，尤其是出自宫廷圈子的抗议浪潮。从上面来了指令，他必须收回他的话。于是，第二个礼拜天，教堂中人满为患，一些心怀妒忌者专门来看这位年轻气盛的僧人受折辱的场面。亚伯拉罕讲道完毕，在布道台上稍停片刻，说了这样几句话：

> 我在上次的讲道中认为，那些专赶流行时髦样式的女人不配让粪叉碰。我现在收回这句话。——**她们配！**（*Sie verdienen es*）①

立志要追究海德格尔与纳粹内在联系的法瑞阿斯很重视海德格尔对亚伯拉罕的尊崇。因为，按照这位作家的报道，亚伯拉罕有排犹倾向。② 然而，我们在海德格尔赞许亚伯拉罕的文章中看不到这方面的提示或附和。这说明，海德格尔在这位同乡那里所看重的并非这种倾向。顺便说一句，一般意义上的、出于历史文化宿缘的排犹言论应该与希特勒的屠灭犹太人的做法区分开来，尽管它们之间确有关联。

---

① 海德格尔：《80诞辰纪念集》，第49页。

② 法瑞阿斯：《海德格尔与纳粹主义》，第25页以下。

亚伯拉罕死于1709年，正值他名声和创造力如日中天之时。1799年，被亚伯拉罕的个性所吸引的席勒写了《滚石》(*Wallenstein*)一剧，其中“方济各会的托钵僧讲道者”的形象就来自这位施瓦本僧人。[①]

1910年8月15日，对于海德格尔家乡来讲是一个极不寻常的日子。为了纪念亚伯拉罕逝世两百周年，当地的一个特别委员会与维也纳政府合作，筹资建造了一座亚伯拉罕纪念像(Denkmal)。这一天举行它的揭幕仪式。各有关方面派来了代表，当地举行了史无前例的盛大庆祝活动。“仿佛天空也意识到这次庆典的意义”，当地报纸这样写道。海德格尔自然参加了这一活动，并写了“亚伯拉罕·阿·桑克塔·克拉哈：记1910年8月15日在克瑞亥斯特敦举行的他的纪念像揭幕仪式”一文，发表于同年8月27日的政治与文化周刊《综合评论》(*Allgemeine Rundschau*)上。[②]

这篇短短的处女作表现出海德格尔的一些重要特点，尽管还裹在“天主教地方传统”的外衣中。除了对于庆典的气氛、其中的发言和纪念像艺术特征的评论外，这篇文章还有两个要点。首先是将亚伯拉罕其人与他出生的自然与文化“环境”(Milieu)结合在一起理解。他写道：“为了充分理解亚伯拉罕长老的独特魅力，就必须了解克瑞亥斯特敦的环境，深入到霍依贝格地区居民的思想方式和生活方式(Denkart und Lebensweise)中去。”因此，他的文章就以这样一段不寻常的“描述”开始：

> 自然的、清新的、间或粗犷的音韵赋予此次[庆典]事件(Er-

---

① 法瑞阿斯：《海德格尔与纳粹主义》，第25页。

② 该文收入海德格尔的《思想经历：1910—1976年》(*Denkerfahrungen 1910—1976*)，Frankfurt：Klostermann，1983年，第1—3页。此书为海德格尔《全集》第13卷。

eignis)以它的特性。这无所求的克瑞亥斯特敦村,与它那坚韧、自信和自生自发的村民一起,睡意蒙眬地处于一个低凹的山谷盆地中。这教区本身就有些怪异。不像它的兄弟邻区那样自由地显露于土地之中,这笨拙的它只能将自己隐藏于暗红色的屋顶之间。这片几乎是无定型的地域,雾气缭绕的黑暗的冷杉林,或此或彼地闪出耀眼光芒的石灰岩,这一切造成了一种异样的气氛意象(Stimmungsbild)。就这样,揭幕式庆典表现出的是:纯朴、清晰和真实。[①]

相比于新闻媒介中报道的热烈场面,这段开场白可谓别开天地,着力表现那与亚伯拉罕的"坚韧、自信和自生自发"、"或此或彼地闪出耀眼光芒"的特性相配的家乡环境,正是它给予了这次庆典以灵魂。这不只是自然环境和一般意义上的居住环境,而是揭示那用一般的形容词表达不出的一种人与世界相交融的生存形态、领会形态,充满了一种深沉蕴含着的境域感。它溢出了人们(das Man)的日常视野,以它的"粗犷"、"蒙眬"、"无定型"、"怪异"、"黑暗"、"耀眼"、"石灰岩"撑裂开他们的轻浮美感,但不流于荒诞,而是保持在自然、清新、简朴和真实的天地之间。不以这样的宏大意境为其生命和精神之源,约翰·乌尔里希·麦格勒就不会成为亚伯拉罕·阿·桑克塔·克拉哈。

"开头"对于海德格尔永远有最重要的含义。思想的开头、哲学史的开头、生命的开头……它们都意味着源头。仔细揣摩他全部著作的这个开头,让人感到一种近乎神秘的命运感!这段话中显示出

① 该文收入海德格尔的《思想经历:1910—1976年》(*Denkerfahrungen 1910—1976*), Frankfurt: Klostermann, 1983年,第1页。

并隐含着他其后思想的趋向：走到一切意义的源头（“实际的生活经验”），对此源头的境域式领会，隐藏与揭示的相激相缠，人与自然在原发意境和时境（“事件”）中的交融，桀骜不驯地面对一切人工规范和观念思维方式，让肤浅的自由主义者们受不了的沉重、变异、混冥和粗犷……。而且，这段发表于1910年的话以及这一篇小文章中居然包含了那么多他后来阐发思想时用的词：“Ereignis”（事件、缘构发生）、“Gegend”（地域、境域）、“Stimmung”（情绪、气氛）、“Bild”（象、意象）、“Leben”（生活）、“da”（这里、缘）、“leuchten”（发光、照亮）等，可谓奇缘。至于这段话如何预示了他自己的人生命运，就留待读者自己去琢磨了。

此文的第二个要点表达于结尾处。海德格尔在那里激烈地批评了“我们这个时代”的舍本逐末的时尚：它已不能以回顾生存源头的方式来朝向未来，而是在求新求奇的狂热中毁坏自己的根基；力图脱开生活与艺术的深刻精神内容，在不断变换的瞬间刺激中获得所谓“现代生活意义”；而今天的艺术也就躁动于这一窒息生机的淫逸之中；这一切表现出一种堕落，一种对于生命本身所具有的健康和超越价值的可悲的背离。最后，海德格尔呼吁人们让那仍然宁静地运作于民众灵魂的亚伯拉罕的感召力主宰自己，使之成为医治现代疾病并重获精神健康的最蓬勃的酵母。①

毫无疑问，这些话反映出一位立志神学事业的20岁天主教徒的某种“保守”倾向。但是，从以上对文章开头部分的分析中可看出，这种倾向并非或主要不是来自于宗教教条的保守主义，而是来自对于充满灵性的人的原本生存意境的深刻感受和珍视。正因为如此，它可以经受住后来发生的各种巨变，包括他本人宗教信仰的转变；而他

① 海德格尔：《思想经历：1910—1976年》，第3页。

也毕竟可以被梵高这样的现代艺术之父的画中透露出的生存境界所强烈吸引；并在他那些引发了“存在主义”、“解释学”、“后现代主义”的前后期著述中，特别是在他对于现代技术世界的绝非简单化的批判中一再显现出来。

54年之后，75岁的海德格尔的“关于亚伯拉罕·阿·桑克塔·克拉哈”一文表现出了思想的圆熟，但绝不缺少起伏的意境。他首先谈及亚伯拉罕的生平，但马上强调，要从这些干巴巴的生平时间序列中看出隐藏于其中的命运、特点和深义，就必须进入其时代的氛围之中。那是一个忧患（战争、瘟疫、饥馑、土耳其人的蹂躏）频生的时代，巴洛克的艺术与建筑风格盛行的时代，经典物理学奠基的时代，莱布尼茨与这位亚伯拉罕长老共处的时代。亚伯拉罕的天赋就在于，正如我们以上已引述过的，能看到这个时代的状况和命运所在。[①] 这篇文章的一大部分用来谈论亚伯拉罕“对于德意志语言不寻常的、变化多样而又富于首创性的驾驭能力”。这一方面反映出巴洛克的时代特征，另一方面，而且更重要的是表明这样一个事实：“亚伯拉罕·阿·桑克塔·克拉哈在构象（Bildern，图像、情景）中思想。通过这些构象，他让他要说的东西被直接看到。”[②]海德格尔举出一个又一个亚伯拉罕巧妙利用德语的谐音、双关、歧义、反衬、字根相关而构造意象和回旋语境的例子。其实，这些都是海德格尔本人惯用的语言表达法。“他不只是用语言做游戏，他在倾听语言。”[③]海德格尔认为亚伯拉罕的“最奇异和最美的诗意语象”（Sprachbild）出现于他言及天鹅的一句话中：

---

① 《80诞辰纪念集》，第46—49页。

② 同上书，第51页。

③ 同上书，第54页。

> 过来，你银白色(silberweissen)的天鹅，在水面上来回游动，用翅膀护持着雪花。[①]

亚伯拉罕在这样一个问句中提到“雪”：“你知道(weisst)否，人的生命如同雪花和三叶草，都不持久?”海德格尔接着讲道：“每个人都知道(weiss)，雪在水中融化消失。天鹅却正要以它们的羽毛保护那纯真的白色(Weiss)。如此这般，它们仿佛将雪花载于水面之上，凭借不断地游水而不让它沉入水中。这水面上雪白天鹅的运作正是那在最短暂(Vergaenglichsten)中的永恒(Unvergaengliche)意象(Bild)。”[②]海德格尔以此来提示，构造这种意象的人绝不只是一个只会说粗话、诅咒人类的无根性和“谈论死亡和魔鬼”的人。他对于人生的缘在(Da-sein)本性，对于这种缘发生命本身的纯白有着极深的领会。这里，“白色”(Weiss)和“知道”(领会)的动词变体(weiss)也在做着回旋映衬的游戏，构造着短暂中的非短暂(永恒)意象。海德格尔20年代初讲的“生活湍流”本身具有的“形式显示”，以及《存在与时间》中关于缘在(Dasein)的沉沦、飘浮、朝向死亡的存在所说的话，都以隐喻的方式在这里体现着。

1910年到1964年，海德格尔从风华正茂的青年变为感触幽深的老者，其宗教信仰也经历了苦痛巨变，但这份隔代的知己感有增无减，可见他与亚伯拉罕长者的宿缘深远，绝不止于教派和同乡的认同。

---

① 《80诞辰纪念集》，第56页。

② 海德格尔：《80诞辰纪念集》，第57页。

三、大学生涯

弗莱堡大学为海德格尔打开了一个广阔的精神天地。这位有着强烈求知欲和抱负的青年在其中汲取他渴望的一切。布亥格的反现代主义论辩、神学解释学、胡塞尔的现象学、拉斯克的范畴学说等等，这些都是他未来学术思想发展的最重要的动因。而且，就在这四年的中间，他经历了人生中第一次重大的危机，最后导致学习专业，也就是未来学术事业方向的"转折"(Kehre)。如前所示，他自 1910 年起就开始发表短文和书评。他的博士论文和教职论文则较清楚地表现出他的治学风格，即对于数学、逻辑的严格性和生活体验的原发性的同等关注，并由此而走上了一条独特的现象学道路。

1. 神学学习

在高中的最后一年，海德格尔已经读到了弗莱堡大学神学教授卡尔·布亥格(C. Braig)的书《论存在：存在论概要》。此书大量引用亚里士多德、托马斯和苏阿瑞兹的关于"存在"含义的论述，并探讨了许多存在论(Ontologie)中的基本概念的词源。同时，布亥格还爱用一种构词法：通过在词与词之间加上短线以构成一个更大的新词。我们从海德格尔的《存在与时间》可以看到，"词源辨析"和"短线构词"在那里大显神通。入大学之后，他得以亲听布亥格教授的讲课。这些授课[以及另一位教艺术史的 W. 福格(Voege)老师的课]的影响，按海德格尔自己的说法，是"决定性的，因而是难于表达的"。他这样回忆:“这位老师讲课的每个小时都活生生地表现出透彻的思想风格。”[①]它们不断浸润着他在梅镇老家度过的勤奋的假期。[②] 布亥格讲授系统神学,“是图宾根思辨学派传统的最后孑遗;这个学派通过它与黑格尔和谢林的对话而给予天主教神学以意义和视野。”[③]在陪同这位教授的散步中,海德格尔第一次听到这方面的议论。他对谢林与黑格尔的兴趣想必由此而生。

布亥格是一位反现代主义(Antimodernismus)的神学家。这里讲的现代主义主要是指上世纪末本世纪初由一些天主教学者发动的对传统教义和教会权威置疑的运动,涉及教会史、圣经评断、哲学和神学等方面。自罗马教廷 1907 年发表《斥现代主义》和《牧吾羔羊》两个通谕以后,这种现代主义与反现代主义之争已不仅限于天主教范围。反现代主义者们不只是维护传统教义和教阶制,而是对整个现代文化的某些理论前提提出批评。因此,在他们的对手看来,反现代主义无异于反对这个时代的科学精神、启蒙精神、人道主义和每一种进步观的蒙昧主义。

然而,按照萨夫朗斯基的看法,我们在布亥格这里看到,一位反现代主义者可以不是一位蒙昧主义者,而是一位头脑敏锐的、有洞察能力的人。他要去揭示在现代主义者们看来是无前提之处,比如现代科学的各色变种中所隐藏着的未被意识到的信仰前提,去将这些自认是彻底反教条主义者们从“教条主义的迷梦”中唤醒。布亥格认为,他们有一种“相当原始的(或蒙昧的)和平庸的”信仰,即信仰进步、科学、生物进化、经济和历史规律……。在他看来,现代主义“被

---

① 海德格尔:“我的现象学道路”,见《朝向思想的实情》(*Zur Sache des Denkens*),Tuebingen: Niemeyer, 1976 年,第 82 页。

② 海德格尔:《早期著作》,第 xi 页。

③ 同上。

那些不是其自身的或者不是有益于其自身的东西弄得眼花缭乱”，将主体的自立性变成了一座自闭的牢狱。① 此外，他批评现代文明缺少对于实在（Wirklichkeit）本身的敬畏，也就是对于实在所具有的那种未被实证和实用性耗干的神秘性的敬畏；实际上我们就是这实在的一部分，并被它包含着。缺少了这种敬畏，就会认为真的就是对我们有用的、能产生实践后果的东西。所以，他同意黑格尔对康德的批评：怕犯[存在论的]错误本身就是错误；先验的主体界限完全可以被跨越。为什么只能是我们发现了世界，而不是这世界存在着并发现了我们？为何不是由于我们被认识了，我们才能去认识？我们能思索上帝，但为什么不能倒过来看：我们乃是上帝的思索？他提示：我们已知道了的界限实质上已被越过了。当我们知道了这知道、知觉到了这知觉时，我们就已经在绝对实在的空间中活动了。因此，布亥格认为，我们必须从主体的绝对主义中解脱出来，以便自由地与绝对的实在打交道。②

我们将会看到，海德格尔称这位老师对他有“决定性的”影响是有一定道理的，因为他完全接受了这样一个大倾向：到事情本身中去！而不只是与我意识中的、我的认识论和价值论框架中的实在打交道。他在这个问题上的彻底性远远超过了胡塞尔。但是，我们也会看到，海德格尔的这种“绝对实在观”或“对存在本身的要求”经过了现象学的千锤百炼，具有一个“视域”（Horizont，Hinsicht）或“境域”（Gegend）构成的眼光，绝非一般“实在论”和“形而上学”可比。而且，他的这些倾向完全不必局限在天主教的问题范围和视野之内。

从海德格尔本人后来的回忆中我们得知，神学学习给予他的最

---

① 萨夫朗斯基：《出自德意志的大师：海德格尔与他的时代》，第 32 页。

② 同上书，第 33 页。

重要的东西是“解释学”(Hemeneutik,又译为“诠释学”)的问题,尽管他还不能弄清它。在1953年所做的“关于语言的一次对话”中,海德格尔说道:“‘解释学’这个题目对我来讲是从我的神学学习中得以接触的。那时,我特别被圣经语词与神学-思辨的思想之间的关系所激动。而语言与存在之间的关系也属同类。但那时我还没有看清楚这一点,以致我在千回百折的尝试中也还是没有找到一条指导线索。……没有这种背景,我绝不会走上思想之路。但起源总是从未来处与我们相遇。”[①]他还讲道,他后来又在狄尔泰(W. Dilthey)的观念历史理论中再度遇到解释学这个题目,并注意到狄尔泰对于解释学的熟悉也来自神学研究,特别是来自他对于施莱尔马赫解释学的研究。对于施莱尔马赫,解释学是一门理解的艺术,即研究如何理解他人的言语,特别是书写语言的艺术。它与圣经评断学互相需要,后者与中国的考据学类似,是一种依据证据正确判断著作和文句真伪的技艺。然而,我们将会看到,成熟的海德格尔所理解的解释学比这些都要更原本得多。[②]

2. 被迫中断神学学习

“我早先由于过多运动引起的心脏问题这时再度出现,而且,这次犯病非常严重;我被告知,我将来不可能做神职工作了。”[③]当他1915年写下这段话时,用的是一种冷静的客观语气。然而,当所描述的事件于1911年初发生时,却具有一种巨大的生存势态,让22岁的海德格尔一下子几乎失去了原来的所有依托。“不可能做神职工

① 海德格尔:《在通向语言的道路上》,Pfullingen: Neske,1986年,第96页。

② 同上书,第96—97页。

③ 奥特:《马丁·海德格尔:政治生活》,第85页。

作了”，这对他意味着什么？他多少年的奋斗目标、他的希望、他家人的和支持者们的希望，一下子都落了空。这样，他就不能继续神学学习；而不学神学就会失去那专门资助神学学生的埃里勒（Eliner）基金会的奖学金。这对教堂司事之子就几乎意味着不能继续大学生活，不能进入他渴望的那个人生世界。

1910 年至 1911 年的冬季学期，海德格尔小时的玩伴、姨表弟古斯塔夫·肯普福也开始在弗莱堡大学神学系注册学习。但就在这个学期中，由于他过分的刻苦用功，海德格尔的健康恶化，“神经性心脏问题复发”（神学院院长报告中语），被送回家乡“完全休息”。整个春季和夏季，他在梅镇家中孤独地休养；心情阴郁，前途迷茫，写下了他发表的第一组诗中的那首“橄榄山的时刻”（“橄榄山”是耶稣被出卖之处，比喻受苦受难）：

> 我生命（Leben）中的橄榄山时刻，/在胆怯畏缩的/阴沉光景中，/你们常常盯上了我。//我含泪的呼喊绝不徒劳，/我年青的存在（Sein）/倦于抱怨，/只是信任那“慈悲”的天使。[①]

他那时的绝望心绪清楚地反映在他给朋友的信中。这位朋友名叫恩斯特·拉斯洛斯基（E. Laslowski），正在弗莱堡大学跟从芬克（H. Finke）教授学历史，尽其所能地帮助危机中的海德格尔脱离困境。他在信中鼓励呆在梅镇的朋友，给他出了各种各样的主意，还四处为他活动，以争取新的机会。[②] 不知是由于这份真挚情意还是什么别

---

① 海德格尔：《思想经历：1910—1976 年》，第 6 页。此诗最初登在 1911 年 3 月 25 日的《综合评论》（*Allgemeine Rundschau*）周刊上，参见《思想经历：1910—1976 年》，第 189 页。

② 《出自德意志的大师：海德格尔与他的时代》，第 67 页以下。

的原因，我们在海德格尔稍后发表的一首诗中看到，处于“阴沉光景”中的他还在“倾听地等待”。此诗题为“我们愿意等待”：

在通向春天花园的门前/我们愿意倾听地等待，/直到云雀飞起，/直到歌声与琴声，/潺潺泉水声，/信徒们的清亮钟声，/变为欢乐的世界圣歌。①

我们在海德格尔描写“敲钟的孩子们”的段落中已经接触到这“等待”，下面还会更多地，而且越来越深入地体会这等待的纯姿态的含义。他的这次等待，虽然漫长艰苦，并没有落空。就在1911年，他开始与天主教哲学家博伊姆克(C. Baeumker)和弗莱堡大学艺术史和基督教考古学教授绍尔(J. Sauer)联系。1911年秋季，他提交给绍尔教授一篇名为“逻辑研究新进展”的论文，于第二年发表于绍尔主编的《文学评论》上，引起了学界的关注。② 1911年至1912年的冬季学期，病愈的海德格尔重回弗莱堡大学，在数学和自然科学学院注册上课。可能与绍尔的帮助及他本人的出色表现有关，海德格尔从1912年夏季学期开始得到一笔每月400马克的资助。它来自一个推进托马斯·阿奎那及新经院神学研究的基金会，受赞助者必须表明拥护阿奎那的哲学与神学。除此之外，海德格尔还要做私人教师。即便这样，还是入不敷出。拉斯洛斯基竭尽全力地为他争得一笔贷款，使得他最终能完成学业。③

---

① 《思想经历:1910—1976年》，第6页。

② 《马丁·海德格尔:政治生活》，第73页。

③ 同上书，第72—73页。

3. 学习与写作

“这样，在1911年至1912年的冬季学期，我开始在自然科学和数学学院注册上课。我的哲学兴趣并没有因数学学习减弱；相反，由于我不必上那些哲学必修课，我能够更自由地选听令我感兴趣的哲学课程，特别是里克尔特(Rickert)教授的研讨课。在这个新的学院中，最重要的是，我逐渐能看出哲学问题的特性所在，而且对于逻辑这门最令我感兴趣的哲学科目的本质有了洞察。同时，我对自康德以来的近代哲学也有了较中肯的理解，它在[新]经院哲学的文献中被讨论得太少。”[①]海德格尔这段自述表明，他那时对于逻辑和数学极感兴趣，而且正是从这里入手通到哲学中去的。这一现象自然与他对于数学等演绎学科的兴趣甚至偏爱有关，但更重要的原因也许是，他那时已被胡塞尔的《逻辑研究》强烈吸引，以致定要从对逻辑本性的现象学研究中获得理解哲学问题的关键。也正是在里克尔特的课上，他开始接触到这位教授以前的学生拉斯克(Emil Lask)的著作《哲学逻辑与范畴学说：对于逻辑形式的潜在领域的研究》(1911年)和《判断学说》(1912年)；“它们都明显地受到了胡塞尔《逻辑研究》的影响。”[②]下面我们将会看到，胡塞尔和拉斯克对于海德格尔的思想发展，尤其是其独特的现象学方法的形成具有**最重要的**意义。

按照海德格尔的回忆，这段“激发人的”大学生活对于他的意义“是无法被充分表达的”。[③] 除了胡塞尔(海德格尔自入大学的第一个学期就开始读他的《逻辑研究》)、拉斯克、布亥格、里克尔特、芬克

① 《马丁·海德格尔：政治生活》，第85页。

② 海德格尔：《朝向思想的实情》，Tuebingen：Niemeyer，1976年，第83页。

③ 海德格尔：《早期著作》，第x页。

之外，对他有较大影响的还有：尼采的《力量意愿》、克尔恺郭尔和陀思妥耶夫斯基的著作译本、黑格尔和谢林（经布亥格指引）、里尔克和特哈克尔的诗、狄尔泰的《选集》，[①]当然还应该有亚里士多德与荷尔德林。由此可看出，除了现象学、新康德主义、新经院神学、神学解释学、“存在主义”的先行思想之外，他还开始受到了“生命”哲学，比如尼采和狄尔泰著作的影响。这反映出他已经或起码开始脱开天主教保守主义的束缚。

海德格尔自1910年起发表短篇作品。除了以上提到的关于亚伯拉罕的那篇之外，还有在天主教学生杂志《学者》（*Der Akademiker*）上发表的一组文章（它们没有被收入海德格尔《全集》第一卷），以及关于逻辑与哲学的一组文章。它们多是书评，间或有一些短论。他早期发表的作品，比如在《学者》上的数篇，就像那篇关于亚伯拉罕的论文，表现出一位反现代主义的天主教神学学生的看法，但也具有个性。它们批评伦理和宗教上的个人主义、主体主义和自我完美的理想，而主张对于实在的、能够达到事情本身的真理的追求。无疑，这里有布亥格的实在论的影响。然而，在他于1912年之后发表的关于逻辑和哲学的论文中，胡塞尔的影响越来越明显和至关重要。那些论文表现出，这位弗莱堡大学生熟悉当时数理逻辑的发展，比如弗雷格和罗素的工作，视之为两千年来逻辑学的重要进展。然而，他并不认为这种符号化逻辑能够完成逻辑的最重要工作，即解决深层的意义问题，比如概念、范畴、命题、系词的意义问题。他走的是一条由胡塞尔开创的现象学道路，认为逻辑是关于诸意义本身的科学；而意义是不能离开人的活生生的体验的，尽管对这体验的逻辑含义的说明可以不是心理主义的，而是纯意向描述的或纯意向构成的。他特

---

① 海德格尔：《早期著作》，第x页。

别关注系词“是”的逻辑特性，它与一般谓词的区别，它的难于澄清的哲学含义，等等。[①] 可以看到，布伦塔诺唤起的关于“存在”或“是”本身的原义的问题在牵动着他的研究。只是在这个阶段，他对于现象学的掌握还不足以真正解决它。

4. 博士论文

正是在这样一个对于哲学中的存在论问题的“逻辑研究”的方向上，他完成了博士论文《心理主义中的判断学说》。他通过分析冯特(W. Wundt)、迈耶尔(H. Maier)、布伦塔诺、马尔蒂(A. Marty)和李普斯(T. Lipps)的判断学说来细致地批判心理主义，即那种将逻辑的有效性归结为人的心理特性的主张。论文的最后一部分阐述了对于逻辑的看法。其中值得注意的是关于“意义”(Sinn)的讨论。对于他，意义问题是一个“终极(Letzten)性的”问题，不可能还原为任何别的什么，比如从心理主义角度讲的概念、判断如何产生的问题。[②] 而且，意义不可以通过属加上种差的方式来规定，因为这样做就会漏过真正的意义问题。从日常语言中对“意义”一词的具体用法中可以了解意义的一般意义。意义可以被理解为“逻辑判断”，它具有某种内部结构。判断的意义是一种关系，而意义的实际形式是“有效”(Gelten)，即对于某个对象有效。系词被用来表达这种有效性。所以，“这书皮是黄色的”的意义就是：“这书皮的‘是黄色’有效”(Gelbsein des Einbandes gilt)。[③] 以这种方式，海德格尔相信，“判断中的‘存在或是的意义’的问题就被解决了”。“这存在(Sein)并不

---

① 靳希平：《海德格尔早期思想研究》，第 88、93 页。

② 同上书，第 114 页以下。海德格尔：《早期著作》，第 112 页以下。

③ 海德格尔：《早期著作》，第 117 页。

意味着实存（reales Existieren）或现实的关系，而是有效。”[①]因此，系词也就不像冯特所说的那样只是“我们思想的衍生产品”，而是“意味着某种不寻常的逻辑性的东西”。

我们在这论文中到处都可以看到胡塞尔和拉斯克的影响，也感到海德格尔对于“存在的意义”问题的试探性的解决。如果“判断中的存在”或“是”意味着“有效”，那么这有效的确切含义又是什么呢？我们将看到，对于“生命”或“生活”的深入理解将逐渐澄清这个重大问题。

1913年7月26日，海德格尔答辩了他的博士论文。他的指导教师是施耐德（A. Schneider），一位很快就转到另一所大学去任教的基督教哲学教授。按照德国教育体制的规定，大学生得到博士学位后，还必须再撰写并通过一部“教职论文”（Habilitation），才能到大学中去教书。施耐德离去后，海德格尔名义上转由里克尔特教授指导，但他的真正“保护人”是好友拉斯洛斯基过去的导师、历史教授芬克。芬克是位国际知名的学者，在哲学系有很大的发言权。他从罗马请来了一位叫克里勃斯（E. Krebs）的神学学者临时顶替施耐德。海德格尔与这位新来者很快交上了朋友。克里勃斯有记日记的习惯。他在1913年夏天的一则日记中记下了对海德格尔的初步印象：“头脑敏锐，谦逊，但在其举止中表现出自信。”[②]海德格尔的长处是胡塞尔的现象学和逻辑，克里勃斯则精于经院哲学，两人相互切磋，都有收获。海德格尔原想做一篇关于数概念的逻辑本质的教职论文，但作为历史学家的芬克教授希望他的论文与哲学史和神学有某种关系，以利于申请教职。按照海德格尔附于教职论文之后的自

---

① 海德格尔：《早期著作》，第120页。

② 《马丁·海德格尔：政治生活》，第78页。

述简历所言，芬克的指导及他本人的其他学习经历，比如对于黑格尔、狄尔泰的研究合在一起“完全消除了我对于历史的反感，这种反感是被我对于数学的兴趣在过去造成的”。[①] 于是，他选择了中世纪著名神学思想家邓·司各脱（Duns Scotus）的范畴和意义学说作为论文的研究对象。

1914 年，第一次世界大战爆发。海德格尔于是年 8 月被召入伍，于同年 10 月因心脏病复发退出。（当他后来对于庄子讲的“无用之大用”大加赞赏之时，是否想到过这疾病带给他的无用之大用呢？）1915 年至 1917 年，他在弗莱堡的邮局做信检工作，以充兵役。但这项工作想必不很繁重，以致他在这一期间并没有停止学术活动。1915 年，海德格尔完成了题为“邓·司各脱的范畴和意义学说”的教职论文。

5. 教职论文

这篇论文与博士论文的共通之处在于，它也以胡塞尔及拉斯克的现象学为方法，寻求不同于传统观念实在论和经验论（心理主义）的理解逻辑及意义本性的道路。更具体地讲，就是寻求一种超出了属种定义式的观念抽象方法的构意方法，能够不依据特定对象域（众存在者）来理解范畴，特别是系词“是（存在）”本身的含义。然而，我们在教职论文中看到一些新特点，比如：(1)将现象学方法用于对中世纪司各脱的解释，更清楚地揭示出一条不同于传统范畴论的新思路。比如，他用胡塞尔讲的“意向行为 – 意向对象”（noesis-noema）来理解司各脱的“主动形态 – 被动形态”（modus activus-modus pas-

① 《马丁·海德格尔：政治生活》，第 85—86 页。

sivus)，强调被意向行为所构成者虽不是"实在的"(real)，却是"有效的"、有"质料"依据的、可分享的。(2)极明显地受到了生命哲学，特别是狄尔泰的生命解释学思想的影响，并力图将它与现象学方法结合起来，即将对人的生存历史的理解与对范畴、意义形态的理解结合起来。不过，这种结合还不充分，"主体性"——不管是狄尔泰讲的还是胡塞尔和拉斯克讲的——还没有充分地融化于人的"实际生活"中。

此文鲜明地表现出海德格尔这样一个至关重要的，但还未能充分实现的努力方向：去说明人的最原本的、在一切理论化和观念区别之先的生活实际状态中已经包含有意义和表达，尽管这是一种独特意义上的意义和表达。所以，他就要回答这样一个难度极大的问题："实际性"(比如历史的个别性、被给予者、质料、生活本身)如何与"关系性"(比如逻辑有效性、给予者、形式范畴、因缘关系网[Bewandtnis])直接地贯通融合？按照海德格尔后来的回忆，他在经历了很多曲折之后才比较好地回答了它。

所以，他要特别提出一种能直接"读出"事实形态的领会方式。他写道："这样一个事实，即存在着一个具有多样的现存形态的现实领域，是无法以推导的方式被先天证明的。事实性(Tatsaechlichkeit)只能被**揭示**(*aufweisen*，指出，显示)出来。这种**显明**(*Aufzeigen*)的含义是什么？用形象的方式说来就是，那以其自身处于我们眼前的被揭示者被直接地把握，不需要迂回地通过其他什么东西，这一单个的可被揭示者吸住了目光。……因为，作为可直接达到者或不可间接达到者，在它自身和统握理解(simplex apprehensio，单纯把握)之间似乎什么也没有。"[①]这里可以看出胡塞尔关于直

---

① 海德格尔:《早期著作》，第155页。

观自明体验的学说的影响。而且，它不只是意识的，而是能达到事实本身的。这又似乎带有布亥格的实在论倾向。但切须注意，被一些评论者断言的早期海德格尔的“实在论”(Realismus)之下有一个涌动着、构成着的解释学－现象学背景或境域(Umwelt, Horizont)的托浮和维持。不意识到这样一个“边缘域”，就无法追踪海德格尔思想发展中那潜在的、在流变中隐含着的连续性。“实在论”并不是一个对早期海德格尔思想的合适称呼。

对这时的海德格尔而言，这种事实性与“揭示”之间的关联可以被视为新康德主义者(比如拉斯克、里克尔特)讲的质料与形式的关系。“形式是某质料的形式，每个质料都处于形式之中。……形式从质料那里接受到它的意义。”[①]这种关系又可以用胡塞尔的“意向性”的语言表述为“行为性质(Aktqualitaet)和行为质料(Aktmaterie)、意向行为(Noesis)和意向对象(Noema)，形式与内容的必然相关性”。[②]

然而，这直接关联也可以出现于**个别的历史形态**(比如司各脱讲的“haecceitus”或“这一个”，主体本身)与它的范畴意义之间。所以，“历史性及其文化的－目的论的指向**必须成为范畴问题上决定意义的因素**”。[③] 这里我们看到狄尔泰生命哲学所讲的“过去历史的活生生的生活”[④]的影响。这种生活本身应该成为决定范畴和意义的原动力。但如何能说明生活与意义形式之间的相关呢？海德格尔提到了拉斯克关于“反思范畴”(reflexiven Kategorien)的学说，[关于这一学说，下面将介绍。]认为这种出自主体与客体的水平关系的范畴

---

① 海德格尔：《早期著作》，第 193 页。

② 同上书，第 253 页。

③ 同上书，第 350 页。

④ 同上书，第 344 页。

不同于亚里士多德主义者们讲的那种受制于事物域的、处于垂直关系中的范畴。[①] 而且他认为司各脱的经院哲学也包含了类似的见地，它"表明一种敏锐的态度，即对于主体性的直接生活及其内在的意义之因缘关系网的专注倾听，尽管它还未取得一个更清晰的主体概念"。[②]

使用中世纪学者讨论意义问题的术语，海德格尔认为"存在形态"(modus essendi)、"意识形态"(modus intelligendi)和"指示形态"(modus significandi)这三者之间虽然有同一的意向对象的核(noematischen Kern)和相同的质素(Stoff)，但其形式不同。[③] 而这也就意味着，"存在形态"具有自己的形式，即一种"**存在的主动形态**"(modus essendi activus)。[④] 什么是"存在形态"？它指"一切可被体验者，一切在绝对意义上与意识相对立者，'粗壮有力的'现实；它势不可挡地将自己强加于意识，而绝不能被甩开"。[⑤] 换句话说，它就是最原初的"实际性"(Faktizitaet)，被费希特和绝大多数新康德主义者们认为是野蛮的、毫无理性可言的。然而，探索"存在原义"的海德格尔需要这样一种可能，即这种粗壮原始的存在形态具有**它本身的**(而不是由意识和表达加给的)主动展现的特殊理性形式。于是我们读到这样一段重要的话：

存在形态是处在理性存在之下的直接被给予的经验现实。这里必须指出的有重大意义的东西是：邓·司各脱将这种经验

① 海德格尔：《早期著作》，第346页。
② 同上书，第343页。
③ 同上书，第259页。
④ 同上书，第262页。
⑤ 同上书，第260页。

> 现实也刻画为有"理智"(ratio,理由、度量、动机、方式、关系)的,即带有某种观点、某种形式和某种因缘关系网(Bewandtnis)的。这相当于当今人们的这样一个表达:"被给予者"也表现出了某种范畴的规定。[①]

海德格尔是力图将胡塞尔的范畴直观学说、拉斯克的"逻各斯的普遍构造"与司各脱思想结合起来,并加以进一步深化,表明最原初的存在形态就已有"恍惚"的但饱含构成意义势态的可领会性了。在此论文的充满了"生命"或"生活"呼唤力的末尾,他还提到中世纪的神秘主义,认为它与(司各脱的)经院哲学的关系并不像通常所讲的那样是反理性主义与理性主义之间的关系;相反,如果我们能看到它们"本质上是相互属于的",那么对于哲学的理性化就会有更深的理解。"与生活(Leben,生命)分离的、以理性主义形象出现的哲学是**无力的**,而作为反理性主义体验的神秘主义则是**无目的的**。"[②]两者的结合则导致"充满生命活力精神的哲学"。不过,如上所言,这种结合并没有被充分达到。形式与质料的关系、主体与客体的关系都无法真切地刻画实际生活本身的理性特点。然而,在这篇教职论文中,已经可以看出海德格尔未来思想发展的基本方向。

1915年夏,海德格尔以这篇论文和"在历史科学中的时间概念"的演讲(7月27日)获得了讲师资格,并于当年末至次年初的冬季学期在弗莱堡大学开设了第一门课:"古代哲学和经院哲学的原则"。梅镇教堂司事的儿子终于走上了大学的讲坛,尽管还只具有非正式聘任的教师身份。

---

① 海德格尔:《早期著作》,第260页。

② 同上书,第352页。

四、胡塞尔

“胡塞尔的《逻辑研究》对于我的学术发展产生了决定性影响。而且，他的更早些时的算术哲学著作使数学对我呈现出了全新的面貌。”[①]这是海德格尔于1915年提交教职论文时写的自述简历中的话。类似的说法可在他此后的各个时期找到，一直到晚年。的确，胡塞尔的现象学对于海德格尔的思想形成**从方法论上**起到了最重要的作用。如果没有遭遇胡塞尔，海德格尔的思想完全会是另一个样，尽管两者从一开始就有所不同。不过，这段师生式的、令当事人非常愉快的因缘到30年代带有了政治色彩，双方从学术上和感情上相互排斥，并且以各自不同的方式受到伤害。

前面讲到，海德格尔在上高中时读到布伦塔诺的博士论文，由此引发了对于存在问题的兴趣。在他于1909年进入弗莱堡大学神学院不久，得知有一位布伦塔诺的高足叫埃德蒙特·胡塞尔，在约10年前写了一本叫《逻辑研究》的书。海德格尔立即借来此书阅读，期望从中找到那个被布伦塔诺唤起的存在问题的答案。他当时无法理解这本书，但以后的许多年间一直受其吸引。以上讨论过的博士论文和教职论文表现出这本书及同一作者的《纯粹现象学与现象学哲学的观念》第一卷何其深刻地影响着当时的海德格尔。

1911年投身于哲学时，他的头一个愿望就是到哥廷根大学，在胡塞尔指导下学哲学。由于经济问题，这个愿望没有实现。在弗莱

---

① 《马丁·海德格尔：政治生活》，第84—85页。

堡大学，他较多地选了当时著名的新康德主义教授里克尔特的课。通过这些课，海德格尔接触到这位老师以前的一位学生埃米尔·拉斯克(Emil Lask，1875—1915)的思想。按照海德格尔的讲法，拉斯克"处于[里克尔特和胡塞尔]这两者之间，并努力去听到古希腊思想家们的声音"。[①] 海德格尔的这位师兄深受胡塞尔的范畴直观学说的启发，提出了"投入的经验"(Hingabe)、"反思范畴"、"范畴的投入经验"等新概念，极有力地促成了海德格尔后来关于"实际生活体验"和"形式指引"的思想。

1916年，胡塞尔到弗莱堡大学接任里克尔特的教授席位，海德格尔逐渐与这位心仪已久的现象学创始人建立了既像师生又像朋友那样的亲密关系。[②] 1918年，海德格尔成为胡塞尔的正式助手。这样，他得以熟悉胡塞尔在教学中实施的"达到现象之'看'的一步步的训练"。

海德格尔为什么能从胡塞尔那里得到解决"存在"问题的重要启发呢？他的学说在什么意义上与胡塞尔的不同呢？

胡塞尔创立的现象学是西方当代欧陆哲学发展的一个里程碑。它最重要的贡献是揭示出了一种新的哲学思考方法的可能，或一个看待哲学问题的更原初的视野。胡塞尔(Edmund Husserl，1859—1938)23岁时在维也纳大学获得数学博士，并从事过短期的数学方面的工作。1884年至1886年，他在维也纳听到了F.布伦塔诺(Brentano，1838—1911)的课，后者关于"意向性"的讲述使得他的思路大开，从此决定献身于哲学事业。1891年他发表了《算术哲学》一书，对数学的逻辑基础从意向心理的角度进行分析。虽然其中已

---

① 海德格尔：《早期著作》，第x页。

② 《马丁·海德格尔：政治生活》，第96页。

包含有意向性构成的新思路，但也有某种在现代数理逻辑的创始人弗雷格看来是“心理主义”的倾向。后者对此书写了批评性的书评，对胡塞尔有所触动。1900 年至 1901 年，胡塞尔发表了两卷本的《逻辑研究》，对逻辑研究中的心理主义，包括他自己过去的一些思想进行了多方面的批判；而且，更重要的是，他通过“意向行为”这个既非主体规范亦非孤立的印象接受的更本源的构成活动来理解意义的赋予和逻辑的超心理有效性，并以此为基点，论述了现象学的许多基本概念和思考原则。此书标志着 20 世纪现象学运动的开始。其后，他经历了某种思想危机，并通过分析内在时间而寻求摆脱危机的途径。最后以 1913 年发表的《纯粹现象学和现象学哲学的观念》第一卷一书作结，完成了从“描述现象学”到“先验现象学”的过渡。在这个阶段，“边缘域”(Horizont)在意向行为中的重要功能受到胡塞尔的关注，不管是在知觉行为中还是在现象学的内在时间意识中。其后，对于意向性构成的思想又有更丰富的论述，发展出了意向构成在时间流中实行被动综合的学说，由此而达到了“发生现象学”的新阶段。在他生命的最后 10 年中，他更多地关注“主体间性”问题，而且提出了“生活世界”这个更根本的意向性边缘域的学说。

以上这个简介中有几点值得注意：第一，作为现象学创始人的胡塞尔与现代分析哲学之父弗雷格之间发生过严肃的和有积极后果的思想交流。这两大潮流虽然在后来的几十年间完全“断交”，但却都是以对逻辑和数学基础的研究为肇端，并因而都极为关注意义问题。第二，胡塞尔与海德格尔从同一位思想家(布伦塔诺)那里获得了某种重要的启发，但两者受到激发的路径是不同的。第三，海德格尔受惠于胡塞尔的思想，而胡塞尔后期关于生活世界的讨论有可能受到过海德格尔思想的反馈影响，尽管他自己的意向边缘域学说已经包含了这种理论可能。下面让我们来看一下胡塞尔现象学的基本思路，它如何影响到海德格尔存在思想的形成，以及海德格尔不同于胡塞尔之处。

1. 胡塞尔的现象学

胡塞尔认为哲学从一开始就想要成为一门严格的科学，但不幸的是，一直到他那时为止，哲学还根本不是这样一门严格的学问。虽然有过苏格拉底、柏拉图、笛卡儿和康德等人的努力，但哲学一直未找到一个真正严格的起点。所以，“作为科学它还没有开始”。[①] 为什么会这样呢？在胡塞尔看来，其原因在于哲学家们还未能真正摆脱根深蒂固的“自然主义”的思想方式。采取这种思想态度的人将我们认识的对象和认识的可能性都视为现成给予的和不成问题的。所以，这样的认识和思考从一开始就已经处在某种前提规定的框架中，而缺少**一种纯体验的和反思的彻底性**。在这个意义上，这种思维和它所依据的经验不是一个真正的起点，也不可能有一个内在严格的构成机制。因此，对于胡塞尔来说，找到一个“无(现成)前提的开端”就成为一切抱有严格科学“理念”的哲学探索的最重要的任务。而这个“理念”或“观念”(Idee)只有在一门“纯粹的现象学”或“现象学的哲学”中才能实现。

胡塞尔对海德格尔的关键影响就来自他对于人的经验体验的更彻底的理解，它具体表现在这样的现象学宗旨之中：我们的直观经验就能意向性地构成形式和范畴。然而，按照传统西方哲学，无论是唯理论还是经验论，范畴形式只能通过抽象的普遍化来达到。胡塞尔

---

① E. 胡塞尔(Husserl)：“作为严格科学的哲学”，《胡塞尔短篇著作》(*Husserl: Shorter Works*)，ed. P. McCormick & F. Elliston, Notre Dame: University of Notre Dame Press, 1981 年，第 167 页。

发现人的**意向行为**是一种处于以前人们所讲的“感觉直观”和“概念规范”之间的知觉及构造意义的活动。它既可以是基本的，在被动综合中获得感觉材料，并通过意向活动对它们的统握而达到感知；又可以是更高阶的，依据感知而**构成**“一般”、“范畴”和“本质”，即那些在感觉的层次上找不到的意义单位。这也就是说，除了“感觉直观”或“感性直观”，人还有一种“范畴直观”的能力，无需离开直接经验就可构成、“看到”更高级的意义形式，因为人的意识活动从根本上讲是意向性的，能够**有根据地**进行“虚构”的。而且，按照胡塞尔，抽象和外在的规定反而达不到数、逻辑规则和概念范畴，因为“达到”或“切中”对他而言必须在原本的体验中实现。这样，任何真正的科学活动都离不开意义（Sinn，Bedeutung）的构成或“赋予”；即使是数学和纯逻辑也不能被完全还原为无任何意义可言的符号形式系统。“逻辑是关于诸意义本身的科学。”[①]从另一方面看，按照这个思路，人的意义活动可以是极纯粹的、不依靠“事物域”的，几乎是凭空靠相互关系而构成的。胡塞尔称这种意义活动为“形式化”（Formalisierung），以区别于还受制于事物域的“普遍化”（Generalisierung）。下面让我们更具体地看一下胡塞尔思想的来源、特点及它对海德格尔的积极影响。

（1）胡塞尔为何看重布伦塔诺的意向性理论

胡塞尔从布伦塔诺的讲课中获得了什么灵感，以致他一生的学术事业都被其改变了呢？简言之，这就是布伦塔诺关于意向性（Intentionalitaet）的思想，而它的提出则出于区分物理现象与心理现象

---

① 胡塞尔：《逻辑研究》第二卷，第二部分（*Logische Untersuchungen*，Zweiter Band，II. Teil），Vierte Auflage，Tuebingen：Max Niemeyer，1968年，第9节。

的需要。在布伦塔诺看来，说心理学是一门关于“心灵”的科学是不合适的，既含糊又带有形而上学的味道。心理学只能是关于“心理现象”的科学，而将真正的心理现象与物理现象区分开就是获得一个科学的心理学概念的关键。什么是心理现象呢？布伦塔诺写道：“每一个呈现在感觉和想象中的表象(Vorstellung)都是心理现象的一个实例；这里的表象不是指被表象的东西，而是指表象活动本身。”[①]这样，听一种声音、看一个有色的对象、感到冷或暖、对这些感觉的想象，乃至思考、判断、回忆、期望、怀疑、相信等，都是心理现象的实例。此外，每一种感情，比如高兴、愤怒、失望、喜爱、厌恶等，也是心理现象。那么，什么是物理现象的实例呢？按照布伦塔诺的看法，它们包括我看到的某种颜色、某种形状和某种景观，我所听到的某种音乐和声音，我所感觉到的冷、热和气味，还有在我的想象中对我显现的类似现象。

可以看出，在布伦塔诺这里，这两种现象的不同在于心理现象指的是表象活动本身，而物理现象则仅是被表象的东西。这样，如果心理现象是听和看，相应的物理现象就是被听到的声音和被看见的色彩或形状。所以，按照这思路，物理学要研究的乃是纯粹的物理现象之间的关系，完全不必考虑对于这些现象的表象过程。而心理科学则应研究心理现象即表象活动本身。从以上的说明中还可以看出，心理现象是将物理现象包含于自身之内的更复杂的一种现象。没有哪个心理现象可以是一个纯粹的表象活动而不含有被此活动表象出来的东西，“表象”这个词的动词(vor-stellen)即具有“将某物置于面前”的意思。所以，任何一种心理现象或表象活动必然有一种物理现

---

① F.布伦塔诺(Brentano)：《从经验观点看的心理学》(*Psychologie vom empirischen Standpunkt*)，第一卷，Hamburg：F. Meiner，1973年，第111页。中文引自《现代西方哲学论著选读》，陈启伟主编，北京大学出版社，1992年，第187页(陈维刚、林国文译)。

象所没有的**内在的双层结构**，即表象过程、被表象的东西以及两者之间的关系，而不管这种被表象者是否实体地(real)存在。于是，布伦塔诺选择了一个中世纪经院哲学中使用过的词，即“意向性”，来刻画所有表象活动和心理现象都具有的这一特性。他写道：“每一心理现象可以用中世纪经院哲学家所说的对象的意向性的(亦即心灵的)内存在(Inexistenz)，以及我们略为含糊地称之为对一内容的指称、对一对象(不一定指实在的对象)的指向，或内在的客体性这样的东西来刻画。”①这也就是说，任何心理现象都是一种意向性的活动，即对某个内在对象的指向和呈现。这种指向和呈现的方式，如前面的那些例子所显示的，可以很不同；但这个基本的意谓－被意谓的构造是存在于一切心理或意向性活动中而不存在于物理现象中的。在知觉中总有某物被知觉，在判断中总有某物被肯定或否定，在爱、恨、怀疑、相信中总有某物被爱、被恨、被怀疑、被相信，等等。根据这样一种考虑，布伦塔诺断言：“这种意向性的内存在是为心理现象所专有的。没有任何物理现象能表现出类似的性质。所以，我们能够为心理现象下这样一个定义，即它们都意向性地把某个对象包含于自身之中”。②

这样一种对于心理现象的刻画为什么能给胡塞尔的现象学提供一个“阿基米德点”，从而为他心目中的“作为严格科学的哲学”提供了可能性呢？从表面上看，这样一种意向性所能表达的只是一种经验的、内在于意识的，与实存问题无关的结构。依靠它怎能解答关于客观认识以及最终实在的问题呢？这里的关键因素在于，“意向性”显示出一种“必然要更丰富”的意识模式，即意识的体验(表象)过程

① F.布伦塔诺(Brentano)：《从经验观点看的心理学》，第一卷，Hamburg：F. Meiner，1973年，第124—125页；中文本第197页。译文根据德文版重译。

② 同上书，第125页；中文本，第198页。

必定比实项地(reelle)占有的东西(比如感觉材料)要多出一维的原构成。当然,这“多”出者可以被认为是“仅仅心理的、(狭义)意向的”,就如同布伦塔诺所认为的那样,但它毕竟表明了一种新的意识活动的维度,即一切意义现象都不可避免的、由提交活动本身实行着的“虚构”活动。如果我们能认识到,这样一种**必然的、根本的**虚构既不同于后来的想象,也不同于概念的建构,而是原初的意义构成或意义赋予,那么就可明白,被如此这般地构成者绝不止于个人的实在心理材料和心理现象,而是一切理智活动所由出的“意义”。它具有可交流的客观性(主体间性)、跨越物理时间的稳定性,及指向那些超出感觉的实项内容但又被当下活生生地体验着的意向对象的能力。简言之,这种构成意义的意向行为可以不离直接经验地提供“多中之一”,而这个“一”比它由之而出的“多”从逻辑上更高阶,但又并不在抽象的意义上更高阶,而是在体验过程中活生生地由这些“多”供养着、维持着、构成着。

胡塞尔看到并实现出了这种极具革命性的理论可能,用这超出了心理主义的意向构成的和赋予意义的模式来说明人的一切心灵活动,比如知觉、回忆、相信、情感等等,说明意向活动所构成者(意义和意向对象)正是我们知识的根基,因而超出布伦塔诺,开创了现象学的方法。这种方法在传统哲学认为是分裂的,因而要去费力地建立起认识联系的地方,比如感觉材料与知性概念、现象与本质、当下与过去及未来、多与一……之间,看到了一种**原本就有**的、由直接经验本身提供的内在关联。所以,现象学无须去建构,而只须去对“事情本身”进行“描述”,因为这描述所暴露出的正是原本的意义构成。“对象”、“本质”、“自明的观念”都是由这种赋予意义的活动指引出、显现出和充实着的。

(2)“还原”与构成着的意向边缘域

为了建立一门关于纯粹现象而非仅仅心理现象的科学，胡塞尔面临的第一个任务就是要改造布伦塔诺的意向性学说，尽量清除其中的心理学的和自然主义的倾向，剥露出更纯粹的构成机制。为此，他在1901年之后提出了“现象学的还原”。按照《小观念》(即《现象学的观念》)和《纯粹现象学和现象学哲学的观念》第一卷，还原(Reduktion)意味着自然主义的终止，即将一切关于某种东西“已经在那了”的存在预设“悬置起来”，或使其失效。也就是说，任何一个命题，如果包含对于某种超出了自身给予范围的断定，这种超越的东西就要被过滤掉或“放入括弧中”，以使之失效。自然主义立场所夹带进来的东西，必须与该命题本身的纯意义“分离”开来。通过这种还原，我们所达到的就是那些自身显现的纯现象。这也就是“一切原则的原则”所表达的那种态度：“**任何在‘直观’中原本地**(即所谓在其有血有肉的现实性中)**呈现出来的东西**，[对之]**我们只按照它自身给予的那样**，而且也**只在它自身给予的界限之内来接受它**。”①

通过还原，我们所得到的是自身(被)给予的现象，或由意向行为本身所构成的意义。在《逻辑研究》中，他不讲还原法，但极细致地讨论了这种方法所要暴露的意向性的纯“意义”和“形式”的构成方式和条件。这里，一个关键问题是要将这种纯现象或纯意义与经验主义者(比如贝克莱和休谟)讲的被给予的“观念”或“印象”区别开来。这种感觉观念的被给予性依然受到自然主义立场的隐蔽操纵，是完全被动的现成表象。所以，每个感觉观念或印象都是个别的、孤立的和

---

① E. 胡塞尔：《纯粹现象学和现象学哲学的观念》第一卷(*Ideen zu reinen Phaenomenologie und phaenomenologischen Philosophie*, Erstes Buch)，Den Haag：M. Nijhoff，1976年，第51页。译文参考了中译本(李幼蒸译)和英译本(W. Gibson译)。

没有构意结构的。它们被(错误地)认为是意义的承载者,可实际上却需要外在的形式规范(比如形成习惯的联想结构)来使得它们具有可交流的意义。胡塞尔所讲的在意向中构成的现象和意义则不带有自然主义的存在设定。所以,这种现象是比任何一种现成的内在对象要更原本,是超出了一切肯定和否定的纯意义或本真质。更关键的是,它本身中包含着非心理、非对象的构意机制,并不是现成的对象。为什么我们能够**有意义地**去说那些**不存在**的东西?这个问题曾使从柏拉图到麦农(Meinung)之间的许多哲学家殚精竭虑而不得其解。胡塞尔不像他们那样只去寻找一种使不存在者在某个意义上存在的意义载体,而是通过消除自然主义立场达到一种被当场构成的意义,它已不再受对现成存在的肯定与否定的影响。以这种方式,胡塞尔给这个问题的解决带来了希望。它的原本性不仅表现在能经受各种样式的"修正"或"变样"(Modifikation),即便在幻想中也能被给予,更表现在它与意识本身的相互内在关联上。这也就是说,从来不是先有(一个盒子那样的)意识后有(一些被送进来的)现象,而是,每个意识都是**对某物的意识**,[①]每个现象中都有这样一个构成纯意义的意向性结构。所以,它不是任何传统意义上的现成物,既非经验主义的现成物(感觉印象),也非唯理主义的现成物(理式、范畴);而是必须在直观中被意向性地"构成"、"充实"(Erfuellung),或本真地给予的"意向意义"和"充实意义"。总之,由于现象不再被认为是现成给予的,而是在一个连续的意向之"流"或"上下文意境"中构成的,这现象本身就必定已包含了这种构成所给予的意义,以及这种"意义"上的本真质。因此,胡塞尔并不是一个如不少人认为的柏拉图主

---

① E.胡塞尔:《纯粹现象学和现象学哲学的观念》第一卷,Den Haag: M. Nijhoff,1976年,第35节,第84节。

义者。他的思想的基本方式已超出了传统概念型哲学的框架，从方法论上是非抽象的、构成式的。许多抽象的二元区分，比如现象与本质、个别与一般、对象与意识、直观与理智，对他来说已不再有效，或不完全有效了。这就是胡塞尔对于现代西方哲学的一个决定性的贡献。

但是，具体地讲，意向行为或意识作用（Noesis）是如何构成（konstituieren）意向对象或一个意识的统一体呢？这就涉及到胡塞尔意向性学论中极为重要的"构成边缘域"（Horizont）的思想。在这方面，胡塞尔曾受到詹姆士（W. James）意识流思想的影响。这个思想认为，要在直观体验中达到对某物的意识，体验的根本方式不可能是感觉表象的，也不会是概念规范的，而只能是在一个有边缘视野的意向境域中进行的。总之，一切意向性的体验中都有一个比当下的实项占有从本质上更丰富的动态结构，即一个围绕在显示点周围的边缘域，它总已在暗中匿名地、非主题地准备好了下一步的显示可能性。这样一个边缘域，詹姆士称之为环绕意象的"光环"、心灵的"泛音"和"灌液"，[1]具有潜在的构成和统一化的功能。在《纯粹现象学和现象学哲学的观念》第一卷，第35节，胡塞尔描述了对于面前书桌上一张白纸的知觉。他对于这张纸的每一个清楚的视知觉都只能是从一个特定的角度的观看，知觉到的也只是关于这张纸的一个特殊侧面（Abschattung，侧显，投影）；对于这一点，感觉经验论者比如贝克莱和休谟也会同意。但是，胡塞尔认为我们所知觉的比这还要多，因为我们确实是在将这张纸作为一个连续的对象而非一个个感觉印象来知觉的。这如何可能呢？他通过描述这个知觉的构成域来回

---

① W.詹姆士（James）：《心理学原理》，唐钺译，北京：商务印书馆，1965年，第103页，第106页。又参见詹姆士：《心理学》（*Psychology*），Cleveland and New York：The World Publishing Company，1948年，第160—166页。

答。任何一个清楚的知觉都带有一个体验的背景，在这个例子中就是围绕着这张纸的一个逐渐消隐的视域空间，其中有书、钢笔、墨水瓶等等。它们在潜在的意义上也被知觉或直观体验到了，胡塞尔讲：

> 对于任何物(Ding)的知觉总是带有这么一个**背景直观**(或背景观看，如果“直观”总是包含被朝向[一个东西]的状态)的晕圈。并且，这也是一种“意识体验”。简言之，这也是一种“意识”，特别是“**对**”所有那些处于被同时观看到的客观背景中东西的一种“意识”。[①]

从这段话中可看出，胡塞尔心目中的“对某物的意识”与体验的构成域是紧密相关联的。通过这种域的构成，意向对象而非仅仅感觉印象才成为可能，因为它使一个个的知觉经验从一开头就以某种隐蔽的、边缘的、前伸后拉的方式交融(但非混合)为“一气”，不仅与刚过去的经验保持着相互构成的关系，而且为可能有的知觉“准备下了”与已有知觉的意义上的联系。所以当我们看一个现象的正面的时候，也同时在以保持和期待等隐蔽的方式看它的背面、侧面乃至内部。

这样一个“焦点和围绕带”的构成结构在一切意向活动中都存在，不管它是知觉、回忆、期望、判断，还是怀疑、相信和愤怒。“对某物的意识”的真义也就在此结构中。胡塞尔分析的“现象学时间”或“内在时间”(与“客观的宇宙时间”不同)就是对这样一个构成域的更原本的揭示。每一时间体验都有这样一个结构，即以“现在”为显现点、以“未来”和“过去”为边缘域的连续流。时间体验不可能只发生

---

① 胡塞尔：《纯粹现象学和现象学哲学的观念》第一卷，第71页。

在一点上，而必然带有预持（Protention）和对过去的保持（Retention）。这三相时态从根本上就是相互构成和维持着的。胡塞尔在《论内时间意识的现象学》（1928年）一书中比较清楚地描述了这种境域构成的、而非线性的时间观，对海德格尔思想的发展应该起过作用。不过，由于拉斯克的影响，海德格尔从《逻辑研究》中更多地看出了一个“解释学”的维度。在胡塞尔这一边，很可惜的是，由于他还受制于先验主体观和某种程度上的观念（Idee）实在论，这现象学的时间观中的纯境域构成的思路在先验现象学的阶段没有被彻底展开，时间意向结构与其他意向结构的关系也没有得到应有的追究，更没有像海德格尔那样从中引出存在论的结论。

下面的一节将表明，胡塞尔的现象学的最可贵之处对于海德格尔来说在于它的构成思想，即在意向体验中通过视域的连续交融而直接构成非心理非对象的纯意义或意向相关者，从方法论上就既避免了经验主义，又避免了唯理主义。它与西方传统哲学，包括新康德主义、世界观（Weltanschauung）哲学、意志主义、直觉主义的路子都不一样，因为它能在以前被认为只属于“盲目的”直觉之处发现了构成结构和意义形式。它提示出这样一种可能，即思想获得一种非概念的或原初体验的严格性的可能。至于胡塞尔所使用的具体方法，比如还原法，在海德格尔看来则不一定是必须遵循的。

2. 范畴直观与“存在”系词

从1909年开始的十几年间，胡塞尔的《逻辑研究》一直是海德格尔形成自己的“存在”观的一个重要动力，即便在胡塞尔的《纯粹现象学和现象学哲学的观念》第一卷（1913年）发表以后仍然如此。具体地讲，《逻辑研究》如何激发了海德格尔的思想呢？在“我的现象学道路”(1963年)一文中,我们读到海德格尔的这样一段话:“1919年以后,我在胡塞尔身旁边教书边学习,自己练习现象学的看(Sehen),并在一个研究班中以一种变化了方式尝试对于亚里士多德的理解;此时,我的兴趣又一次移向《逻辑研究》,特别是该书第一版中的第六研究。那里对于感觉的和范畴的直观所做的明确区别在它的范围内向我揭示出了确定‘存在的多种意义’[中哪个是其本原义]的方式。”[①]这段话不仅告诉我们胡塞尔的《逻辑研究》在海德格尔的存在论思想的形成中所起的作用,而且指出了对他来讲是最重要的具体章节,即“第六研究”中的第六章,题为“感觉的和范畴的直观”。海德格尔在他生前发表的著作中一直未具体讨论这“第六研究”是如何影响他的。但是,1977年出版的《四次研讨会》和1979年出版的《时间概念史导论》(海德格尔1925年夏季在马堡大学的讲课稿,也就是《存在与时间》的第二稿)弥补了这个缺憾。

这第六章的题目,即“感觉的和范畴的直观”似乎与康德在《纯粹理性批判》中的一个思想相对抗。康德在那里反复申明这样一个道理:对于人来讲,不可能有“范畴的直观”,只能有感觉的直观和依据这种直观而起作用的知性的范畴。胡塞尔在这里却要讲“范畴的直观”。但究其实,这种表面的对立,虽然的确代表了两者治学方法之间的重要差异,以及胡塞尔思想的新异之处,却绝不是一种正题和反题的矛盾关系。用胡塞尔自己的话,这第六研究的第六章“所关心的是范畴的诸客观形式,更确切地说,是在客观化行为(Akte)领域中的‘综合功能’。通过这种功能,这些客观形式得以构成,并达到‘直观’和这种意义上的‘知识’”。[②] 这里所表达的倒是与康德《纯粹理

① 海德格尔:《朝向思想的实情》, Tuebingen: M. Niemeyer, 1976年,第86页。

② 胡塞尔:《逻辑研究》第二卷,第二部分,第128页。

性批判》中"纯粹知性范畴的演绎"的主旨颇有相通之处。两者都是要追究"这些客观形式(范畴)得以构成,并达到'直观'和这种意义上的'知识'的途径"。而且,两者都注意到了这种途径与"时间"的深刻关联。不过,胡塞尔的"范畴直观"直接点出了在康德那里通过"演绎"中的"先验的想象力"而曲折表达的意思,即人的思想(知性的范畴)与人的感觉经验(感性的直观)本来就是不分的、相互构成着的。而且,通过胡塞尔后来提出的边缘域构成的学说,不管是现象学时间视域构成还是知觉视域的构成,这种范畴直观的形成机制也在一定程度上得到了揭示。从这些角度看来,胡塞尔的范畴直观学说具有更高的思想价值。

海德格尔之所以特别重视这一章,不仅因为它讨论了"范畴的直观",而且运用这种超出了概念抽象与经验直观的新颖方法来分析系词的"是"或"存在"(sein)的含义,从而在更直接的意义上为海德格尔提示了一条理解"存在"(Sein)的纯构成的新路。

胡塞尔将"感觉的直观"看作直接的感官知觉,在其中个别的意义意向(比如一个名词的意义)被意向性行为充分地执行或充实(erfuellt)。他写道:"在感官的知觉中,在我的视觉落下的瞬间,这所谓'外在的'事物'在一下子中'显现。它体现这事物的方式是**质朴的**、不要求建基的(fundierend)或被建造于某个基础之上的行为的机制。"[①]但是,对稍复杂一点的,即具有普遍性和谓词关系的知觉以及意义表达来说,就需要更高级的直观行为来执行。这就是所谓"范畴的直观"、"有依凭的(belegende)直观",或"建基的行为"。当我看见一张白纸并说"白纸"的时候,我似乎只表达了我所见到的。对于判断来说也是这样,我看见这纸是白的,就说:"这纸是白的"。在传统

① 胡塞尔:《逻辑研究》第二卷,第二部分,第147—148页。

的经验论者乃至绝大多数唯理论者看来，这种知觉和表达的方式与感官知觉的方式没有什么重要的不同，最多不过是简单知觉与复合知觉这样的程度上的不同而已。两者的“意义[都已]在知觉之中”。[①] “白纸”中的“白”只是对应于这张白纸的“白的方面”而已。但是，胡塞尔认为这种看法漏掉了在这类认知中包含的另一种行为的执行功能。“白纸”中的“白”只是“部分地”与作为感觉对象的白纸中的颜色方面相重合，另有一“多出的意义”已被包含于这种比较复杂的知觉之中。这就是一个“形式”(Form)，它在直接的感觉显现中得不到执行。[②] 这也就是说，此白纸在较复杂的知觉中乃是一张白色的纸。知觉的“质的方面”或“直接的知觉”达不到这个“多出的”形式。更重要的是，胡塞尔认为执行这种形式的行为从根本上说还不是概念的抽象，而是一个构成性的而非规范式的范畴的直观。特殊与普遍、现象与本原就是在这种构意的直观行为中相交相遇。

在达到发生现象学的阶段之前，胡塞尔关于感觉直观的学说表明他的思想方式中仍有经验主义和心理主义的成分，而且会引起这样的疑问，即一个无“形式”的直接感觉在什么意义上是可能的；但是，他关于范畴直观的学说却提示出了（但并非真正说清楚了）一种看待哲学问题的新思路。在由柏拉图开创的传统哲学中，个别与普遍、感觉与思维、现象与实在的关系是外在的。这也就是说，这些对立的双方被认为从逻辑上是可分的；而且，一般都认为前者（个别、感觉、现象等）是通过直观给予的，而后者则不是。至于两者以什么方式发生了关联，则各有各的说法。在这样一个思想模式中，“存在”的意义被视为属于此两方中的某一方，特别是（按照唯理主义者）属于

---

① 胡塞尔：《逻辑研究》第二卷，第二部分，第130页。

② 同上书，第131页。

后者或实体。这种实体不能在直观中被给予，而必须通过概念的抽象从眼前的现象中推导出来。海德格尔称之为“存在者之存在”(das Sein des Seienden)。胡塞尔思路的新意就在于从某一个角度突破了这种二元的思考方式。它指出，在“高”于感觉而又还不是概念的居中层次上，或原初体验本身中，已有形式、意义或理性行为的运作。而且，从现象学的观点看，这是更本源的构成。在这个层次上，个别与普遍、经验与思维、现象与实在从根本上就不可分；体现个别(“这张白纸”)的直观的建基行为必然要连带出或构成一个“多出来的”形式(这张是白色的纸)。后者与前者虽然有别，但已不是在传统看法中的那种外在的和认识领域上的区别，而是构成中的地位和层次的区别。依照这样一个思路，就会产生这样的问题：如果传统的二元分立不成立了，那么，与这种范畴直观的构成洞见相匹配的“存在”的含义是什么呢？

在第六章的两节(第 43 和 44 节)中，胡塞尔运用他的范畴直观的思路讨论了作为系词的“存在”或“是”(sein)的意义。它们对于海德格尔来说是极有启发性的，尽管还谈不上问题的真正解决。胡塞尔同意康德“存在不是一个实在的谓词”的讲法。对于胡塞尔，“实在的”(real)意味着不在构成的顶尖之处或边缘域中。所以，“存在”或“是”不是知觉的现成对象，不是这对象的部分和特点，也不是将此对象结合为复合对象的“实在的统一形式”。他讲道：“我能看见颜色，但无法看见颜色的存在(farbig-sein，又可译为‘颜色的是’)。”“**存在或‘是’是绝对无法知觉的**。”[①]而且，这“存在”的意义也不能按照传统的思路被看作是由“内感官”，即对于心理行为和判断的“反思”给出的。“存在或‘是’只能通过判断而被理解”，如果这“判断”意味着

① 胡塞尔：《逻辑研究》第二卷，第二部分，第 137—138 页。

构成式的“执行”(Erfuellung，充实)而非一个由反思给出的判定的话。反思将直观所知觉的作为内在的对象来把握，比如，“金子”的“黄色”，却不能活生生地体验(erleben)那在判断中构成的事态或“是”态，比如“金子－是－黄色”(Gold-ist-gelb)这样的事态。所以，胡塞尔讲：“事态和(在系统意义上的)存在的根源不存在于对判断的反思中，亦不存在于对判断的执行的反思中，而只存在于判断本身的执行中。”[①]现在我们就面临着一个两边较劲的充满张力的局面。一方面，用胡塞尔的话讲就是：“存在(是)不是判断，也不是某个判断的实在的构成部分。它也不是某个外在或内在的对象的实在的构成部分。”[②]另一方面，存在(是)又不能脱离开判断的构成，只有在直观的判断体验中，作为系词的存在(是)才能够被给予我们或令我们理解。正是通过这样一个间不容发的思想局面，海德格尔在某个重要的意义上达到了对于存在的意义的“确定”。在1973年海德格尔主持的查黑根(Zaehringen)讲座的记录中有这样一段重要的话：

> 在全部传统哲学(除了它最早的[前苏格拉底的]希腊开端)中，决定存在的唯一基础是判断的系词。海德格尔对此评论道：这是一个虽然正确，但不真的决定。通过对于范畴直观的分析，胡塞尔将存在从它固着于判断的状态中解放了出来。这么一来，对此问题的整个调查领域就被重新定向。如果我提出关于存在的意义的问题，我就必须首先超出将存在作为存在者之存在的那样一种理解了。……[这也就是说，]为了能够一般地展现存在的意义这个问题，这个存在必须被给予，以便通过它去询

---

① 胡塞尔：《逻辑研究》第二卷，第二部分，第140—141页。

② 同上书，第139页。

> 问它的意义。胡塞尔的贡献就在于体现出了这种存在，使其显现于范畴之中。凭借他的这个贡献，海德格尔继续讲道，我终于获得了一个基础：存在不是依据推导而产生的纯概念。①

在这段话中，海德格尔首先提到传统哲学的做法，即将存在的意义视为由判断中的系词所决定的东西。这么做是"正确"的，因为"存在"问题在西方哲学中确是与系词现象内在相关的；但这种看法又是"不真"的，因为仅限于系词的语法现象并不能真正解决存在的原义问题。根据胡塞尔"第六研究"第六章的分析可知，系词意义不能在对判断的反思和判断的任何实项成分中找到，而只能在对"判断的执行"中去理解。然而，按范畴直观的思路，判断的执行必然会构成那不能在现成的判断成分和反思对象化中找到的"是态"意义。它已经超出了传统的判断逻辑所能把握者。海德格尔认为，胡塞尔以这种方式将存在(是)从"固着于判断"的理解中解放了出来。按那种传统看法，"存在"只能是一种"纯概念"或最高的类："存在者之存在"，与海德格尔心目中的"存在本身"，即实际生活本身(事情本身)的原发意义构成有着原则性的不同。在海德格尔看来，胡塞尔的最重要贡献就在于通过范畴的直观学说，在某种程度上指向了一种先于任何概念反思的纯存在，被判断的构成所要求的更本源的存在。而且，胡塞尔还从逻辑上区分了依据事物对象域的不同而区别种属的"普遍化"与只从相互关系中获得规定性的形式化，为海德格尔进一步发展出"形式显示"的解释学方法，即通过纯关系或纯语境而"凭空"构成意义的方法开了头。在这段话里，海德格尔就是用这种解释学化了

---

① 海德格尔：《四次研讨会》(*Vier Seminare*)，Frankfurt：V. Kostermann，1977年，第115—116页。

的现象学方法来说明“存在”，因而比胡塞尔的分析更为深透。这种从根本上就超前一步的存在是一切意向性构成的“基础”。“这个存在必须被给予，以便通过它去询问它的意义”；这就意味着存在是先于任何现成状态的最本源构成，是在最“边缘”的境域（比如还未被执行或充实的意向意义、时间境域）中就已出现了的构成。实际上，这构成与这境域就不可分。“助跑［的势态］决定了一切”，①就在所谓“边缘域”那里，一切存在论的重要问题就已经出现了。存在必须永远先于任何二元分叉就“有”了，②然后才能“通过它去询问它的［多种］意义”。由此可见，“存在者之存在”与“存在本身”的不同并不在于是否从形式上区别了“存在”（Sein）与“存在者”（Seiende），因为传统形而上学家们同样相信他们已区别了作为实体的存在与作为现象的存在者；真正的不同在于区别存在与存在者的方式，即概念抽象的方式还是非（先）概念的境域构成（形式显示）的方式。

3. 为什么“在胡塞尔那里没有存在的问题”?

上面的讨论表明，在海德格尔的存在思想的形成期，胡塞尔的意向性构成的学说曾起到过关键的作用。但是，在“哲学的终结”、“关于人道主义的信”等文章中，海德格尔还是断言胡塞尔的现象学“没有调查作为存在之存在［存在本身］的问题。”③海德格尔的查黑根讲座所讨论的一个重要题目就是：“在什么意义上我可以说在胡塞尔那里没有存在的问题?”实际上，早在 1918 年前后，海德格尔已经有了

---

① 海德格尔：《形而上学引论》（*Einfuehrung in die Metaphysik*），Tuebingen：M. Niemeyer，1987 年，第 134 页。

② 克兹尔：《海德格尔的〈存在与时间〉的起源》，第 231 页。

③ 海德格尔：《朝向思想的实情》，第 77 页。

这个看法。[①] 虽然这看法并不妨碍他真诚地从胡塞尔那里学到更多的东西，但它毕竟是海德格尔后来与胡塞尔正式决裂的导火索。

上两节表明，胡塞尔通过“范畴的直观”这种构成思路讨论了“是”或系词“存在”的意义，并在意向性的范围内探讨了这种构成的境域发生机制。这种处理方式激发了海德格尔关于存在的思想，即一种先于一切存在者之存在的、被人的生存“朝向”视野投射出的本源存在的思想。在这个意义上，海德格尔承认胡塞尔的《逻辑研究》“轻轻地触及到了存在的问题”。[②] 但是我们也可以看出，胡塞尔的研究尽管提示出了一种看待终极问题的新方法，他的学说中却还是掺杂着心理学的和感觉经验论的成分，整个理论（而非它的方法中最有活力的那一部分）也未脱开传统的形而上学和认识论的构架。这些都使他无法走向一种更纯粹的关于“存在本身”的思想。后面的章节将显示，海德格尔与康德之间也有这样一种若即若离的关系。

就在上面所引的那一段谈到“胡塞尔的贡献”的话后，海德格尔马上说道：“但是，胡塞尔没有超过的一点是：在他赢得了作为**被给予者**的存在之后，他就不再作进一步的发问了。他没有去展开‘存在意味着什么’的问题。胡塞尔在这里根本没有看到可能存在的问题的影子，因为下面这个思想对他来讲是不言自明的：‘存在’意味着对象的存在。”[③]的确，这样一个思想特点贯穿了胡塞尔的全部著作，即认意向性的构成物或构成的意识发动者——不管它是“形式”、“在”，还是“意向对象”和“先验主体性”——为最终的存在，因而不再去追究此构成性的“给予”所提示出的更本源的存在论问题。与之相反，海德格尔是带着布伦塔诺的博士论文所唤起的古典的“存在问题”和一

---

① 奥特：《马丁·海德格尔：政治生活》，第 103 页。

② 海德格尔：《四次研讨会》，第 111 页。

③ 同上书，第 116 页；又见于奥特：《马丁·海德格尔：政治生活》，第 103 页。

个深厚的神学解释学的思想冲动去看待这种体现在范畴直观中的意向性构成。他深厚的哲学史功底使得他能“见机而作”、追本溯源，看出“存在的原义”绝不能在任何可对象化或主体化的层次上得到理解。这根本不是一个关于“什么”存在的问题，而是使这些对象或主体**能够存在**或呈现的问题，因而必定是一种更本源的、更“凭空”的原发构成。所以，在查黑根的讲座中，海德格尔提请听众注意，虽然他和胡塞尔都从布伦塔诺开始，但两者的起点所依据的著作是不同的，胡塞尔所依据的是布伦塔诺的《从经验观点看的心理学》(1884 年)，而唤起海德格尔哲学兴趣的则是布伦塔诺早期的《论存在对于亚里士多德的各种意义》(1862 年)；海德格尔微笑着说：“我的布伦塔诺是亚里士多德式的！”[①]

从思想上讲，胡塞尔达不到“存在问题”的一个重要原因就是，他的构成学说没有被充分和彻底地展开，还限于还原出的意向性之中。这里，虽然自然主义的立场从表面上被避免了，现象和本质、个别与普遍的二分法被克服了，但主客相对的传统形而上学的存在论前提却依然有效。意向性的构成方式仍然受制于主体认识客体这个大模式。因此，尽管他发现了范畴直观，但还是认为基本的直观是“让‘外在的’事物‘在一下子中’显现”的感觉直观；这就使得范畴直观失去了存在论的意义，因为它所处理的、所“建基”于其上的从根本上讲是感觉直观所提供的现成质料。胡塞尔晚年尽管也提出“生活世界”学说，将他意向边缘域的思想推向发生的维度，认为在一切科学的观念反思的认知之先已有一个授予意义的“匿名”境域的构成；但这学说本身依然受制于先验主体性的统辖，因而不具备海德格尔的“实际性－形式显示－时机化”思想的存在论意义。

---

① 海德格尔：《四次研讨会》，第 123—124 页。

此外，胡塞尔的意向性构成的学说也受到了他的先验主体论的制约，被意向主体注意到的便是“焦点”，不被他直接注意到的是“围绕带”。而且，构成虽然要借助边缘域的作用，但构成的趋向是“两极”而非“一域”的。这也就是说，按照胡塞尔也不是很清楚的某种前提的引导，构成的客观一维一定要趋向意向对象的“核心”，而它的主观一维则要被收敛入先验的主体性之中。因此，这种构成观并不彻底，不是存在论意义上的。构成域中隐含的存在论的“新方向”还远没有被揭示出来。根据同样的道理，胡塞尔所讲的在最终意义上能与意向的构成境域分开的意向行为的构成物，比如观念本质和意向对象，从更大的角度看仍然只是一种“现成物”，而非被纯构成所要求的“存在本身”。这也就是海德格尔一再强调的他所理解的现象学与胡塞尔的现象学有着重大不同的原因。

五、脱离天主教意识形态

1919年1月9日，海德格尔给他那时的朋友克里勃斯(E. Krebs)写了一封信，表明他不再受天主教教条系统束缚的立场。克里勃斯本人是天主教神父，曾为海德格尔夫妇主持婚礼，当时也是弗莱堡大学天主教教义学教授。这封信的内容如下：

尊敬的教授：

我在过去的两年中寻求弄清楚我的基本哲学立场，为此而不惜将各种学术工作置于一边。这两年的努力使我得出这样的结论，即如果受到非哲学因素的束缚的话，我就不能保证[享有]信仰和学术的自由。

用于历史知识理论的认识论洞察使得天主教的**系统**对我成了问题，成为不可接受的东西了；但这不是指确实具有新意的基督教和形而上学。

我相信我非常强烈地知觉到了——也许比那些正规的历史学家更强地——天主教的中世纪所具有的内在价值；对于这种价值，我们还远不能真正地评价和解释。我的宗教现象学研究，它会极多地依重中世纪，将会比任何争辩都更有力地表明，我在修正自己的基本立场时并未牺牲掉判断的客观性或对于天主教生活世界的高度重视，也不会去追随那类专挑毛病、做过分苛评的叛教者。

以这种态度为基础，我将继续寻求与这样的天主教学者的交往，他们意识到问题之所在，并能够重视不同的观点。

因此，不失去你的友谊这一宝贵财富对我来说是极为重要的，对此我也要最衷心地感谢你。我的妻子(她已经向你通告了实情)和我都殷切希望能维持与你的特殊关系。过一个哲学家的生活是艰难的，对于自己和你所教的人的内在真诚要求奉献、牺牲和奋斗，而这正是学术工匠们无法了解的。

我相信我负有哲学的内在使命，而且通过在研究和教学中增进对内在人性的永恒领会来履行这使命；当我尽了全力做这些，而且**只**做这些时，我就在上帝面前证明我的生存和工作的正当性了。

向你深致谢意的马丁·海德格尔

我妻子向你致最热忱的问候。[①]

这封信极其重要，也极真实。首先，它表明海德格尔在1917年初至1919年初的两年之中，经历了深刻的信仰反省，最后决定冲破他一直成长于其中的天主教势力范围，以保证自己的探索确实是在“信仰和学术的自由”中进行的。对比以上介绍过的海德格尔在1909年至1912年间所持的保守的天主教信仰立场，再联想到他的家庭，他如何受教育、他的事业期望、他在成长中所受到的激励和保护(比如格约伯神父、布亥格教授、芬克教授等)，就可知这个在不少知识分子看来是理所当然的立场的获得对于他是很不寻常的。一定有某些另外的动机给了他以足够的离心力，使他终于脱开了一直生活于其中的强大引力场。

---

① 奥特:《马丁·海德格尔:政治生活》，第106—107页。萨夫朗斯基:《出自德意志的大师:海德格尔与他的时代》，第133页。

然而，这绝不意味着他成为了一名自由主义知识分子。信仰和学术的自由可以引出各种结果。如这信中所一再强调的，他对基督教和“天主教的中世纪”的思想重要性并不怀疑，因为这是他在摒弃了一切不必要的前提之后仍然体会到的。下面我们会看到，他在20年代初确实在继续他的“宗教现象学研究”（关于中世纪神秘主义和保罗书信），并开出了相应课程。对于他，最重要的就是如现象学的座右铭所言：“到事情本身中去”，因为唯有这样才有哲学家对自己和学生的真诚。“过一个哲学家的生活是艰难的”，而他则坚信自己“负有哲学的内在使命”，他与神的真正沟通只能在全力履行这艰难使命的赤诚人生中达到，再无他途。换句话说，对于他，真正的神只是那在事情本身或实际生活本身中还能存活、还能显示出来的神意。

由此亦可见，虽然他早期言论中表现出来的天主教意识形态的成分被当作束缚成长的蜕壳而抛掉，但那里向原发生活敞开的深刻激情不但没有消退，反而愈加增强，以致让人感到了一种不受任何宗教、伦理的现成原则规范的汹涌势态，它溢到何处完全不可预测。考虑到1919年的局面，即大战刚刚结束、德国战败、生命哲学思潮澎湃，这一点很可理解。这位极敏锐的年轻学者已无法在天主教传统中充分感受到活生生的生命大潮。如果这里蕴含着悲剧，多半也只能理解为时代本身的悲剧。

1915年之前，还几乎看不到海德格尔要脱开天主教影响圈子的倾向。4年之后，就有了如此巨大的变化，其中的缘由何在？简单说来，大致有这样几个原因：

首先，海德格尔多年来从经济上受到与教会紧密相关的基金会的资助，但这种受意识形态规范的受惠人的地位是难受的，特别是在他面临危机，无法满足这些规范时，就更是如此。两次心脏病问题使他在追求成为天主教神父的道路上一再受挫，而且面临失去资助而无法求学的危险。新找到的资助还是带有意识形态上的附加条款,甚至要求他定期去表白自己的忠诚,而这对于一位有天赋的、独立意识极强的、充满生存冲动力的年轻人来讲就显得是一种屈辱或讨厌的东西。他的一些最痛苦经历都与天主教势力对一位候选者的要求有关。其次,梵蒂冈对于天主教神学家、哲学家们的思想训诫在海德格尔这里也只会起反作用。[①]

再有,从 1911 年开始,海德格尔逐渐受到历史学教授、哲学系的头面人物芬克教授的赏识和"保护"。芬克属于天主教圈子中人,也想将海德格尔这位有希望的年轻人栽培成一位天主教哲学家。为此,他给海德格尔提过不少有一定强迫力的建议,比如教职论文应与哲学史,特别是经院哲学史上的人物有关,他的求职策略应是怎样的,等等。同时,还给他以某种许诺,即在他获得教职资格后,帮他谋求弗莱堡大学天主教哲学教授的职位。[②] 这种许诺也许过高了,因为海德格尔毕竟还是个初出茅庐的不满 30 岁的年轻人。然而,一旦这许诺变成空话,而许诺者也没有完全尽力而为,相信它的人就有被欺骗之感。事实也正是如此。里克尔特离去后空下的教职既未授予代课教师克里勃斯,也未给海德格尔,而是于 1916 年授予了那时"最杰出的学者和教师"(芬克语)胡塞尔。而且,同时讨论的另一个任命(接替施耐德的职位)也排除了海德格尔,使他连副教授也没有做成。由系里决定的对于候选人的专业要求明显不利于海德格尔。最后,此职位给了只拿它当过渡跳板的盖色(Geyser)教授。结果是,海德格尔受了伤害,给芬克写了一封抱怨的信,而芬克只能在回信中做一番并无实效的抚慰。[③]

---

① 奥特:《马丁·海德格尔:政治生活》,第 80—81 页。

② 同上书,第 79 页。

③ 同上书,第 93 页。

第三，也是最重要的，海德格尔本人的性格和思想倾向与天主教的规范从根本上就不相容。这是位只认同实际生活本身的、原创型的思想者，越来越深地受到胡塞尔重体验的现象学、施莱尔马赫的解释学、克尔恺郭尔、尼采、狄尔泰、柏格森等人的生命哲学的影响，以至于在求职问题出现之前就已经流露出了对梵蒂冈和天主教教会控制人的做法的不满；而这也就促使芬克对他产生了怀疑，以致撤回支持。[①] 在这种局面下，海德格尔很自然地转向新来的，而且与他有真正的思想沟通的胡塞尔，以寻求新的学术结盟及某种意义上的保护和帮助。从后来的效果看，这一结盟无论在思想上还是现实的求职问题上都结出了硕果。不过，我们也已说到，它最终还是破裂了。海德格尔既不认同于天主教的学术圈子，也不能融于比较自由化的知识分子，甚至他后来与雅斯贝尔斯的友谊也以悲剧结束。这是一个孤独的人，起码就他那一辈人和他所处的德国学术环境而言是这样。

胡塞尔在海德格尔的宗教转向中也起到了一定作用。胡塞尔模糊地属于新教的或有自由主义倾向的学术圈子，它是当时德国哲学界的主流。在这个圈子里，“受束缚的天主教哲学家”是个带贬义的概念，意味着学术上的不纯粹、不严格和低质量。1917 年 10 月，马堡大学(那里新教占绝对优势)哲学系头面人物那托普(Natorp)写信给胡塞尔了解海德格尔的情况，以便考虑是否聘请他任该系的副教授。胡塞尔那时与海德格尔的学术接触还不深，而且只凭表面印象，认为后者还“在我的同事芬克，即我们的‘常任天主教历史学家’的保护之下”(胡塞尔回信中语)。这种话写在给那托普的信中就不利于海德格尔。不过，胡塞尔也注意到并在给那托普的回信中提到海德格尔新近与一位女新教徒结婚；“就我所知，她还没有改宗为天

① 奥特：《马丁·海德格尔：政治生活》，第 90 页。

主教徒”。此外，胡塞尔虽未从学术上对海德格尔说否定性的话，但还是认为他“缺少成熟性”。[①] 结果自然是，海德格尔没有被马堡大学接受。然而，从1917年至1918年冬季开始，海德格尔与胡塞尔的关系变得越来越亲密；实际上，胡塞尔在这之后，一直到1928年，都是海德格尔事业上的“父亲般的朋友”和支持人。所以，两年之后（即1919年至1920年），胡塞尔在给那托普的信中纠正了他造成的错误印象：“让我告诉你这样一个事实，虽然我那时[1917年]并不知道，即海德格尔那时已从教条的天主教中解脱了出来。在那之后不久，他达到了所有必要的结论，并且以明确、有力，但却是策略的方式抛弃了一个‘持天主教世界观的哲学家’安全舒适的事业。在过去的两年中，他是我最有价值的哲学上的合作者。”[②]当马堡大学于1922年初又考虑任命新教职，并通过那托普再次征询胡塞尔的意见时，胡塞尔尽全力推荐海德格尔，而且在其回信中强调海德格尔思想的原发性，说明他作为一个前天主教徒无法在弗莱堡这个天主教的势力范围内充分展示他关于路德新教的宗教现象学；如果他能到马堡任教，定会“起到联系哲学与新教神学的重要作用”。[③] 由此可以看出，胡塞尔本人尽管在公开场合不表示宗教偏好，但内里极赞成并大力鼓励海德格尔变为一个“非教条的新教徒”或“一个自由的基督徒”。[④]而他对自己的忠实追随者埃狄特·施泰因（Edith Stein）的态度则正相反。施泰因是长期跟从胡塞尔的杰出女学生，曾协助他编辑《哲学与现象学研究年鉴》。当胡塞尔于1921年得知这位也是犹太血统的女子皈依了天主教时，他的反应是“为她难过”，视之为“精神贫乏的

---

① 奥特：《马丁·海德格尔：政治生活》，第97页。

② 克兹尔：《海德格尔的〈存在与时间〉的起源》，第75页。

③ 奥特：《马丁·海德格尔：政治生活》，第122页。

④ 同上书，第118页。

表现”。[①] 就海德格尔而言，如果没有胡塞尔这位著名教授如此强有力的支持，身处天主教势力所及的弗莱堡大学，还未得到永久性的职位和经济保证的海德格尔恐怕不会公开宣称自己的宗教转向。

在这个问题上的另一个因素或不如说是显示指标是海德格尔的婚姻。海德格尔曾于1913年12月与一位叫“马格丽特”的女子“秘密订婚”，但于1915年11月解除此婚约。[②] 可能在1916年前后，海德格尔在德国的“青年运动”的圈子中结识了当时在弗莱堡大学学政治和经济学的女大学生埃尔芙丽德·佩特瑞（Elfride Petri）及其女友伊丽莎白·布洛赫曼（E. Blochmann）。[③] 是年夏，海德格尔与佩特瑞小姐及另一女生同游莱辛瑙岛，写下了一首愉快的诗：“在莱辛瑙岛的夜间散步”。[④] 埃尔芙丽德出身于一个高级普鲁士的官员家庭，信仰路德新教。如果没有思想上的沟通，很难设想这种爱情会持久并导致婚姻。1917年3月21日，这对不同宗教和家庭背景的年轻人在大学教堂内举行了简朴之极的战时天主教婚礼。证婚的神父就是海德格尔的朋友克里勃斯。出于对海德格尔的感情及对他家庭宗教情况的体谅，新娘子曾表示愿意皈依天主教，但克里勃斯看出这意向的不牢固，劝阻了她立即做出最后决定。[⑤] 按照天主教对于混合婚姻的规定，这种家庭的子女必须一出生就受洗为天主教徒。但是，1918年12月23日的一个风雪天气里，海德格尔的妻子造访了

---

① 奥特：《马丁·海德格尔：政治生活》，第118页。以下第18章还会提及施泰因这个人。另外，需要提请读者注意的是，奥特本人是天主教徒。他的书的一个基调就是：由于海德格尔背叛了天主教，他犯下了许多愚蠢的甚至可怕的错误，自食了恶果。已有一些海德格尔的研究者，比如比梅尔（W. Biemel）批评了奥特书的偏斜视角。

② 同上书，第89页。

③ 萨夫朗斯基：《出自德意志的大师：海德格尔与他的时代》，第109页。海德格尔与布洛赫曼保持了长期通信，其通信集已出版。

④ 海德格尔：《思想经历：1910—1976年》，第7页。

⑤ 奥特：《马丁·海德格尔：政治生活》，第99—100页。

克里勃斯神父和教授，向他通告了他们不再遵守这一规定的决定，实际上也就意味着他们与天主教会的极度疏远，如果不视为是完全决裂的话。[①] 克里勃斯在日记中记下了她的陈述："我的丈夫已失去了他的宗教[即天主教]信仰，而我也没能在心中找到它。就在我们结婚时，他的信仰已受到怀疑的折磨。但是我那时仍坚持举行一个天主教的婚礼，希望在他的帮助下找到这种信仰。我们花了大量时间共同阅读、交谈、思索和祈祷，但结果是，我们都走到新教的思想方向上来了；也就是不承认任何固定的教条束缚，只相信一个个人的上帝，通过基督的精神向他祈祷，与任何新教的正统观和天主教的正统观都不相干。在这样的情况下，我们认为让我们的孩子受洗为天主教徒是不真诚的。我想我的责任是首先向您通告这件事。"[②]半个月后，海德格尔本人给克里勃斯写了此章一开始引译的那封信，宣布脱离天主教的世界观和种种约束，较公开地成为了一个"自由的基督徒"。在胡塞尔眼中，这就相当于转变成了"非教条的新教徒"。但是，必须指出，海德格尔终其一生并未正式放弃自己的天主教教籍，他的葬礼也依然是以天主教方式举行的。[③] 这种状况令他痛苦，在1935年的一封信中称之为"总在肉中作痛的刺"；另一根肉中刺则是"校长经历的失败"。[④] 仔细想来，除了其他因素，使他不能做出信仰上的最后决断去摆脱这种含糊状况的一个重要原因应该是：他对于新教自由知识分子的圈子也不认同。这位"开道"型的思想者在隐秘

---

① 在本书作者与海德格尔次子赫尔曼交谈（1997年10月12日）时，他告之：其父有过两次婚礼。就在3月21日的天主教婚礼之后不久，这对夫妇又在Wiesbaden举行了新教仪式的婚礼。这在某种程度上也就意味着头一次婚礼的失效。

② 奥特：《马丁·海德格尔：政治生活》，第109页。

③ 关于这个葬礼的宗教性质，海德格尔的儿子与侄子之间有争论。参见本书第21章。

④ 奥特：《马丁·海德格尔：政治生活》，第37、120—121页。

地追求某种更原本的人生信仰形态。他后来为纳粹运动及中国的道家所吸引,都与这种人生的重大缺憾和去弥补它的努力有关。

六、1919—1922年：找到自己的思想方向

1918年1月17日，海德格尔再次被征召入军营，但他的健康再次出了问题，于是被转到他的家乡霍依贝尔格(Heuberg)地区受训。4月，他回到弗莱堡，但7月又受召入“414前线气象站”服役，驻扎于柏林与卡洛腾堡之间，从那里还给胡塞尔写信，谈到对于柏林大学的和柏林文化气氛的印象。其后，开到西部前线，为第一集团军提供气象信息。在这里他服役两个月，于11月5日（德国十一月革命前几天）被提升为一等兵，再于11月16日被解除军役，返回弗莱堡。

从前几节的介绍也可见，海德格尔在第一次世界大战期间经历了信仰上的重大转变；同时，他在思想上也进一步彻底化，不仅完全脱开了天主教神学和哲学的立场，而且逐渐从方法上超出了胡塞尔的意识意向性分析的现象学，乃至拉斯克的新康德主义与现象学的混合体，发展出了自己的“实际生活经验本身的形式显示”的解释学方法，为写作《存在与时间》开出了道路。这种思想上的彻底化在他战后于弗莱堡大学开设的第一门课的讲稿（《全集》第56/57卷）中已相当鲜明地表现出来。这门课是在“为参战者所设置的战争急需学期”（1919年1月25日至1919年4月16日）中开的，名为“哲学的观念和世界观问题”。克兹尔的《海德格尔的〈存在与时间〉的起源》(1993年)一书就以此讲课稿为正式起点。由此开始，海德格尔不间断地开出一系列关于“现象学”的课程，其中尤以“宗教现象学引论”一课（1920年至1921年冬季学期）的讲稿引人注目，因为在那里他

最清楚地阐释了"形式显示"(formale Anzeige)这个解释学化了现象学方法,并通过它而在保罗书信中看到了原发的"时机化时间"(kairology),在很重要的意义上打开了通向《存在与时间》的道路。所以,克兹尔认为在 1919 年之后的这段时间内,海德格尔"发现了他自己,第一次成为了**海德格尔**"。[①] 以上在介绍海德格尔的"博士论文",特别是"教职论文"时提及,海德格尔早年探讨"存在原义"的关键之处在于:找到一种能理解和表达活生生的生命形态的原本方式。这项至关重要的任务可分为两个方面。首先,这种生命或生存形态必须是最原发的、最实际的,不能夹带一点点观念区别,必是"原初的某物"(Ur-Etwas)。[②] 我们已在海德格尔最早(1910 年)发表的关于亚伯拉罕的文章一开头处看到过这种"自生自发"、"睡意蒙眬"的恢宏形态。其次,需要阐明的是,这种似乎浑浑噩噩的生命形态本身就包含着原本的理解可能和表达-被表达的可能。简言之,这是一个生活和生命本身的解释学问题。正如我们以前一再指出的,海德格尔在赢得自身的过程中,除了胡塞尔,还从拉斯克那里得到过极重要的帮助。所以,下面让我们先审视一下拉斯克在这个问题上的贡献,再阐释海德格尔本人的方法论突破。

1. 拉斯克的影响

"生活"(Leben, 生命)和"(生活)体验"(Er-leben)这两个词向我们显示出那时海德格尔所受到的狄尔泰的和胡塞尔的影响。对于

---

① 克兹尔:《海德格尔的〈存在与时间〉的起源》,第 3 页。

② 海德格尔:《哲学的观念与世界观问题》,见海德格尔:《全集》(*Gesamtausgabe*)第 56/57 卷, Frankfurt: Klostermann, 1987 年, 第 115 页。克兹尔:《海德格尔的〈存在与时间〉的起源》,第 22 页。

这两位思想者，生活和体验都是原发的、原本自明的意义源泉，只是狄尔泰讲的生活具有一个历史维度，而胡塞尔的体验是纯意向或纯意识的。海德格尔则居于两者的交点上，取其原发性而摒其相对性和意识性。而且，他在这个思想形成期受到了其"师兄"拉斯克(Emil Lask, 1875—1915)的决定性影响。拉斯克的重要表现在他讨论的两个问题上，即(1)先于一切概念化和理论化的"投入"(Hingabe, 自身放弃，舍身给出)的生活体验形态和(2)与构成性范畴不同的"反思范畴"。"投入"或"献身"对于拉斯克意味着一种最原初意义上的生活体验，在那里还没有任何概念的反思和明晰，也没有感觉的区别，人完全丧失于这正在进行着的体验之中。比如，在其《哲学的逻辑和范畴学说》(1910年)一书中，他这样写道：

> 此非感官状态(das Nichtsinnliche)仅仅作为它是其所是者[前理论的某物]而出现。在那里，不带有来自逻辑的陌生规定性。正是由于这种不可接触性，它在此必定保持在完全的非概念状态和不被照亮的状态之中。不带任何思虑，这种直接的体验将自身表现为在某种特殊的非感官状态中的纯开显，例如单纯的伦理、美学和宗教的投入(Hingabe)；这投入中没有任何超出和被意识[的分离状态]，并在一切去建立、发现和把握明确性的反思之先。……这直接的体验是一种赤裸的"生活"，丧失自身于此非感官状态中；因此也是一种非辨别的、非认知的、非折射的，并就此而言是质朴的状态，不涉及任何关于被干扰行为的"思维"和明确性；这种体验不"知道"它所"做的"或"生活着的"(lebt)。①

---

① E.拉斯克(Lask)：《著作集》(*Gesammelte Schriften*), Band II, Tuebingen: Mohr, 1923年，第191页。

需要注意的是，这种投入体验与经验主义者讲的感觉直观经验不同，因为它不像后者那样在“感官”和“印象”层次上做出表象区别。这里一切还“混成”[①]一体，是一种“非感官状态”。同理，它也绝不是一种掺入了概念思维的意识状态。它只可被理解为“一种赤裸的‘生活’，丧失自身于此非感官状态之中。”这种完全“投入”的“生活”观应该就是海德格尔讲的“实际生活经验”的直接来源。

拉斯克这个思想与费希特有关。但是费希特的要点在于强调这种原初生活体验或“野蛮的”实际性的完全反理性特点。人只有从这种“实在的生活”中脱出，从外面采取某个思辨的观点，才能获得认知。[②] 拉斯克同样认为这种实际生活体验是非思辨认知的，但他强调的却是：这完全的投入本身已含有了某种意义、形式和价值，正如我们的伦理、美学、宗教乃至生活本身的投入体验所具有的。[③] 在这个意义上，这种“前理论”的投入经验与“理论形态”并不是不相容的。他写道：“相对于每一种认知，生活是只朝向非逻辑者的直接投入。但是，在最广的含义上，生活是向任何一种东西的直接投入（die unmittelbare Hingabe an irgendein Etwas），并不只限于非理论者，而是也投向理论本身（Theoretisches selbst）。”[④]这是一个重要的理论突破，尽管还不彻底，并且表现得十分蹩脚。它在某种程度上已超出了传统西方哲学和新康德主义。形式、意义和价值并不是从外边加给质料、对象和事实的，而就是“质料”和赤裸的实际状态本身决定和包含着的。完全混然一气的、在感官经验和理智意识之先的投入体验或生活本身乃是一切意义和形式的**唯一**来源。

---

① 《老子》：“有物混成，先天地[之区别而]生。”

② 拉斯克：《著作集》，第191页。

③ 同上。

④ 同上书，第208页。

这个思想与胡塞尔的“范畴直观”的学说有很深的关联。[①] 胡塞尔在《逻辑研究》中主张,人不仅有感觉的直观,还有范畴直观的能力,即在直观对象和表达这种直观体验时构成某种“形式”(Form)的意向能力。这种“多出来”的形式(比如“三角形”、“黄金”)不存在于感觉直观中。这一观点基于现象学的意向性思想,已超出了康德。按照康德,“直观”只能是感觉的,因此只能提供“杂多”;“范畴”或“先天判断形式”是由理智加给直观经验的。当然,当他在“演绎”中进一步追究范畴如何能加诸直观时,找到了居间的第三种心灵能力,即“先天的想象力”以及由此想象力产生的“纯象”(reine Bild)和“图几”(Schema)。但是,在《纯粹理性批判》第二版中,这种想象力的“综合”能力被完全归于先验的统觉或主体性,在很大程度上失去了它的原初性。胡塞尔的范畴直观则直接表明,人的直观本身就有构成范畴形式的能力,因为它是(用康德的术语来讲)“先天想象”的或意向性的。系词“是”(sein)与它在判断中的原发功能就是这样一个只能在范畴直观的层次上来理解其含义的语言现象和构成方式。这种讲法(通过拉斯克)对早期海德格尔的“存在原义”的探讨起过重要作用。

这就涉及到了拉斯克的另一个重要思想:构成性范畴和反思范畴的区别,以及反思范畴与投入体验的某种内在关联。“构成性范畴”(die konstitutive Kategorie)是由形式与质料(Form-Material)关系决定的;换句话讲,这种范畴是被它所规范的质料或内容所限定的。因此每一个构成性范畴都有自己的内容领域(Gebiet),不管是感觉领域还是非感觉的抽象领域。[②] “反思范畴”(die reflexive Kat-

① 克兹尔:《海德格尔的〈存在与时间〉的起源》,第27页。

② E.拉斯克:《著作集》第2卷,第133页以下。

egorie)则是由主体与客体的关系引发(anstiften)出的。[①] 所以,这种范畴并不直接被具体的质料内容限定,而只是发自面对客体的主体性,因而被拉斯克(还有他之前的洛采和文德班)称为"内在和反思的"。[②] 然而这内在性既非完全心理的,亦非完全理论主体关系性的,而是纯逻辑的。[③] 它似乎空无所指,但其中暗含着"最少"的"范畴质料"。[④] 不过此种范畴质料应被理解为逻辑形式本身的产物和艺术产品。"它是纯粹的幽灵、'普遍内容'的纯模型、纯粹的'某个东西'(Etwas)的纯模型。"[⑤]这种反思范畴的例子是:"有"(es gibt)、"同一性"或"持存"、"区别"、"某物"等等。它在语言中还表现为"和"、"另外"、"总括"、"多"、"种"、"组"、"普遍"、"特殊"、"超出"等等。[⑥]

尽管拉斯克认为这种反思范畴"寄生于"构成性范畴之上,[⑦]但如上所示,前者已具有了某种自身的构意机能,并能以一种几乎不涉及质料对象和抽象对象的方式来表达这意义。它所表达的"对象"(Gegenstand)不只是一个现成的对象,而是与它(或主体性)的参与分不开的。所以,在反思范畴的视野中,对象就意味着"关联着主体性的'站在对面'。"[⑧]这就表明,反思范畴能在某种程度上渗进一般的"领域范畴"或构成性范畴达不到的地方,在原来认为是不可说之处以构意的方式(bedeutungsbildend)显示出微小的和独特的形式

---

① E.拉斯克:《著作集》第2卷,第137—138页。

② 同上书,第138页。

③ 同上书,第138—139页。

④ 同上书,第149页。

⑤ 同上书,第140页。

⑥ 同上书,第164页。

⑦ 同上书,第160、162页。

⑧ 同上书,第72—73页。

与意义。一般的有具体领域的范畴无法表达投入体验的含义,因为这体验是独特的,并在这个意义上是非逻辑的。但反思范畴则有可能以某种方式与这种非辨别、非折射和质朴的生活体验打交道,因为它不完全依靠现成的对象领域及其抽象化。拉斯克写道:

> 逻辑上赤裸的和前客观的某物(ein Etwas)只位于那"直接的"、非折射的、不涉及理论的投入体验(Hingabe)之前。与此相对,它总是作为对象而遭遇到反思。这样就表明了一种可认知性,它涉及到范畴的可遭遇到自身的状态。当然,在这种反思中只需要最少的对象性。在这种情况中,质料就是只作为一个"某物"或"存有"(es gibt)而取得合法化。至于关于这种"存有"(Es-Gebens)的纯粹(bloss)"反思"范畴在更具体的状态中意味着什么,则还需要确定。①

在拉斯克"反思范畴"的基础上,早期海德格尔发展出了以"形式显示"或"形式指引"为标志的存在论解释学的方法。

2. 海德格尔关于"实际生活经验"和"形式显示"的思想

如以上曾说过的,海德格尔关于"实际生活经验"的思想有着数个来源,比如狄尔泰、胡塞尔、中世纪的司各脱和艾克哈特等。但是,拉斯克的影响似乎是最直接的。正是由于他在范畴理论上的新见解,使得关于"实际生活"的一种现象学-存在论的彻底观点有可能

① E.拉斯克:《著作集》第2卷,第129—130页。

不落入反理性主义。胡塞尔讲的意向性体验和范畴直观从思想史上讲应该是更重要的突破，但它们里边包含的传统观念论和认识论的前提在一定程度上遮蔽了它方法论上的启迪意义。处于新康德主义者里克尔特与胡塞尔之间，并倾听着古希腊思想家们的声音（海德格尔语）的拉斯克则将现象学的方法论意义推向了一种更原本的生活维度，超出了意识现象学的范围。尽管他对于投入体验与理论知识、反思范畴与构成性范畴的关系、反思范畴本身的含义等问题的看法中仍有不少不通透、不彻底之处，但正是由于他的工作，人的完全投入的实际生活与可理喻（可表达）性之间依稀出现了方法论的桥墩，而这些桥墩之间的距离已不足以阻挡海德格尔的思想冲力了。正是通过它们的引领，海德格尔逐渐找到了自己的“现象学”之路。这种情况不仅表现在他 1919 年开始的数年教学之中，而且，在他更早期的教职资格论文中也清楚地显露出来。他对于司各脱的理解中处处有拉斯克影响的痕迹，而且他那时还没有很好地表现出超出这种影响的能力，以致他们两人共同的老师里克尔特在看到海德格尔和司各脱论文后这样讲：“他的（即海德格尔的）哲学方向和词汇都极大地、可能比他本人所意识到的还要大地受惠于拉斯克的著作。”[①]同理，如果没有从拉斯克和胡塞尔那里来的方法论上的关键启发，他也不可能在古希腊人，特别是亚里士多德那里看到现象学存在论的思想。但是，海德格尔进一步彻底化了胡塞尔和拉斯克的思想，清除了其中“不尽乎纯”的东西，比如观念论、主体主义、“质料－形式”的讨论模式以及抽象方法的残余，使得生活与思想的表达在一个原发的境域“世界”中充分贯通，实现了现象学方法论中隐藏着的存在论解释学的潜能。

---

① 克兹尔：《海德格尔的〈存在与时间〉的起源》，第 25 页。

因此,海德格尔对于实际生活经验的看法充满了对一个非概念化方法的自觉。实际上,起码从1915年开始,最重要的哲学问题对于他就是生存解释学的问题,即如何理解、解释("解构")和表达那个处于传统的观念化("构成性地范畴化")方法之外的独特的真实存在的问题,不管这存在表现为司各脱讲的"这一个"还是费希特和新康德主义者讲的"实际性"。在1919年2月至4月的题为"哲学的观念与世界观问题"的讲课中,海德格尔表现出他不仅充分吸收了,而且在关键处超出了拉斯克的学说,基本上形成了自己存在论解释学的思想风格。

海德格尔认为真正的哲学或现象学与"世界观"(Weltanschauung)的不同就在于前者以拉斯克讲的完全投入的体验而非任何现成的理论立场为出发点。海德格尔写道:"达到这样一个事情本身的领域(der Sachsphaere als solcher)只能通过向这个事情(Sache)的纯投入(reine Hingabe)。"[①]当然,他也完全同意拉斯克的这样一个观点,即这种纯投入体验本身具有可理解性、形式或范畴意义。但是,他对于这个关键问题可能遇到的困难和所要求的理论上的彻底性比拉斯克要更敏感。因此,他非常重视那托普(P. Natorp)对胡塞尔现象学的反对意见,并通过方法上的彻底的非对象化和"形式指引"化来回应它。

那托普的反对意见被海德格尔归结为两条:首先,现象学的反思会使生活经验不再被活生生地体验着(erlebt),而是被观看着(erblickt)。用那托普的话来讲就是"止住了[体验的]流动。"[②]其次,对经验的任何描述都不可避免地是一种普遍化和抽象化,根本就

① 海德格尔:《全集》第56/57卷,第61页。

② 同上书,第100—101页。

不存在直接的描述。因此，现象学所许诺的纯描述是达不到的。海德格尔看出，现象学必须真切地回答这样的批评和疑问，“胡塞尔本人迄今还没有对此发表意见。”[①]而要做出这样的回答，就不可避免地要超出一切还以主客分离为前提的、认识论型的现象学，“投入”更本源的实际生活体验中；**尤其是要表明，这种生活体验本身具有由它本身构成的而非外加的可理解性，而且这种理解可以被非抽象化地但又是贴切地(不仅仅是“象征性地”)表达出来**。因此，海德格尔感到必须跳出胡塞尔意识现象学框子，将对“意向性构成”的理解生存化为拉斯克讲的“投入的生活体验”或者更原本者。所以，对于他，一切意义的出发点只能是“在生活的湍流体验的自身之中”，[②]在“不被减弱的‘生活冲动力’”或“饱满的生活本身”那里。[③] 换言之，他认定哲学或现象学必须让“生活的最高潜能”不打任何折扣地被释放出来和实现出来。[④] 同时，他还在拉斯克的“反思范畴”的学说中看到了非抽象地表达人的生活领会的可能，因为这种范畴的表达方式已在很大程度上脱离了对象域的束缚以及由此束缚而产生的抽象化的必要性。反思范畴这个思路提示出这样一种表达和理解的策略，即漠视对象的区别而只关注于范畴或表达式的纯关系含义。与之相似，海德格尔提出了“形式显示”(formale Anzeige，或译“形式指引”)的解释学策略。不过，在拉斯克那里，这种范畴的“反思”的意义来自主客(而非质料－形式)关系，是由主体的参与或投入所赋予的，因而仍然保留了某些新康德主义的思想特点。海德格尔的形式指引学说则超出了这种主客关系，只从最原发的生活体验的“被推动着的趋向或

---

① 海德格尔：《全集》第56/57卷，第101页。

② 同上书，第116页。

③ 同上书，第115页。

④ 同上。

趋向着的推动”(motivierten Tendenz bzw. tendierenden Motivation)[①]和这体验本身的朝向姿态(Zug,牵引)中获得表达的意义。在 1919 年上半年的讲课中,海德格尔虽然还未正式提出“形式显示”或“形式指引”这个词组,但通过所谓“依据饱满的生活本身”的“形式刻画”(die formale Charakterisierung)[②],他已明确地表示出了这个思路的基本特点。比如,“对象”或“物”(Gegen-staendlichkei)被形式地刻画为“某物”(Etwas);漠视(Indifferenz)任何对象化(Objektartigkeit)意义上的世界状态(genuine Welthaftigkeit)[“genuine”(真正的)在这里就意味着“可对象化”(Objektartigkeit)的],所以在这个意义上是前世界的(vorweltliche)和“还没有”(Noch-nicht)“被拆卸”[被区别和抽象化]的。[③] 然而,它有形式显示的意义:“在作为可体验者的某物的意义中,也正是在它不被减弱的‘生活冲动力’(Lebensschwungkraft)中,有着‘朝着’(Auf zu)、‘指向’(Richtung auf)和‘投向(hin ein)一个(确定的)世界’的契机。”[④]以这种方式,海德格尔回答了那托普的挑战。也就是说,对于海德格尔,生活的湍流体验本身就前对象化、非抽象化、非二元区别地包含着、构成着和揭示着它本身具有的趋向,而且这种趋向或势态关联可以被形式地显示出来。这就是完全投入的生活体验本身的意向性,而不只是意识体验的意向性。海德格尔在 1919 年讲课的末尾称之为**“解释学的直观”**(die hermeneutische Intuition)。他这样说道:“这种侵袭着的、乘机携带着自身的体验之体验就是**解释学的直观**,或现象学的原发的复归构成(Rueckgriffs-bildung)和先行构成(Vorgriffs-bil-

---

① 海德格尔:《全集》第 56/57 卷,117 页。

② 同上书,第 114 页。

③ 同上书,第 115 页。

④ 同上。

dung)；它处于一切理论化和对象化的(theoretisch-objektivierende)及超验的(transzendente)确立之外。”[①]使用“直观”这个词表明海德格尔这时还在一定程度上受到胡塞尔的影响，但“**解释学的**直观”而非仅仅“**范畴的**直观”说明他已经在基本方法上有别于胡塞尔，也有别于拉斯克的“反思范畴”。“解释学”这个词对于海德格尔自始至终都意味着**人最原本的生活体验本身的意义构成和形式显示**，并且在这个意义上是存在论的和现象学的。

在海德格尔1920年冬季学期的题为“宗教现象学引论”的讲课稿[②]中，他关于“生活”和“形式显示”的解释学得到了充分的表达。它的“方法上的引论”部分着力讨论了“实际的生活经验”(die faktische Lebenserfahrung)和“形式显示”(die formale Anzeige)。他写道：“到达哲学之路(Weg)的起点是**实际的生活经验**。”[③]然而，依一般看法，哲学似乎又必须超出实际的生活经验。海德格尔承认，只有通过道路的“反转”(Umwendung)才能达到真正的哲学。但是，他强调这并非是从一个方向简单地反转到另一个方向，就像新康德主义(比如那托普)将“客观化”(对象认知)反转到“主体化”(哲学心理学过程)；这是一种彻底的、真正的**转化**(Umwandlung)。[④] 如果是这样的话，那么实际生活就既是哲学的起点，亦是其归宿。而且，如以前讲到的，它不是实证主义、经验主义的或实用主义意义上的经验，因为它已处于一切主客分离之先，因而不是线性的、表象式的和由外在的目的给予意义的。这种实际生活经验从根子上是境域式的、无

① 海德格尔：《全集》第56/57卷，第117页。

② 海德格尔：《宗教生活的现象学》，载《全集》第60卷，Frankurt：Klostermann，1995年，第1—156页。

③ 同上书，第10页。

④ 同上书，第10—11页。

区别相的、混混沌沌的和意义自发构成的。海德格尔描述了它的几个特点,首先,这实际生活经验的经验方式是**“无区别”**或**“不计较”**(Indifferenz)的,也就是说,不顾及对象化的区别。但这无区别并不干瘪,而意味着一种根本的发生可能性,因而根本就不可设想什么东西会不能与它相通。“这实际经验为生活的一切事件都提供可能,区别和重心变换也完全处于这(生活经验的)内容自身之中。”①所以,实际生活经验的第二个特点就是**“自足”**(Selbstgenuegsamkeit),它同时意味着主动和被动、经验与被经验。由此也就可知它的第三个特点,即它总是一种**“有深意的状态”**(Bedeutsamkeit)。② 这种原本的意义状态不是认识论的和形而上学的,既非实在论亦非唯心论。“在这样一个决定着经验内容本身的有深意状态的方式中,我经验着所有我的实际生活形势(faktischen Lebenssituation)。”③“形势”(Situation)这个词后来也出现于《存在与时间》中,代表着一种发自人的生活境域或“世界”的解释学形势。因此,这种“自己的自身经验”(Sich-Selbst-Erfahren)既非理论的反思,亦非(狄尔泰讲的)“内知觉”,而是对于自身**世界**(Selbstwelt)的经验。这世界与经验着它的人的实际生活息息相通而不可生分;因此,这世界(Welt)就绝不只是所有存在者的集合,而意味着一个世界**境域**。海德格尔形式地(formal)称之为“环-境”或“世-域”(Um-welt);④而在此世域之中,就总有着与我“同此世域者”(Mitwelt)或他人。由此可以看出,海德格尔讲的人的实际生活经验**本身**已具有了形式显示或不如称之

---

① 海德格尔:《宗教生活的现象学》,载《全集》第60卷,Frankurt: Klostermann,1995年,第12页。

② 同上书,第13页。

③ 同上。

④ 同上书,第11页。

为“境域显示”的特性，因为这经验本身就是对于一个世界境域的体验，而这里“境域”或“形势”所意味着的就是各种原发的方向或关系姿态，比如“In-”、“Um-”、“Mit-”等等。所以在海德格尔那里，实际生活经验与形式显示的关系比拉斯克讲的投入体验与反思范畴的关系还要更紧密和浑然一体。在拉斯克那里，反思范畴还是由主客之间的关联决定的，而且“寄生于”实质性的构成范畴之上。而对于海德格尔，形式显示就是实际生活经验本身的“形势”本性或境域本性的表述，因而与这生活经验一样是自足的或意义构成的，并不再预设什么更基本的东西。

海德格尔通过区分普遍化（Generalisierung）、形式化（Formalisierung）和形式显示（formale Anzeige）来更确切地说明这形式显示的特点。古希腊哲学家已经能自觉地运用普遍化方法。通过它，就能形成一个从低级的种或属上升到更具普遍性的属或类的概念等级。比如从“人”到“哺乳类”，再到“动物”、“生物”等等；在此普遍化过程中，概念的外延越来越大，内涵越来越小。定义这样的一个概念就是给出它的属和种差，比如“人”可被定义为有理性（种差）的动物（属）。[①] 从表面上看，这种普遍化可以一直向上进行，最后达到最普遍的“存在”概念。但是，依照胡塞尔和海德格尔，这是不对的，因为普遍化到了一定程度之后必被形式化打断。例如，从“红”到“颜色”，从“颜色”到“感觉性质”是普遍化，而从“感觉性质”到“本质”（Wesen），从“本质”到“对象”（Gegenstand）则是形式化，因为前者受制于“事物域”（Sachgebiet）的限定，后者则不受此限制。[②] “红”色有它的

① 参见胡塞尔：《逻辑研究》第一卷末章和《纯粹现象学和现象学哲学的观念》第一卷（中译本名为《纯粹现象学通论》）第 13 节。海德格尔：《宗教生活的现象学》，载《全集》第 60 卷，第 12 节。

② 海德格尔：《宗教生活的现象学》，载《全集》第 60 卷，第 58 页。

事物域,即一切具体的红色事物的集合;"颜色"的事物域则是由一切具体的颜色(红、黄、蓝、绿……)组成,等等。但"本质"不受制于这样的事物域(说"本质的事物域由一切具体的本质或性质组成"没有意义),它的意义不能被属加种差的层级次序来决定;它是一个形式的概念,其意义来自"纯粹的姿态关系本身的关系含义"(der Bezugssinn des reinen Einstellungsbezugs selbst),而不来自任何"什么内容"(Wasgehalt)或事物域内容。[①] 因此,"这石头是一块花岗岩"与"这石头是一个对象"这样两个句子就属于不同的逻辑类型,因为前者的谓词("花岗岩")是事物性的,而后者的则不是。按照这个区分,"对象"、"某物"、"一"、"多"、"和"、"其他"等等只能被视为形式范畴。

自莱布尼茨以来,这个区分已在数学基础的研究方面隐约地为人知晓。现代分析哲学的开创者们,比如罗素和维特根斯坦也很关注类似的"逻辑语法"区分,依据它们去推翻两千多年的形而上学传统。人们却往往没有注意到,欧陆哲学在一开始也明确注意到了这类区分,而且在海德格尔这里这种区别被进一步深化和彻底化,达到了"形式显示",最终引导到"存在论的区分"。

海德格尔看到,这形式化的原本意义可能而且往往被掩盖住。掩盖的方式之一,就是将形式化概念视为"形式本体论的(formalontologisch)范畴"。这样,它的关系意义就又受制于普遍的对象域或"形式域"(die formale Region),比如数学中的抽象对象域,在最广义上也是一种事物域。海德格尔称这种看待形式化的方式为"不真正切身的(uneigentlich)理论态度"。为了达到"更本原的"思想和表达方式,他提出了"形式显示",用它来"防范"形式本体论的倾向,从而进一步实现(vollziehen)纯关系姿态的意义构成。海德格尔写

① 海德格尔:《宗教生活的现象学》,载《全集》第 60 卷,第 58—59 页。

道,“它[即‘形式显示’]属于现象学解释本身的方法论的方面。为什么称它为‘形式的’?[因为要强调]这形式状态是纯关系的。显示(die Anzeige)则意味着要事先显示出现象的关系——不过是在一种否定的意义上,可以说是一种警告!一个现象必须被这样事先给出,以致它的关系意义被维持在悬而未定之中。”①这种“悬而未定”意味着不受任何对象域的规定,但它本身又绝不缺少意义;相反,这正是原发的、还未被二元化思路败坏的纯意义实现,因而最适于表达那“无区别”、“自足”、“有深意的”实际生活体验。这是更原本意义上的现象学还原和构成,绝不会“止住”或“抽象化”生活流的原发冲动,因为这被“凭空维持”的纯姿态关系只能靠它们原本趋向的相互构成而实现出其非对象化的意义,因而是纯境域、纯语境和纯缘发构成的。这样才从方法上排除了脱离实际生活体验的实体化和理论化的倾向。

1923 年之后,“形式显示”这个词组在海德格尔的著作中尽管还出现,比如在《存在与时间》之中(参见以下第九章第 1 节),但不再具有突出地位,但这绝不表明海德格尔放弃了这个方法;恰恰相反,“实际生活经验的形式显示”中包含的思路对于他是如此根本和至关重要,以致他无需特意标明它。而且,“形式的”这个词也很容易被误解,如果将它视为与“质料”相对的“形式”或康德主义意义上的“先天形式”的话。实际上,如上所示,这个思路要表达的是:在一切二元——不管是先天与后天、质料与形式,还是一与多、主体与客体、人与世界——区分之先,在人的原发生活体验之中,就已经有了或存在着(es gibt)一种纯关系境域的意义构成,它不能被抽象化、孤立化为任何存在者和存在者层次上的关系。这条思路贯串了海德格尔

① 海德格尔:《宗教生活的现象学》,载《全集》第 60 卷,第 63—64 页。

1919 年之后的全部学术活动,不管它以"缘在"(Dasein)的"在世界之中"、"牵挂"(Sorge)、"朝死的存在"、"先行的决断"、"时间性"的方式出现,还是被表述为"语言本身的言说"、"诗意构成"、"技艺"和"缘发生"(Ereignis)。海德格尔关于"存在意义"的探讨以人的实际生活经验本身(这与近代西方哲学讲的观念"主体性"有原则不同)为活生生的源头,他的思想和表达方式彻头彻尾地是形式显示或境域揭示的,而不是普遍化及观念形式化的。

3. 宗教生活的现象学分析

海德格尔在他的"宗教现象学引论"的讲课稿(1920—1921 年)的第二部分中,运用他刚刚表述的(对)实际生活经验的形式显示的方法来阐释《圣经·新约》中的保罗书信,具体地表现出这种现象学和解释学的方法的独到之处。它阐发的"时机化时间"(kairology)是由人的生存关系姿态构成的,正是《存在与时间》中的"时间性"的原型。

海德格尔之所以选择保罗书信作为阐发自己宗教现象学思想的媒介,一个重要理由就是:保罗不是凭借现成的特殊关系"称义"的。保罗不是基督的直接门徒,反倒在皈依之前迫害过基督徒,在皈依之后又到"外邦人"(未行割礼的非犹太人)那里去传道。这样的"客观(对象)历史"的形势就要求,他必须从自己的实际生活体验("实现着的历史性")中找到并阐示出他的"信"(Glaube)的内在根据,令他自己和其他人信服这确是被钉十字架的基督所传的福音。在海德格尔看来,保罗的书信确实传达出了一种原本基督教的现象学和解释学的体验。

海德格尔首先阐释保罗的《加拉太书》。他认为,保罗在此书中处于与“犹太人基督教的斗争”之中。[①] 这种斗争表现为犹太律法(Gesetz)与信仰(Glaube)的对立。最早的基督教传道者往往仍然视自己为犹太教徒;他们与传统犹太教徒的区别仅在于相信被钉十字架的耶稣就是《旧约》预言要来的基督,并相信他是要救赎人类的上帝之子。所以,他们仍拘守犹太教的律法,即便向外邦人传教,也要求他们先行割礼,等等。保罗则从自己的皈依经验中敏锐地看出,相信耶稣(为)基督,就已经超出了律法。“人称义,不是因为行律法,乃是因信耶稣基督。”[②]因此,行割礼不是使灵魂“洁净”的必要方式。在海德格尔看来,这是两种态度之争,即依据现成者的理论态度与依据生活本身的现象学态度之争。保罗的“因信称义”实际上是在要求以人的原本生活经验为信仰的来源,海德格尔说,“这[两者的]对立并不是最终性的,而只是一种先导。信仰与律法是两种不同的拯救的方式。目标是‘拯救’,而最终则是‘生活’。”[③]所以,海德格尔认为,“原始基督教的宗教性存在于原始基督教的生活经验之中,并且就是这生活经验本身。”[④]因此,能够领会这实际生活经验本身所蕴含的意义,尤其是将这意义表达(Explikation,解释、说明)出来就是至关重要的。对于这种不依据现成的“什么”而只通过实现着的“怎么”来表明自己信仰的真理性的生活经验来说,表达和解释绝不是一个从出的技术问题,而是推动着宗教经验的原发活动。这样,“传播”(Verkuendigung)和“听信”(glaubenden Hoeren,导致信的听)福音就都是极重要的或“中心的”宗教现象。按照这种“福音解释学”的理解,保罗与他的周遭世域(Umwelt)及原始基督教团体的共同世界

---

① 海德格尔:《宗教生活的现象学》,第 68 页。

② 《新约·加拉太书》,2:16。

③ 海德格尔:《宗教生活的现象学》,第 69 页。

④ 同上书,第 80 页。

(Mitwelt)之间的关联就是根本性的,他与这些同道们之间的通信及其独特方式是由这样一个"解释学形势"造成的。它们绝不只是"世界文学"作品。

只有对这样一个"形势"(Situation)有了敏感,我们才能克服"无法将自己置入保罗的周遭世域中去"的困难,从而对保罗书信进行有内在依据的而非任意的解释。这也就是说,我们必须能够"从对象历史的(objektgeschichtlichen)关联转向(Wendung)实现历史的(vollzugsgeschichtlichen)形势",而这种转向也就出自"能够被实际生活经验提供的众关联"之中。[①] 将人类生活看作对象序列的历史,就无法内在地沟通古今、彼此;将其视为实现着的历史,则意味着进入一个不受对象域局限的、由关系姿态构成的意义形势之中。这也就意味着从抽象化、普遍化转入原发经验的形式显示的方法论境界中来,获得意义构成的切身依据。海德格尔道:"'形势'对我们来讲是一个现象学术语……因此,'形势'对我们就意味着委身于其中的实现着的领会(vollzugsmassigen Verstehen),它根本不表示序列状态,……(比如柏格森的'具体的绵延')。……很关键的是,我们只能在形式显示中赢得形势的复合性(Mannigfaltigkeit,流形性)。它的[复合中的]统一性不是形式逻辑的,而只是形式显示的。"[②]

海德格尔对《保罗致帖撒罗尼迦人前书》的解释就旨在揭示原始基督教信仰经验及我们对它的理解的纯形势构成的本性,并说明这经验最终应被视为原发的时间性的理由。这封信的"客观历史"背景可在《使徒行传》第17章找到。保罗和西拉在帖撒罗尼迦传道三个星期,既得到了一些信徒,又招致当地许多犹太人的强烈反对和迫

① 海德格尔:《宗教生活的现象学》,第90页。

② 同上书,第90—91页。

害，最后不得不“在夜间”由新皈依的信徒陪伴着离开当地，辗转而到雅典。他非常惦念帖撒罗尼迦那些“以全部生命跟从”了他的信徒们的命运，于是派他的同伴提摩太前去帮助这些处于困苦患难之中的人们。当提摩太回来，当面告诉了保罗那些人所具有的“信心和爱心的好消息”，也就是他们与保罗之间的紧密关联之后，保罗给他们写了这封充满了生死与共的真情和“形势感受”的信。

但是，如何将这封信和上述的客观历史局面转化为实现着的历史形势中的领会呢？海德格尔指出，这客观的历史关联本身提供了线索。它表明，在保罗和帖撒罗尼迦人之间有一种投入了双方生命的关系，保罗“在他们那里不可避免地在同时经历着他自己”，[①]实现他自己。这确实是一种在关系姿态中实现出的纯关系意义，不受制于任何现成的事物、身份和关系。然而，海德格尔要进一步从这封信的“表达”方式上来彰显这形式显示的特性。他敏锐地注意到，这封信中有一些关键词反复出现，比如“知道”（Wissen）和“成为”（Gewordensein）就出现了十几次。例如：“被上帝所爱的兄弟们啊！我知道你们是主拣选的；……正如你们知道我们在你们那里，为你们的缘故是怎样为人。”[②]这表明保罗以两种方式在经历和体验着那些信徒的境遇：(1)他经历着他们的“已成为（基督徒）”；(2)他经历着他们“知道”他们的已成为（基督徒）的这个事态。“这也就意味着，他们的已成为也是保罗的已成为。”[③]因此，对这些词的重复就绝不是或不只是对某些客观历史事件的重复报道，而必须被理解为实现历史中的领会的需要，即要活生生地维持住并加强这种“已成为”的构成行为。换句话说，这重复的姿态（行为）本身就参与着它们当下意义的

① 海德格尔：《宗教生活的现象学》，第93页。

② 《新约·帖撒罗尼迦前书》，1：4—5。

③ 海德格尔：《宗教生活的现象学》，第93页。

实现,使得"其已成为正是其当下的存在"。于是,这"正在知其已成为"构成了这"已成为"的存在,而这"已成为"也同样构成了这"正在知"的存在。这样使用和领会着的语词——"已成为"、"知道"——就是作为形式显示词而非观念表象词而存在,它们带给这语境中的人们以原发的、主客不分的境域领会。"它只能出自基督教生活经验的形势上下文(Situationszusammenhang)中。"[①]这"知"和"已成为"就都不能被现成的"谁(知)"、"(知)什么"事先规范住,它们的原本意义就只在说出它们、写下它们、阅读着它们的语境中被当场实现出来。因此,如诗句乐调,它们在境域中的重复出现有着原发构成的意义,表达着紧张饱满的生活体验流的构成趋向。正所谓"惚兮恍兮,其中有精,其中有信"。不靠律法建立的信仰在这种实际生活的形式显示活动中实现着自己、维持着自己,"服侍那又真又活的上帝"。[②]

当然,这种实现不只限于这两个词。实际上,它意味着不受一切现成存在者,包括自己的安乐甚至生命的拘限,只在朝向上帝的历程中领会真知真义。因此,这里边必然包含着"绝对的困窘"和至爱。"我们既然是这样爱你们,不但愿意将上帝的福音给你们,连自己的性命也愿意给你们,因你们是我们所疼爱的。"[③]"困窘"意味着现成持有的剥夺,而连性命也不惜付出的爱则是纯关系意义构成的人生形态。这样的实际生活经验的境域显示难道不足以表明自己的真实性吗?最起码,这种自证自足要比胡塞尔讲的认知现象学中的"直观自明性"(Evidenz)要更深一步了。

这种论证在海德格尔阐述保罗心目中的基督再临(parousia)的时间含义时达到了高潮。期盼基督再临是原始基督教最重要的精神

---

① 海德格尔:《宗教生活的现象学》,第94页。

② 《帖撒罗尼迦前书》,1:9。

③ 同上,2:8。

生活，由此也生出了关于这“时间”或“何时”（Wann）的种种猜测、疑问和预言。然而，海德格尔看到，保罗所讲的基督再临根本就不是指任何客观时间，或一个将在客观历史中发生的事件。不，它只能是在人的实际生活体验中以关系姿态显示出来、实现出来的原本的时机化事件。“你们自己明明知道，主的日子来到，好像夜间的贼一样。”[①]对于那些只知道客观时序中的“时候日期”的人来说，这主的日子就总像“夜贼”的来临一样不可测度，而且总是在他们打盹时、注意不到时或得到现成意义上的“平安稳妥”时降临；而真正的信仰者却“总要警醒谨守”，总以“境域实现”（形式显示）的方式来看待这再临的时刻。实际上，它就发生于人的自觉受难之中，在人们活生生的期望势态或“素常所行”中被构成和保持住。“这个‘何时’的问题又导回到我的行为趋向（Verhalten）上来。正如这再临处于我的生活之中，这生活又指回到生活本身的实现上来。”[②]以客观的方式永远也等不到这终极意义的时间。“得救”和“失落”总是正在构成的。海德格尔用一句话来总结这个意思：“基督教的宗教性就活（lebt）在时间本身的状态之中。”[③]而且，“这是一种无自己的序列和固定位置可言的时间。……这个何时以任何客观的（或对象的）方式都无法把握。”[④]我们可以感到，这种时机化、人生处境化、形式显示化了的时间正是《存在与时间》中的表面上与神无关的时间性（Zeitlichkeit）的先导。

从以下各章可以逐渐看出，海德格尔在1919年至1921年左右形成的“实际生活经验本身的形式（境域）显示”的解释学现象学（也

① 《帖撒罗尼迦前书》，5：2。

② 海德格尔：《宗教生活的现象学》，第104页。

③ 同上书，第80页。

④ 同上书，第104页。

就是他心目中的“存在论”）方法**对于理解他的全部思想和特殊的表达方式是最关键的**。尽管海德格尔生前出版的著作中似乎只有一处以方法论上特别显著的方式提及“形式显示”，[①]也很少发表直接讨论基督教的作品，尽管这种思考和表达终极问题的方式可以有各种表面上不同的变体，但它的基本特点，即在一切（传统西方哲学所预设的）观念区别和对象化之先的境域（关系姿态）式的缘构成性及其纯语境显示（说话）方式则贯穿了海德格尔的前后期著作。许多对于海德格尔思想的肤浅之见和错解，都与不了解他的这个思想源头有关。实际上，仔细想来，这条“开启道路”的思路与佛家中观（比如龙树的《中论》）所理解的“缘起”（pratityasamutpada，relational origination）说内在相通。中观认为，人的生存乃至万物的存在都是纯缘起的。用海德格尔的话说就是，凭“空”（Nichts）由“关系姿态的关系意义”所构成的。换句话说就是，一切缘起者的本性是纯关系构成的，不能用普遍化的“有”或“无”这样的概念来把捉，而只能在“世间”境域中理解其真义（“涅槃”义），通过对二元概念的否定（“不有不无，不常不断”）或语境本身的道言（比如禅宗的机锋对话）来表达。

① 海德格尔：“现象学与神学”（此文作于1927—1928年，首次发表于1969年），见《路标》（*Wegmarken*），Frankfurt：Klostermann，1978年，第43—77页。海德格尔在那里认为：“哲学是对于神学基本概念在存在者层次上的（ontischen），也就是在前基督教意义上的内容所作的形式显示式的（formal anzeigende）存在论修正。”第65页。

七、对于亚里士多德的现象学解释及“那托普手稿”

在海德格尔真正获得了自己的思想灵感和方法，即上节讲的“人的实际生活体验本身的形式（境域）显示”之后，他很快或几乎是迫不及待地将这一方法用于解释亚里士多德，去解决由布伦塔诺那本《论“存在”在亚里士多德那里的多种含义》所唤起的问题。海德格尔在“我的现象学道路”（1963年）一文中写道：

> 从那里［即关于胡塞尔的《逻辑研究》的教学中］我得知了一件事，尽管开始时还是由猜测而非有根据的见识引导着。这就是：意识行为的现象学所讲的现象的自身显示曾被亚里士多德，并在所有的希腊思想和希腊人的缘在（Dasein，生存境域）中被作为揭蔽之真理（aletheia）而更本源地思索。这种揭蔽之真理被古希腊人理解为正在场者的无遮蔽状态（Unverborgenheit）、它的泄露以及它的自身显现。由现象学的研究所再发现的那个支撑着思想的势态实际上是希腊思想乃至哲学本身的根本特性。
>
> ……
>
> 于是，在现象学思想势态的明示下，我被带到了关于存在的问题的道路上来。这个问题又被激活了，又令我不宁，但其方式与以前布伦塔诺的博士论文所引发者又有不同，解决这个问题的道路比我预想的要更漫长。它里面包含了许多停顿、曲折和

歧途。[①]

从1921年开始到1924年，时间跨越他在弗莱堡和马堡两所大学的教学，海德格尔开出一系列关于亚里士多德著作的“现象学解释”课。如果不是由一种发现的热情和可能解决久悬的重大问题的兴奋推动着，很难理解这种痴迷的内在动机。1927年《存在与时间》发表之后，海德格尔对亚里士多德的评论变得比较客观；然而，在20年代的前几年，他尽其全力地要揭示亚里士多德著作中的解释学化的现象学观，并由此而解决“存在的原义”的问题。这些努力的一个成果就是1922年10月他寄给那托普的关于一本计划讨论亚里士多德的书的50页手稿。它包括一个28页的“引论”和一个22页的对该书第一部分的“概述”。[②] 当然，要在亚里士多德的思想框架中来充分展示他的解释学现象学思想几乎是不可能的，或起码是很牵强的，他因此而遇到了“极大困难”，于1923年年中中止了此书的写作。这就是上面所引他那段话中讲的“许多停顿、曲折和歧途”中的可能是最大的一组。代之而起的是另一本书的写作计划，它以1924年7月的“时间概念”为先导，最终在1926年产生了《存在与时间》的手稿。然而，这50页手稿仍是极为重要的了解海德格尔思想发展的文献，它所代表的这段海德格尔的“亚里士多德时期”承上启下，处于上面所讲的“实际生活经验本身的形式显示”与后来的正式写作《存在与时间》的两个思想阶段中间。手稿中出现了大量《存在与时间》中的概念，但又在一定程度上较明显地表现出了“形式显示”的方法论

---

① 海德格尔：《朝向思想的实情》，第87页。

② 海德格尔：《对于亚里士多德的现象学解释》（*Phaenomenologische Interpretationen zu Aristoteles*），G. Neumann编，Stuttgart：Reclam，2003年。——第二版新加注释。

特色。因此，克兹尔称此“引论”为《存在与时间》一书的“零点开端”。[①] 以下让我们简略地综述一下这段“亚里士多德时期”的思想贡献。它的最重要特色就是强调亚里士多德既不是近代人讲的经验论者、实在论者，也不是个一般意义上的观念论者和逻辑思想者，而是一位具有前理论的、先概念的乃至形式显示见地的现象学者；他总是在原初的事情本身（实际生活、质料、存在本身……）中看到前概念的（非对象化的）意义、形式、范畴、真理、时间和良知的可能，即感受到了一个“解释学形势”的显示势态。简言之，存在本身被非普遍化概念的纯关系深深浸透，并因此而使得衍生的做肯定与否定判断的知识形态可能。

1. 形式显示地揭示亚里士多德的现象学存在论

海德格尔不认为亚里士多德的存在论是概念的或逻辑的。亚里士多德坚持“存在不是一个属”，而且，真正的存在（ousia）首先是全体的存在。在这样的大前提下，理解和表达（逻各斯）只能是“形式指引”的，而非概念化和普遍化的。因此，亚里士多德在构造范畴概念时，始终受着现象学的直接经验的引导，绝不像流行的解释所说的那样是逻辑化了的。[②] 其次，海德格尔强调亚里士多德思想所依据的是直接经验的“观看”本性，也就是前面已提到的现象学的“看”。亚里士多德《形而上学》的第一句话一般被译为“求知是人类的本性”；但是，海德格尔却将其中的“知”（eidenai）依据前荷马时代的用法解

① 克兹尔：《海德格尔的〈存在与时间〉的起源》，第 250 页。

② 同上书，第 224、231 页。

释为“看”，而将其中的“本性”（physis，或可译为“原在”）解释为“怎样存在”或“存在方式”。所以，他在 1922 年夏季学期的亚里士多德课程中，将这句话译为：“活在看中的驱动或在视觉中的完全沉迷构成了人类的存在方式。”[①]在这种看的实际性里，人才会存在。看得越多，他就越是一个人。由此，他将这“知”的同源词“eidos”（通常译为“形式”、“相”、“理念”、“本质”）和“idea”（一般译为“理式”、“观念”）都理解为由这“看”所构成的“容貌”、“显现”、“方面”。由这种当场构成的显现，衍申出了“形式”或“理式”的含义。存在本身（ousia）被视为“理式”（idea）决定了西方后来的存在论和逻辑学的大格式；而且，后人完全忽视了这“理式”与当场构成着的“看”或“直观知觉”（noein）的内在关系，似乎它只与思想的抽象有关。因此，第三，原在（physis）在亚里士多德那里还保存着前柏拉图思想的活力，它并不“是什么”，而是与“变化”（kinesis）有关的一种“怎么”或存在方式，也就是由“看”所引发的存在与生成的交融。这样，存在本身（ousia，通常译为实体）也绝不能与看的当场构成无关。按照海德格尔的考察，存在本身或“ousia”在亚里士多德那里并不主要意味着概念化的、与人的实际体验和时间性无关的“实体”，而是“parousia”（在场、来临）这词的略写，就意味着在场性（Gegenwaertigkeit，Anwesen），[②]并因此而具有“（当下）现在”这种时间化的方式。换句话说，在亚里士多德和古希腊人这里，存在是有时态的，即现象学时间意义上的现在进行时态。海德格尔曾与人讲道：在 1922 年至 1923 年间，他有过一次极重要的“精神上的闪光”（Geistesblitz），领会到或“看”出了“ousia”对于古希腊人意味着“不断地在场”，朝向时间的“现在”这一

① 克兹尔：《海德格尔的〈存在与时间〉的起源》，第 239 页。

② 同上书，第 291 页。

相。[①] 可以看出，如果没有现象学、解释学（包括神学解释学）的思想基础，这种“闪光”是不可能出现的。

第四，有了这样一些思路，“真理”就不会被理解为思想或陈述与存在状态的“符合”，因为存在的原本状态根本就不是一种“什么”或可与之符合的对象，而是在时境中构成的在场。对于这种原发的经验，一切表象和概念都已失效，只有不离其本身的“形式显示”或“揭开蔽障”（a-letheia）才能与之打交道。而这种显示和揭蔽之所以可行，也正是由于这在场本身就包含着领会的可能性。“揭蔽”就意味着不从外面去判断它，而只是将这存在本身的在场状态的先概念含义揭示出来，从边缘域带引到眼前来。而这也正是逻各斯的本意：将原初的某物就其所是地（als）、不离当场状态地揭示出来。当然，这种逻各斯的揭示和“收集”打破了巴曼尼德斯的“一”或纯存在，因为它将事物本身的“就其所是”的表达结构或“作为某某”（als）的结构公开了出来，造成了“多”。海德格尔在 1922 年的“那托普手稿”中认为亚里士多德在《形而上学》第七卷一开始讲的“存在（是）有多种含义”（布伦塔诺的《论存在对于亚里士多德**多种**含义》就与此直接有关）就有这样的逻各斯的意义。人注定了要投入在场的揭示，活在真理的打开状态之中，也就不可避免地要将事物“就其所是地”公开出来。但是，就在这里，逻各斯也还是不同于表达现成命题的陈述，而是那使这种陈述可能的先行打开、先行具有。由此亦可见得，海德格尔讲的揭蔽“真理”尽管带有古希腊思想和语言的外貌，但其中的思想原委却只有到他在 1919 年前后形成的解释学化了的现象学见地中去找，不然的话，就总会令人莫“明”其妙。

此外，海德格尔在亚里士多德的《尼各马科伦理学》中还发现了

---

① 克兹尔：《海德格尔的〈存在与时间〉的起源》，第 230 页。

时机化的时间思想。在第二卷中，亚里士多德说道：“然而，为了得到美德，知识这个条件并不重要，另外两个条件[有意识地选择了美德行为本身；坚定不移地实施该行为]却并非不重要，反而是决定性的；因为正义的和节制行为的重复才能导致获得这些美德。”(1105b1－5)[①]海德格尔从这段话中看到了时机化的处境；也就是说，美德在亚里士多德那里是非现成的，无法一劳永逸地按照某种原则被确定下来，而是必须先被“选择”或“做出决断”(proairesis)，而且被一再地“重复”，以新鲜的势态维持住它。这种决断和重复显示出一种比“不断地在场”还要更原本的时间性。亚里士多德本人也意识到了这种时间性超出了他的“存在本身”(ousia)的本体论，所以承认居于过度与不及之间的“中道”不仅很难实现，而且很容易丧失。“这也就是为善如此艰难的原因”。(1109a25) 在海德格尔看来，情况之所以是这样，就是因为“中道”在这里意味着“时机化的时间”(kairos)，也就是“‘在适当的时间、适当的场合，对于适当的人，为了适当的目的，并以适当的方式’(1106b21)感受和行动”。[②] 时间是它自己的原则；本身不可被重复，而只能通过预期到整个形势可能性的决断选择来不断地维持。

在第六卷中，亚里士多德认为人的灵魂的理性部分可分为两种，一种与不变的事物打交道，被称为“科学的”或“认知的”理性；另一种与可变的事物打交道，被称为“核计的”理性。前一种理性的最高体现是建立在科学之上的“智慧”(sophia，“哲学”的意思就是“爱智慧”)。后一种理性涉及两种行为方式：“技艺”(techne)和“明智”(phronesis)，而以明智为它的最高体现。柏拉图没有区分这两种

① 括弧中为亚里士多德著作的统一页码和行码。

② 克兹尔：《海德格尔的〈存在与时间〉的起源》，第298页。

"智",表明他对于能与变化周旋的明智的不敏感。亚里士多德区分了它们,但按一般的解释,他还是认为智慧,而不是明智为最高的理性或揭蔽功能。可是,照海德格尔的解释,明智在亚里士多德那里起码是潜在地优于思辨智慧,因为它与人最牵挂的东西、与生存的时机境域息息相关。[①] 明智的功能是给予人的行为以"清彻的视野",揭蔽见光;而且,由于它永在时域之中,总需要重复地赢得和维持,人们就有可能让情绪遮住它,而不能明智起来。然而,科学的理论知识可以被遗忘,明智却不会被遗忘;(1140b28－30)它的被遮蔽只意味着退化、被情绪歪曲。所以,依照海德格尔的解释,亚里士多德的"明智"就意味着"良知"(Gewissen),它不会被完全忘记,总要在人生中"重复"地、不受控制地发出声音,因为它的揭蔽方式根本就不是理论认知的。[②] 而且,明智的真理或揭蔽对于人本身、对于他的整个(而非任何外在和局部的)生活是有益的;换句话说,明智考虑的起点和终点是重合的,都在人的自身之中。所以,亚里士多德讲:"善的[好的]行为本身就是目的"。(1140b6)对于海德格尔来说,这种"以自身为目的"("为其本身起见")或"为……起见"(Um-willen)恰恰从"形式"上显示出了缘在(Dasein)的本性。[③] 缘在的生存和实践既是起点又是目的,它就是它的实现之缘。这种解释与《存在与时间》中对于"缘在"所讲的那段著名的话在方式上也是相通的:"它在存在者身份上的特异之处在于:它在它的存在中是为了(um)这个存在本身而存在"。[④] 由以上的介绍可以看出,海德格尔与亚里士多德的对话何其紧张、专注,而且是"以[解释学－现象学的古希腊化这个]自身

① 克兹尔:《海德格尔的〈存在与时间〉的起源》,第303—304页。

② 同上书,第305—306页。

③ 海德格尔:《存在与时间》,第84页。

④ 同上书,第12页。

为目的的”。从纯思想的角度来讲，他的解释不仅有根据，而且极为精彩和引发“新意”；但是，从文献学考证的角度看来就有可争议之处。不过，我们从中可以感到，海德格尔是多么热切地要用他的新思路来解决西方哲学中最古老的“存在”或“本源”问题。不了解这个大背景（包括下一章所讨论的“康德背景”），对于《存在与时间》中的许多“怪词”，比如：“缘在”、“牵挂”、“去蔽的真理”、“决断”、“时机化”等等的理解就总是在“隔靴搔痒”。

从30年代开始，在《形而上学引论》（1935年）中，我们发现海德格尔较多地指出了亚里士多德思想的局限。比如，海德格尔认为亚里士多德在《解释篇》中将逻各斯视为陈述的做法导致了西方形而上学中的另一个教条，即认逻辑为逻各斯、言语和思想的本质。虽然亚里士多德自己没有说过，但后人按照这个看法走下去就得出了真理乃是陈述的性质，因而依据于陈述的学说。在这样一个逻辑化了的视野中，逻各斯的“收拢”和“揭蔽”（“让其住于眼前”）的原义不见了，代之而起的是“对某个现成物的言说和思考”。相应地，存在就坠落为被言说的存在者。关于存在的学说也就变成了关于范畴和范畴序列的理论。一种统治西方哲学两千年之久的，以“理式”和“范畴”为主导的概念理性就顶替了古希腊早期的当场构成的存在思想。

2. 那托普手稿

这部手稿的“引论”部分是最重要的，题为“对于亚里士多德的现象学解释：解释学形势的显示”。它可能就是计划中的那本书的书名。使用“解释学形势的显示”（Anzeige der hermeneutischen Situation）一语清楚地表明这里解释学现象学的形式显示方法还在直接、生动地表现着。海德格尔正是通过这个方法来“解释”亚里士多德，以期理解存在的意义。

海德格尔首先说明，他对于亚里士多德的解释意在解决存在论历史和逻辑的问题，也就是关于存在的学说和谈论（表达）这种存在的方式的问题。但“解释”一定涉及一“解释学的形势”，而这形势就涉及看的位置（Blickstand）、看的方向（Blickrichtung）和由它们形成的能见范围（Sichtweite）。①

解释永远处于一个“活生生的现在”之中（如胡塞尔、柏格森、詹姆士等所说）。这就是任何解释都不可避免的“看的位置”，由此而有看的方向和视域。“过去”只有相应于当下所具有的决断开启（Entschlossenheit）的尺度和能力才对我们打开。要避免解释的主观和偏见，并不能乞灵于超出解释学形势的客观对象性，而只能通过更彻底的提问达到具体的原初性，以及只有这种原初性才能提供的再现和维持能力。这就是能在不断更新中呈现和维持住一个活生生的现在或时机化时间（kairos）的能力。这也就哲学家与哲学史的关系，不是制造历史，而是“是历史（或作为历史而存在）”，在时境的上下文中维持住自身。

（1）看的位置：什么是哲学？（始于原稿第3页）

哲学的“对象”是**实际生活或人类缘在**（Dasein），②并就在其存在中来发问。实际生活的特性是：**就在**它存在的具体时间化**之中**，它**关切着**它的存在，甚至当它迷失其途而逃避这个问题时也是这样。

① 克兹尔：《海德格尔的〈存在与时间〉的起源》，第252页。

② 本书将《存在与时间》中至关重要的“Dasein”一词译为“缘在”，其理由见拙文“‘Dasein’的含义与译名”，载《德国哲学论文集》第14辑，北京大学出版社，1995年，第35—56页。［此文再刊于作者的另一本书《从现象学到孔夫子》（北京：商务印书馆，2001年），第69—93页。］又见拙著《海德格尔思想与中国天道》，商务印书馆，1996年，第94、105—106页。

[注意！这里是实际生活经验本身的形式显示思路与后来的缘在的生存分析思路的交合点。]实际生活总不堪其重负，因而总有通过各种方式，包括形而上学去掩饰和遮盖它而“使之好过”的倾向。但生活**是**艰难的，因为它总在构成自身而不能不对之负责。因此实际的缘在总是它的最充分的自身，而不能是一个普遍性的缘在。对历史的批判总是对当前现在的批判。因此，哲学研究的对象就被**显示性地**定义为实际的人类缘在本身。[注意这里“实际”、“人类缘在”、“艰难”的方法论含义，或形式显示的含义。][①]

(1a)生活实际性的构成因素。(始于原稿第5页)

人的“生活”或“生命”(zoe, vita)是古希腊、旧约、新约等时代的人解释人类缘在时注意到的中心现象。对这个词有多重理解，就像亚里士多德对于存在意义所说的。[注意，下面大量新词出现。]它的最原初的意义是“牵挂”(Sorge, curare)，即“出到某物上的存在”(Aussein auf etwas，出去朝向某物的存在)，而这“某物”就是具体时间化了的世界。因此，这牵挂具有这样的动态特点，即总与它的世界有往来、打交道(Umgang)，而且，在此往来交道之中，这牵挂的“所到”(das Woauf)就是这往来的所凭依(Womit)。[“牵挂”从一开始就是个典型的形式显示词。]世界的实在与活生生的存在，都从人的生活所具有的牵挂和往来打交道的特点那里获得其意义和规定。所以世界总已经以某种方式被照看着了。就牵挂可能有的不同朝向而言，这世界就被表达为世域(Umwelt)、共同世界(Mitwelt)和自己的世界(Selbstwelt)。因此，牵挂是对生计、职业、享乐、不被打扰、不被杀害、熟悉某事、知道某事、明了某事的关切，也就是对保证生活、实现各种重要目的的关注。

---

① 克兹尔：《海德格尔的〈存在与时间〉的起源》，第253—254页。

牵挂总在某种目光打量中具有它的所凭依。有助于时机化(Zeitigung，temporalizing)，并引导着这往来打交道的是环窥或四下打量(Umsicht，东张西望)。在四下打量中，那打交道的东西就事先被作为……而理解、作为……而朝向、作为……而得到解释。这对象也因此而被意味成这样或那样，这世界也就充满意义地被遭遇着。如果这牵挂着的往来交道不关心做出事情，而只是观看的话，这四下打量就变成了审视或考察(Hinsicht)，并由此产生出一种导致科学的时机化态度。但审视与四下打量是相联通的，只是在前者中，四下打量被现实化为与“对象”的打交道，这些对象被说及，世界也被论及。[这里出现了“普遍化”，但可见它是由形式显示的“牵挂”样式衍生和抽象出的。]再往下发展，完全中止住实际做出事情的倾向，审视就变成独立的往来打交道的方式，于是就一步步走向理论化，客观世界就被仅仅视为各种事物了。然而，这种中止的态度本身处于牵念(Besorgen)的运作之中。去除了人类意义的、贫乏化了的实在或客观性就是传统认识论和存在论问题的出发点。

牵挂绝不仅是原本意向性在朝向其世界中的中性实现或直接充实。[此处似是对胡塞尔的隐约批评。]运作中的生活体验具有一种被完全吸引入其世界的嗜好(Hang，瘾)。它使得生活偏离其自身、没入世界，因而可称之为“沉溺”(Verfallen，陷入、沉醉于)。这沉溺不是偶然的，而应被理解为一个意向性的“如何”和实际性的构成因素，即牵挂运作的一个基本特点。

这沉溺有三个动态特性，即受到“使生活好过些”的引诱、获得安慰和与自身异化。它们都旨在驱走焦虑(Bekuemmerung)，而这焦虑可能会使人不再沉溺。这三个特点也适用于“四下打量”和“审视”。

沉溺导致原本是个人自己的实际生活处于一种公共化的拉平状

态中，使得“这一个”的实际生活成了“哪个也不是”的平均化的生活。所以，沉溺就是生活逃避自身的方式。这种情况特别尖锐地表现在了生活或生命面对死亡的方式中。

死亡是等待着生活的、不可避免的并悬临着的东西，处于生活的前瞻视域之中，就在“念及它”的思想被压制的情况下也是这样。[注意这类讲法与胡塞尔的“边缘域的构成”之说的联系。] 死亡正是通过这种前瞻视域的不可摆脱性而成为所牵挂的东西，因而被作为生活的如何（Wie）而遭遇着。这样一种既不要看到（自己的）死亡但又同时对它焦虑的局面就构成了实际性存在的特点。

死亡的这个纯粹构成性的存在论问题与关于永恒或“（死亡之后）还有什么？”的形而上学问题无关。我所面对的死亡悬临的前景以它独有的方式使生活的现在和过去可见。这种现象就表明了人类缘在的特有的**时间性**（Zeitlichkeit）。出于这种时间性，历史性的基本含义才能得到说明。这含义与对于所写历史的概念分析无关。

与沉溺对抗的相反运作使得生活面对它想避开的自己，即作为焦虑关切的东西或被清楚选择出的实际可能性。因此，这种相反运作就是生活的真正切己的（eigentlich）存在方式，它的时机化自身。这在生活中并为了生活的存在（自在自为的生活存在）可称之为“**生存**”（Existenz）。生存总是一个具体的**实际性**（Faktizitaet）的可能性，是时间化这种实际性，即将它带入丰富的时间构成中的一种方式。生存所显示的绝不能被直接和普遍地考察。[“生存”这个词在《存在与时间》中被明确地赋予“形式显示”的意义。[①]]只有在使实际性成了问题的真实实现中，在将实际性具体地消解（Destruktion）为

---

① 海德格尔：《存在与时间》，第 231 页。

它的特别时间的运作和动机(倾向),即总使它得到解释的可通达状态之中时,这一生存才成为自明的。因此,对抗沉溺的反运动不是脱离世界,而恰是以更合适的方式进入世界的生存状态,在它天然内在的成问题性中选择它。[1] ["发问"、"使之成问题"是海德格尔心目中哲学活动的特点。它们也是形式显示式的,即通过发问来消解对象域或现成存在者的限制,只从问题本身(包括发问者、问之所及者、问之所问者)引发的解释学的实际形势中得到境域式的意义。我们下面将看到,海德格尔 1933 年在就任弗莱堡大学校长的重要演说("德国大学的自我主张")中发挥了这一思想。]

(1b)哲学的实际性。(原稿第 15 页始)

因此,哲学不是制造,不是在某种普遍性和任意制定的原则中的偶然交易。它是最刨根问底的发问和钻研。所以,它要:1)清楚地凸现出那已经在"自行自在"的生活的基本运作中活动着的解释倾向。2)努力去将处于决定着的可能性之中的实际生活以清晰的和彻底的方式带入我们的视野和理解,而与世界观的肤浅关怀不相干。简言之,哲学必须从根子上是无神的[即无生活之外的其他前提的]。它所研究的"如何"是指对生活的存在意义,即生活的基本范畴结构的解释,也就是实际生活将自身时机化或时间化并以此而与其自身交谈(kategorien)的方式。[一句话,哲学是"实际生活本身的形式(境域)显示"。]

正因为哲学关注的只是实际生活的存在,它就是基本的存在论。正是从这种实际性的存在论那里,世界中的[对象]域存在论获得了基础和意义。就其对范畴解释的关心而言,也就是就生活的存在得

① 克兹尔:《海德格尔的〈存在与时间〉的起源》,第 253—258 页。

以被言说和表达的方式而言,哲学就是逻辑。存在论与逻辑在(生活的)实际性中回到其原本的统一。我们称之为“实际性的现象学解释学”等等。

[在笔者看来,以上17页手稿包含了此导论最重要的东西。限于篇幅,以下的介绍将极为简略,只涉及那些新出现的要点。]

(2)看的历史方向。(自手稿第18页起)

亚里士多德对于“ousia”[存在本身,一般译为“实体”]的解释大不同于后人的一般看法。这解释出于今人已难于接近的原本经验,由此而发问和诠释。简言之,今天的绝大部分哲学是以不真正切己的方式(uneigentlich)而运作于古希腊人的概念之中,并经过各种历史环节的变样。甚至反希腊和反基督教的倾向也从根本上属于同样的看的方向和解释方式。实际性的现象学解释学就是要打破流行解释的束缚,揭示其隐藏着的动机和未明言的倾向;而且,通过消解的回溯,找到解释的原发动源。解释学只能通过消解(Destruktion)实现其任务。因此,哲学研究就成为彻底意义上的“历史的”知识。

(2a)神学人类学。(手稿第21页起)

对今天的解释学形势影响最大者可简称之为希腊-基督教对生活的解释。它影响到了康德的哲学人类学与德国唯心论。路德的态度来自他对于保罗和奥古斯丁的原本占有。

(2b)看的消解方向。(手稿第23页起)

消解的任务只能通过提供这样一种具体的,即瞄准了实际性问题的亚里士多德哲学的解释来达到,并以此而走向一个彻底的现象学人类学。以这种方式回到亚里士多德就使我们能够认识巴曼尼德斯的存在学说,并将其理解为决定西方存在论和逻辑的命运及方向的关键一步。

(3) 看的范围。(手稿第 24 页起)

(3a)第一部分的大纲。(手稿第 25 页起)

在哪种对象里,人类存在或生活中的存在得到体验和解释?这就是被生产出的对象。并非在理论实体化的事物域中,而是在我们生产、制作和使用中遭遇到的世界之中,才有关于存在的原发经验的“所由”和“所向”。[此为境域关系而非理论抽象决定的对象。]被生产出来的产品就达到了在手边的存在状态(Vorhandensein)。这样,存在就意味着被生产者的存在。

如果它成为四下打量的或在直接打量中自发理解的对象,这存在者就通过它的样式(eidos, look, 相)而被看待。直接的理解在言谈(legein, addressing and discussing)中表达自己。被表达(logos)的对象和它的样式在某个意义上是同一的。但这也就意味着,在原本的逻各斯中被言谈者就是实际的存在者。[“实际性”的“形式显示”!]在言谈的对象之中,这 legein 或逻各斯的言谈按照存在者的样式的存在(ousia)将其带入我们的保持之中,信任和真理(troth)之中。但 ousia(存在)在亚里士多德那里还有着原初的意义,即提供居住场所并保持住它,可靠地拥有它并能在我们的环境中使用它。

与生产、操作不同的另一种与对象往来打交道的方式是“技艺”(techne),即在信任和真理中保持存在的方式。这是两种不同领域的存在,凭借它们,亚里士多德去解释人在与事情往来打交道中使之揭蔽见光的各种方式,比如四下打量、洞察、审视。通过对亚里士多德的《尼各马科伦理学》、《形而上学》及《物理学》的解释,我们将得到一个适合于研究需要的现象视野。

[原稿第 29 至 39 页是对《尼各马科伦理学》第六部分的解释,略。参见本章第一部分。]

从以上的介绍中可以看出，就在这份1922年10月完成的手稿中，在海德格尔通过“实际生活本身的形式（境域）显示”的方法论视野来解释亚里士多德时，《存在与时间》的基本结构（通过对缘在的生存样式的分析开启理解存在原义的基本视域）和最重要的一些概念出现了。完全可以说，那本大作在这里已具备了雏形，即思想的基因和大结构，只待找到合适的机会去分化、调整、充实，从而发育成熟。而且，就如同海德格尔1919年的讲课稿，这份手稿中还包含着在《存在与时间》之后、“转向”之后才被着重讨论的词，比如“技艺”。

这里给我们印象最深者就是，那在1920年时刚从形式化与普遍化的逻辑区分中和深化中发展出来形式显示的方法，在两年之后取得了多么丰富多变的缘在形式！它给我们的最大提示是：那似乎只属于哲学人类学、心理学、生存主义、历史学论题的人生现象（“沉溺”、“牵念”、“牵挂”、“死亡”、“四下打量”、“时间性”、“历史性”等等）原来有如此虚灵原发的逻辑根子。当然，这不是普遍化乃至形式化本体论意义上的逻辑，而是纯形式显示式的逻各斯的言谈方式或构意方式。简言之，这是人的实际生活本身的意义逻辑。另一方面，说它是虚灵的或境域化了的**逻辑**确有道理，因为现象学的逻辑观确确实实地能达到它，这里面确有理性的运作。这不是普遍化的概念理性，而是解释学化的现象学存在论理性。这些现象之所以无法被一般理性理解，乃是因为它们的合理性超越了任何对象域的局限，只能在实际生活本身的构意需求的活生生视野中得到领会和实现。而哲学一直想解决的难题，比如真理的绝对与相对、存在的个别与一般、自由意志与因果决定、一与多、确定性与可经验性、主体与客体等等的关系问题，在这样一个原初视野和现象领会中获得了全新的、非两难的理解可能。总而言之，我们在这里看到的是严格思维及其表达与人生的原初现象的耦合，由之将引发巨大的思想冲击波，整个西方哲学的自身历史理解和未来发展将被它改变。

这份如此晦涩、带有如此之多的海德格尔“行话”的手稿居然立即打动了那托普这位新康德主义者，使他相信此手稿“表现出了异乎寻常的原创、深刻和理智上的严格”。[①] 不能不令我们对于人类理性的实际的，而非理论的和宗派的领会能力增加了信心。当然，如果没有声望正如日中天的胡塞尔的热情推荐，这种领会恐怕也不易出现。不管怎样，31 岁的海德格尔因此而接到了马堡大学的正式聘书，成为副教授，于 1923 年的冬季学期在那里开始上课。

---

① 奥特：《马丁·海德格尔：政治生活》，第 124 页。

八、马堡大学与《存在与时间》的准备

1. 教学

海德格尔在马堡大学的教学非常成功。他的新思路激活了西方古代的思想世界，让同样的希腊和拉丁原文说出了传统解释中所没有的更丰富得多，也更原本得多的意思，将学生们带入了一个新的理解天地。他当时的学生中有一些后来成了著名学者，比如 H－G. 伽达默尔（Gadamer）、K. 勒维特（Loewith）、H. 阿伦特（Arendt）等。汉娜・阿伦特（关于她与海德格尔的关系，下面将谈到）在 1969 年海德格尔 80 诞辰时写了一篇文章，述及这段激动人心的思想经历。她写道：

> 海德格尔的名声先于 1927 年《存在与时间》的出版。确实，如果没有他先前教学的成功，这本书的非同凡响的成功——不仅指它造成的直接轰动效应，而且指它不寻常的、在本世纪出版物中罕见的持久影响——是否还可能就要画上个问号了。在他那时学生们的心目中，此书的成功不过证实了他们已经知道的关于这位老师的东西。
>
> 这先前的声名中有奇怪之处。它可能比卡夫卡在 20 年代早期或更早的布拉克和毕加索的名声还要奇怪。这些人当时也

不为公众所知，但却有了不寻常的影响。然而，海德格尔的更独特之处在于，他的影响根本不能以任何把握得住的东西为基础。没有什么作品，只有上他课时做的、在学生中传来传去的笔记。这些课堂讲授讨论那些广为人知的文献；这些讨论中也不包含能够被再制造或传播的概念学说。几乎就只有一个名字，但这名字却像一个关于秘密国王的流言一样传遍德国。……

谁听到了这流言？它又说了什么？在那个时候，即一次大战后的德国大学里，没有造反，却有对于在所有院系（它们比单纯的职业学校还要多）中的教学机制的普遍不满。那些不只是为了找份好工作来学习的学生们都持有这种不满。一个人学哲学不是为了挣钱；他或她愿意饿着肚子来学它。也正是因为这样，他们是很挑剔的。……大学提供给他们的是哲学的诸学派，比如新康德主义、新黑格尔主义、新柏拉图主义，等等；要不就是老式的哲学训练，在其中哲学被整齐地划分为不同的门类（认识论、美学、伦理学、逻辑等）；这并没有利于交流，倒是以没完没了的老生常谈把哲学弄得半死不活。在海德格尔出场之前，出现过几次反叛这种舒适方便并在此意义上是坚牢的学术生产业的尝试。从时间上讲，先出现了胡塞尔和他的"到事情本身中去"的呼唤；也就是说，"离开理论，离开本本"，努力将哲学建立为一门不逊于其他学科的严格科学。……

……

这流言将他们先吸引到弗莱堡的那位讲师那里，后来又到了马堡。这流言说，有某个人，他实际上得到了胡塞尔所宣称的东西，他知道这些东西不只是学术的，而是有思想的人们所关心的；这种关心不仅昨天和今天，而且从不可记忆的时代起就有了。正是由于他看到传统的那根线索已经断掉，他正在重新发现过去。……这流言所说的相当简单：思想已经又一次复活；被认为死去了的过去的文化财富又开始说话，而且所说者完全不同于以前被认为是它们所说的那些东西。有了一位老师，一位人们可以向他学习思想的老师。

这隐蔽的国王在思想的王国里行使权力。这个王国完全是现世的，但它如此这般地隐藏于其中，以致人们难于确定它是否真的存在。然而，此王国的居民比一般认为的要多；不然的话，如何解释海德格尔思想和解读所产生的空前的，又常常是隐藏于地下的影响呢？这影响已超出了他学生的圈子，也超出了一般所谓哲学的范围。①

尽管有这些成绩，但从海德格尔与雅斯贝尔斯的通信看来，他当时对马堡的印象并不好，总是不能“在那个雾蒙蒙的洞穴”中过习惯，并不断抱怨那里“包裹人、窒息人的气氛”。② 这时，他已有了托特瑙山中的小屋。所以，只要教完了课，他就回到“山野的清爽醒人的空气之中”，劈木柴，“接下去是更多的写作”。如果他能够做到的话，愿意一整个冬天都在小屋度过。“我从没有与大学教授们共度时光的愿望。当地的乡下人更可亲近，也更有趣。”③

不过，他在马堡大学还是遇到了一位出色的谈伴，即神学家鲁道夫·布尔特曼（R. Bultmann）。海德格尔参与了他 1923 年至 1924 年冬季学期关于圣·保罗的课，确实起到了胡塞尔在推荐信中所预言的联结哲学与新教神学的作用。布尔特曼则视海德格尔为关于路德的真正的顶尖专家，并在与友人的信中称赞海德格尔对于历史上

① H. 阿伦特：“马丁·海德格尔 80 诞辰纪念”，载《问题与回答》，第 207—210 页。

② 奥特：《马丁·海德格尔：政治生活》，第 125 页。

③ 同上。

的和现代的神学(包括保罗·巴特)的精深知识。实际上,通过布尔特曼,海德格尔早期宗教现象学和解释学的思想深入到了现代西方神学之中。①

2. 托特瑙山中小屋

1922年,海德格尔在距弗莱堡以南25公里处的托特瑙(Todtnau)山上建了一所小屋(Huette)。据其次子赫尔曼所说,此屋由海德格尔的夫人埃尔芙丽德设计。它位于"托特瑙山"这个小村后面的陡坡上面海拔1150米处,山高林密;但屋周围是大片草地,因而视野开阔,能够充分感受到天地之间的宏大气象。从弗莱堡到这里,可先乘火车,在"Kirchzarten"站换乘汽车,沿蜿蜒的山路而上,逐渐进入"黑森林"和草地相间的深山区。到达托特瑙山村后,还要穿过它,爬上陡坡,全程要用大约三个小时;在本世纪的二三十年代或许费时更多。但海德格尔深爱此处,从20年代起,在课余和假期时常回到这里来。他的短文"我为什么要留在此地?"(1934年3月7日)这样描述这所小屋:"它有一块长七米、宽六米的平面面积,低垂的房顶覆盖着三个房间:兼作客厅的厨房、卧室和书房。再往上,是草地和牧场,一直延伸到深暗的、长着古老高大的枞树的森林边。一切之上,是清彻的夏日天空。在它灿烂的境域中,两只山鹰缓缓盘旋。"②

这所小屋、它周围的山野和农家,属于海德格尔的人生中最生动的那个维度,也就是他童年和少年时徜徉于其中的田野道路的更成熟廓大的表现。他的精神生命在这里才最饱满地舒展,化入自然天

① 参见R.布尔特曼等著:《生存神学与末世论》,李哲汇等译,上海三联,1995年。

② 《作为一个人和一位思想者的海德格尔》(*Heidegger: The Man and the Thinker*), ed. T. Sheehan, Chicago: Precedent, 1981年,第27页。

地的质朴和辉煌之中。这是他的“工作世界”，但不是以我为主的和牵心于外务的人工工作世界，而是让山野和纯朴人生的境域来推动的“四时行焉，百物生焉”的工作世界。“我的全部工作是由这山岭和山民维持和导引着的。”[①]他将自己的纯思想工作视为与农人的劳作同一性质，也就是说，与那从山上往下拖柴的农家孩子、缓缓地在山坡上赶着牛羊的牧人和用木瓦维修自己房屋屋顶的农人的工作没有什么本质区别，而完全不同于城里人和新闻媒介那种往往把事情弄得肤浅和糟糕的做作。这篇文章写于他辞掉弗莱堡大学校长后一个月，从中流露出了“归去来兮”的欣喜。他从根子处就尊重并认同山民的生活方式，认同这“多少个世纪以来一直生根于阿雷曼和施瓦本土地上的人民”；讨厌那些从城里人和文化人的角度来谈论“人民性”、“乡土性”的喧闹。在空闲时，他坐到农人屋舍中的火炉边，与他们一起默默地抽着烟斗，要不就说些山里农家的话题。他还特别回忆了一位老农妇，她能说充满了意象的老方言。就在前一年，这位83岁的老妇人还爬上山坡来看望海德格尔，“用她的话讲，为的是看看我是否还在那儿，别让‘什么家伙’神不知鬼不觉地把我偷走了。”她去世的夜里，一直与家人说着话。“就在临终前一个半钟头，她还将她的问候送给那位‘教授先生’。比起那些大报上刊登的关于我的哲学的绝大多数的机敏报道，这样一种记忆要珍贵得不知多少倍了。”[②]为了这一切，他断然拒绝了柏林大学对他的聘任邀请。“[山中的]孤独将我们的全部生存抛入一切事物存在(Wesen)的寥廓的

---

① 《作为一个人和一位思想者的海德格尔》(*Heidegger*: *The Man and the Thinker*), ed. T. Sheehan, Chicago: Precedent, 1981 年，第 28 页。

② 《作为一个人和一位思想者的海德格尔》, ed. T. Sheehan, Chicago: Precedent, 1981 年，第 29 页。

近邻之中。”[①]

就在这托特瑙山中，海德格尔体验、运思和写作。他最重要的著作《存在与时间》和其他许多文章讲稿都出自这片“天与地、神与人”相交相融的山野。在他人生最困难的时候，比如1945年后的一些年间，这里又是他的避难之处，“安以久，动之徐生”[②]的休养生息之处。他也在这小屋中试图与中国文人萧师毅共译《老子》，其后又写出了“论人道主义的信”和题为《出自思想的体验》这样的深邃而又清新的诗篇。五六十年代，许多仰慕他的人都是到这里来拜访求见。本书作者1997年访问了此地之后，曾问海德格尔的儿子赫尔曼：此处山高坡陡，到冬天大雪封山之时如何出入？他答曰：“靠滑雪。我父亲那时就背着生活用品滑上滑下。我小时也多次在那里过圣诞节呢。”我心中不禁叹道：海德格尔，山中人也！

3. 雅斯贝尔斯

从1922年下半年起，海德格尔发展了他与当时任教于海德堡大学哲学系的雅斯贝尔斯（K. Jaspers）的私人关系；他们之间维持多年的通信是了解海德格尔这一段经历的有用材料。海德格尔与雅斯贝尔斯1920年春在胡塞尔家中相识。1920年夏前后，海德格尔写了一篇对于雅斯贝尔斯的新作《世界观心理学》（1919年）的书评，以打印稿的形式送给了雅斯贝尔斯本人、胡塞尔和里克尔特，并在海德格尔的一些学生中传抄。1972年此书评才正式发表。自那时起的

---

① 《作为一个人和一位思想者的海德格尔》，ed. T. Sheehan，Chicago：Precedent，1981年，第28页。

② 关于这句出自《老子》第15章的话与海德格尔的特殊关系，请参见本书第十八章：“翻译《老子》及其有关问题”。

十几年间，也就是在海德格尔多部早期讲课稿和其他手稿被整理出版之前，这篇书评是了解海德格尔这段关键的思想发展时期的唯一文献。不过，这篇书评虽然很有助于了解海德格尔与生命哲学及生存哲学（克尔恺郭尔、尼采、雅斯贝尔斯），并在这个意义上很值得注意，但其中对于"形式显示"这个方法只是蜻蜓点水般地提及，没有详述，以致让雅斯贝尔斯对海德格尔的基本观点迷惑不解。[①] 今天，我们可以看得很清楚，此书评要表明的是：生活实际状态本身的形式显示是区别海德格尔与一般的生命哲学家、生存哲学家的方法论要点。这是他在生命哲学或生存哲学的活力推动下与胡塞尔、拉斯克的现象学周旋多年后练出的独家功夫。

这篇书评肯定《世界观心理学》开创性贡献的"内在意向"，但批评它对传统形而上学的突破还不够彻底，其主要原因就是它在方法上的缺陷。

海德格尔与雅斯贝尔斯共同的一点是：生存（Existenz）现象只能在边缘形势（Grenzsituation），比如争斗、死亡、偶发事变、犯罪等中得到显示。在这种形势里，生活经历着对抗，并因此而达到其边界。然而，雅斯贝尔斯认为，这种形势中的对抗、矛盾和破坏是在面对无限（Unendlichkeit）中成为我们知识的边界的。[②] 这也就意味着，对于对抗的意识同时也是对于生活（生命）的无限整体的意识；对抗引发出了达到生命力量的统一体的意志，而这种统一体就是精神的生命。可见，雅斯贝尔斯观点所预设的概念前提中既有某种生命哲学的原则，即一个流动的生命整体的视野，又有康德的建立在二律

① 萨夫朗斯基：《出自德意志的大师：海德格尔与他的时代》，第 147 页；克兹尔：《海德格尔的〈存在与时间〉的起源》，第 139 页。

② 海德格尔："对卡尔·雅斯贝尔斯的《世界观心理学》的评论"，见《路标》（*Wegmarken*），第 12 页。

背反论证之上的目的论理念观；而且，他认为这个被预设的整体能为生命带来意义和价值。[①] 这样，雅斯贝尔斯的学说就没有完全“投入”(hingeben)生命和生活的实际中，因而不能去追寻和揭示这实际生命本身的脉络，仍是一种二元夹生的生命学说。

按照海德格尔，“生命”或“生活”(Leben)有两个意思：(1)创构的客观化的生活，即从自身中脱出(Aussichheraussetzen)，并因此而在这生命中并作为此生命而“在缘”(Da-sein)。(2)作为活生生体验(Er-leben)的生活，即经验、领会、朝向自身，并因此而在体验中“在缘”。[②] 简言之，生命具有在出离(Aus)中朝向其自身，居于自身之内(In)这样两个相互牵挂着的构成方式。而这也正是“生存”(Existenz)的含义；它意味着“在其中”也就是“出离(任何现成的)其中”，就在出离自身的朝向中达到无现成可依的缘发(Da)自身。然而，雅斯贝尔斯仍以二元的方式来理解“生存”，即一方面以康德理念的方式将其说成是“那被当作整体者”，另一方面则回溯到克尔恺郭尔和尼采，将生存视为从根本上躁动着的“当下个体性的生活”。因此，这后一种更原初意义上的生存就被认为是“不可表达的”神秘。[③] 其实，这也是一切不彻底的、在理解和表达的方法上未取得实质性突破的生命哲学和存在主义哲学必然具有的特点，在东西方那些并非最深刻的终极体验中往往以各种“不可言之神秘”的形式出现。

海德格尔对“生存”的理解突破了这类个别与整体、体验与表达的二元论，因为对于他，那“主客还未分”的生存状态本身就是形式(境域)显示的。他写道：

---

① 克兹尔：《海德格尔的〈存在与时间〉的起源》，第 142 页。

② 海德格尔：《路标》，第 15 页。

③ 同上书，第 39—40 页；克兹尔：《海德格尔的〈存在与时间〉的起源》，第 142 页。

> 问题中的真正切己的客观性在形式显示(formaler Anzeige)中被作为**生存**而确定。在这样一个形式显示着的意义中,这个概念意指"我在"(ich bin)这个现象,以及这样一种存在的意义,它作为首要的现象关联和属于此关联的艰难的开端而处于这"我在"之中。凭借这种形式显示(在其中所有哲学概念及其相互关联的方法上的基本意义将被看到,虽然对它在这里还不能做进一步的解释),就能避免无批判地陷入像克尔恺郭尔或尼采那样的生存解释,以便赢得探讨生存现象的真正意义并说清楚这种探讨的可能性。[①]

这段引文再一次表明,"形式显示"对于理解《存在与时间》中的人类缘在的生存本性是至关重要的,是海德格尔的缘在生存论与其他生存主义学说的区别所在。正是这里隐藏着他独特的思想方式的秘密。情况就是这样,海德格尔在这里或那里(比如1927年写的《现象学与神学》中)以极郑重的方式提及形式显示,但在他生前发表的著作中却一次也没有详细和直接地阐明它的具体含义,也没有在他对于自己的现象学和解释学道路的回忆中提及这段思想经历,以致这个关键思路在克兹尔的开创性工作和海德格尔早期讲稿发表之前,一直不为人知,造成了对于他的思想的许多误解和肤浅之见。关于这个问题,海德格尔本人是怎么想的呢?甚或他根本就未认真想过它,只是将"形式显示"作为不成熟的尝试弃之于"遗忘"的角落?但现在,我们却发现这个阐释对于理解他的全部思想是极重要的,因为它以逻辑上和现象学上特别透彻的方式显示出了他的思想的基本路子(Weg),超出了前期和后期那一套套术语和解释方式的局限。

---

① 海德格尔:《路标》,第10—11页。

海德格尔对于雅斯贝尔斯的具体批评也处处体现出了这种方法论见地。比如,在海德格尔看来,雅斯贝尔斯在把握生命全体的前提的指导下,相信可以通过流行于科学领域中的概念手段来理解生存现象。这表明他将生命或生活视为这样的包含域或一个无限的流动整体,在其中展开着生命的建构和解构过程。[①] 再者,他将生活全体视为一个理念,以致生活对于他是一个激发观赏的对象;因此,他对生活所持的就是一种“美学的”世界观,相信生活整体的统一与和谐,不受自己的世界牵挂与焦虑的打扰。[②] 知道了海德格尔形式显示见地中对实际生活的牵挂本性的强调和对于依据“事物域”的概念普遍化方法的摒弃,就可明白这两点批评的真正含义了。不过,以此“评论”的样子,雅斯贝尔斯是无法充分理解的。

尽管这样,海德格尔与雅斯贝尔斯的友谊从 1922 年起就进入了很亲密的阶段。在雅斯贝尔斯主动邀请海德格尔访问他之后,海德格尔每次经过海德堡都必拜访雅斯贝尔斯。而且,海德格尔在通信中还表示愿意与雅斯贝尔斯结成“罕见的和独立的同盟”,共同向传统哲学宣战。[③] 然而,这种同盟缺少真实的基础,两人的思想交流逐渐变为各自的独白,最后由于政治歧见完全分手。雅斯贝尔斯在 1945 年 12 月 22 日应海德格尔本人与弗莱堡大学哲学系之邀给该校清理纳粹委员会提交的报告十分不利于海德格尔,给了这位正在挣扎的旧友几乎是致命的一击。

---

① 海德格尔:《路标》,第 18 页。

② 同上书,第 23、37 页。

③ 奥特:《马丁·海德格尔:政治生活》,第 124 页。

4. 汉娜·阿伦特

由于缺少第一手的材料，在数年之前，有关海德格尔与他当年的学生阿伦特的特殊关系的消息还一直处于“传闻”之中。不知何故，一位叫爱汀格(Elzbieta Ettinger)的人得到了位于纽约的阿伦特遗留文献的法律代管机构的允许，看到了一部分海德格尔与阿伦特的通信，主要根据它们而重构了两人关系的故事，并于1995年出版了名为《汉娜·阿伦特/马丁·海德格尔》的书。[①] 爱汀格在书中的基本态度是：同情完全投入感情但软弱可欺的阿伦特，谴责虽然有浪漫热情但总是老谋深算地主宰两人关系的海德格尔，连带讥刺海德格尔夫人的反犹太倾向，并对阿伦特到老还轻信海德格尔、为其纳粹问题辩护而深表遗憾。按照爱汀格，海德格尔这一鲜为人知的“浪漫倾向”不仅使他充满热度地依恋阿伦特，而且使他对纳粹复兴德国的主张着了迷。[②] 萨夫朗斯基在他的《一位出自德意志的大师：海德格尔与他的时代》一书中使用爱汀格这本篇幅不大的书中的材料(但萨似乎将整个事情发生的时间提前了一年)，并参考了另一些人关于阿伦特的回忆，亦讲到此事。本节就依据这两处资料做一简单叙述。虽然做了某种努力，但很难完全避免这些资料提供人不利于海德格尔的观察角度的限制。要真正弄清楚这段因缘，还有待更多材料，特别是两人多年通信的发表。[③]

---

① E. 爱汀格(Ettinger)：《汉娜·阿伦特/马丁·海德格尔》(*Hannah Arendt/Martin Heidegger*), New Haven & London: Yale University Press, 1995年。

② 同上书，第8页。

③ 此通信集已出版。H. 阿伦特/M. 海德格尔：《1925年至1975年通信集；及其他见证》(*Briefe 1925 Bis 1975, und Andere Zeugnisse*), U. Ludz编，Frankfurt: Klostermann, 2002年。——第二版注释。

1924年秋，一位叫汉娜·阿伦特(Hannah Arendt)的18岁犹太女学生出现于马堡大学。她来追随布尔特曼和海德格尔学习哲学。阿伦特出身于一个富裕的犹太家庭，生长于哥尼斯堡，自14岁就对哲学感兴趣，读了康德的《纯粹理性批判》。她的希腊文和拉丁文极出色，16岁时居然建立起一个研读古代文献的小团体。后来到了柏林，听到海德格尔的演说。她的感受就如她后来回忆中所写："思想已再次复活，被认为死去了的往日文化财富又发出了声音。"①

按照爱汀格的介绍，阿伦特的童年和少年多有不幸。7岁时父亲死于梅毒，而在那之前不久，她热爱和依恋的祖父去世。之后，她敬慕的母亲又时常离家办事。每次母亲的离去都会使这个敏感的孩子焦虑不安，恐怕她一去不返。当阿伦特13岁时，母亲再嫁，使她遭受极大折磨。她不但要与一个陌生男人，而且要与这位继父带过门的两位年长的异姓姐姐分享母亲的爱。她厌恶她们，但母亲却与这两个继女相处甚好，令阿伦特难于忍受。再加上周围环境对她的犹太血统的隐隐敌意，使得整个世界在她眼中从童年开始就是不安全的和令人困惑的。她时常感到失落、无助和不受保护，并因此而渴求爱、保护和指导。②

留着短发、身着现代服装的阿伦特在马堡立即引来众人注目。曾在一短期内是她男朋友的维泽(B. Wiese)在其回忆中写道："最引人注目的是她眼中富含深意的力量。人一下子就没入其中，很难再浮上来。"因她喜穿绿衣，同学送以"绿子"(die Gruene)之称。这位混合着自信与羞怯的姑娘很快习惯了布尔特曼的课，那里没有反犹言论，只有布尔特曼的沉静与友好。在那些课上的一位同窗汉斯·

---

① 萨夫朗斯基：《出自德意志的大师：海德格尔与他的时代》，第166页。又见上章所引阿伦特的文章段落。

② 爱汀格：《汉娜·阿伦特/马丁·海德格尔》，第2页。

约那斯(Hans Jonas)回忆道:她被同学们视为一位超常人物;"强烈的专注,目标明确,对素质的敏锐感受,对于本性的探讨,深邃;这些使得她在我们眼中具有魔力"。[1] 她住在靠近大学一所房子的阁楼间中。她在那里接待朋友,其中部分是从哥尼斯堡和柏林来的谈哲学的朋友们。她有时在那里向他们表演一个有趣的节目,即去喂饲顶楼上的女室友——一只雌老鼠。

就在这顶楼房间中,从 1925 年 2 月开始,她与海德格尔幽会,一直持续了两个学期。此事完全保密或"被遮蔽着",连她最亲密的朋友们也不知道。

按照爱汀格的说法,此事始于那年 2 月的一天。两个月来,海德格尔也注意到了这位女学生,并邀请她到办公室来做一次谈话。后来,海德格尔[在给阿伦特的信中]常回忆她是如何来到门边的。穿着雨衣,帽子压得很低,与她平日与布尔特曼打交道的样子完全不同。这位绿子小姐的举止中充满了羞涩与胆怯,只能用勉强听得到的"是"、"不"来回应这位"秘密的哲学王"的垂询。"汉娜·阿伦特必定是立即和难以抗拒地被这位她所钦佩的男子所吸引了。"[2]2 月 10 日,海德格尔给阿伦特写了第一封信,以"阿伦特小姐"相称。他在信中赞赏她灵魂和精神上的素质,并鼓励她珍持这天赋,如此等等。汉娜"被征服和弄迷糊了"。四天之后,海德格尔已称她为"亲爱的汉娜"了。大约两周以后,"开始了肉体的亲密"(爱汀格语)。[3] 也就在这个月,海德格尔在布尔特曼的研讨班上解释了路德对《圣经》"创世记"第三章的评论。此章的内容就是:人的原罪堕落(亚当夏娃偷吃禁果)。

---

① 萨夫朗斯基:《出自德意志的大师:海德格尔与他的时代》,第 167 页。

② 同上书,第 167—168 页。《汉娜·阿伦特/马丁·海德格尔》,第 15 页。

③ 《汉娜·阿伦特/马丁·海德格尔》,第 16 页。

按照爱汀格和萨夫朗斯基的叙述，汉娜接受了海德格尔为这桩恋情“共在”（Mitsein）定下的游戏规则。最重要的是保密和完全的遮盖；不仅对海德格尔太太，而且对全校、全城的人都要做到风雨不透。来往的消息被译成“密码”，约会是按分钟精确安排的。一种按照灯、窗与门的开关来表示安全与危险的显示系统被揣摩了出来。汉娜完全遵从这一切安排，“以使我对您的爱不致给您造成困难。”她也从没有去要求海德格尔为了她去离婚。

1925年夏季学期的假期中，海德格尔回到托特瑙山，汉娜则回到哥尼斯堡老家，并在那里用较少密码化的文字描述和分析自己。这篇被称为“阴影”的自画像也让海德格尔看了。她在其中表达甚深的苦恼，即她在这种关系中弄不清是否确有对方的感情存在。她将自己的爱称为“一种专一的、痴情的完全投入（Hingegebenheit）”。这种爱可由她后来写的生平自述中的话表达：“带着痛苦的爱只会打动另一方。在这痛苦中，有着世界的间隙（weltliche Zwischenraum）。通过它，我们与对方结合在一起并同时与其分开，似乎在燃烧。将爱者与这[爱的双方的]共同世界（Mitwelt）分开的是其无世界的（weltlos）状态，因为在爱者之间的世界被烧尽了。”阿伦特在这段时间写的一首诗中说道：“你为什么给我这手？/胆怯，又如何隐藏？/你来自如此遥远的地方，/难道不知道我们杯中的酒浆？”[①]

海德格尔在自己的信中曾表示，他不愿意总是这样的情况，即汉娜的投入（Hingabe）是上天给他的一个恩赐，而他却无以回报。他不断表示，汉娜比任何人都更理解他，特别是在哲学问题上。但他对她后来出版的书却不感兴趣。不管怎样，按照爱汀格和萨夫朗斯基的说法，海德格尔似乎是真爱汉娜。他将她视为一位能理解他的女

① 《出自德意志的大师：海德格尔与他的时代》，第169页。

子，是他写作《存在与时间》的灵感来源或此书的缪斯（Muse）女神。他后来告诉她，没有她，这著作是写不出来的。[①]

然而，他们那被小心遮盖着的隐情持续越久，就越难保密。而且汉娜也逐渐不能忍受这种状态。海德格尔不得不面临新的抉择。按照萨夫朗斯基的说法，1925 年初，他向汉娜建议转学，最好转到海德堡大学他的朋友雅斯贝尔斯那里。这并不意味着他们之间爱情关系的结束，只是空间上的分离。汉娜也不想再在马堡待下去了，但理由与海德格尔的不同。她以前多半希望过，当她真的决定离开马堡时，海德格尔会阻拦。但令她伤心的是，他居然提出这样的建议：让她离开！于是，当她到了海德堡之后，并不告诉海德格尔她的新地址，但从心里期待海德格尔设法寻找她。确实，海德格尔通过旁人打听到了汉娜的新地址，于是两人又恢复了书信往来。海德格尔又琢磨出了一次幽会办法，即当他于春天去施韦兹做演讲时，汉娜到他途经的一个小地方来会他。他将在那个小火车站等她，为此而将旅程延长一天。汉娜没有接受这次安排。海德格尔又写信去安抚，并再做安排，等等。最后，汉娜似乎还是听从了海德格尔。之后，在 20 年代后期，汉娜有一次正与一女友旅行，忽然收到海德格尔的一封请她赴约的信。于是她立即中断旅行，奔向海德格尔。[②]

1928 年，阿伦特在雅斯贝尔斯指导下完成关于奥古斯丁的爱情观的博士论文。1933 年，随着希特勒的上台（当然还包括海德格尔就任弗莱堡大学校长），她迁往巴黎，1941 年移居美国。她与海德格尔的爱情完全了结，而且对他有严厉批评。1929 年，她与 G. 施特恩（Stern）结婚，1937 年离婚。1940 年与曾为共产主义者的 H. 布吕

---

① 《出自德意志的大师：海德格尔与他的时代》，第 170 页。

② 同上书，第 172 页。

歇尔(Bluecher)结合。1953 年后在美国布鲁克林学院、芝加哥大学、纽约的社会研究新学校等处任教。1950 年,劫后余生的汉娜与海德格尔再次会面,并由此而恢复两人中断多年的通信。但至今他们的通信集并未出版。在这之后,阿伦特对海德格尔持一种有节制的友好态度。在她为海德格尔 80 诞辰写的文章中,这种怀旧式的友谊集中地表现了出来。

5. 成为教授并返回弗莱堡

1925 年,由于哈特曼教授即将离去,马堡大学哲学系考虑让海德格尔接任此正教授职位。从 1924 年起,海德格尔也受到日本一家研究所的高薪聘请。马堡大学哲学系让一位教授写信给胡塞尔,再次征求他对于海德格尔以及另一位待选者曼克(D. Mahnke)的看法。胡塞尔在 1925 年 6 月 30 日的回信中,首先赞扬了曼克,认为他的学术能力足以担任副教授(去接替海德格尔);而他对海德格尔的评价则充满了异乎寻常的热情。他这样写道:“在我看来,海德格尔毫无疑问地是终身教授的更合适人选。我想说的是:不只相比于曼克博士,而是相比于**任何**你能想到的候选者,他都是更合适的。在年轻一代的哲学才俊中,我还没有见过任何人能展示出如此新鲜和丰满的原创力,如此敝屣世俗利益而完全投入哲学的态度。他教学的独特风格,即向他的听课者的整个人发话并凭借他的哲学热情的纯粹力量征服人的能力,一定为他的马堡同事们所熟知。在我心目中,海德格尔无疑是正在上升的年轻一辈哲学家中最重要的人物。除非有某种不幸厄运的干扰,他注定要成为一位分量极重的哲学家,一位远远超出此时代的混乱和虚弱之外的领导者。他对自己的思想位置多年秘而不宣,直到能够明白、服人地表达出来;至于他将说出多少原创的东西，那就只能从他将发表的一系列作品中看到了。”[①]海德格尔传记作家奥特似乎感到这里边有溢美之词，反映出1918年之后的胡塞尔对海德格尔的偏爱。但仔细想来，这些话说得都有根据，它们所预言的都成了现实，而且有过之而无不及。从纯思想上讲，胡塞尔这时的直觉是相当准确的。1925年8月5日，马堡大学哲学系写出了计划提升海德格尔的推荐信。然而，柏林教育部却以海德格尔在最近的10年中未发表任何东西为由拒绝了这一提议。[②] 于是，系主任找到海德格尔，敦促他尽快出版一部著作。这时，他已基本上放弃了出版解释亚里士多德那本书的计划，并正在以1924年的“时间概念”和1925年的“时间概念史导论”讲课稿（《全集》第20卷）为依据，撰写《存在与时间》。在提职的压力下，海德格尔于1926年春季请假回到托特瑙山，在三个月中写出了此书的前280页。今天我们见到的《时间概念史导论》中有一个很长的讨论现象学的历史发展的准备部分，主要分析胡塞尔现象学的特点、贡献和问题所在。他一直“严密护藏着”这手稿，[③]是否担心其中对胡塞尔思想的批评会影响后者对他的支持热情？不管怎样，他在《存在与时间》的正式稿中删去了这一重要部分。然而，送交柏林教育部审批的稿子（已打出清样）在数月内被驳回，原因是它“还不够充分”。1927年春，充实后的《存在与时间》出版，发表于胡塞尔与舍勒编辑的《哲学与现象学研究年鉴》第8辑上。它只包含计划中全书内容的三分之一。因此，我们可以讲，这是一部“缺头少尾”的著作。就在海德格尔将此书携回家乡之后数天，他的母亲去世。当年10月，经过奥特描写的各种“阴

---

① 《出自德意志的大师：海德格尔与他的时代》，第127页。

② 海德格尔：“我进入现象学之路”，载《朝向思想的实情》，Tuebingen：Niemeyer，1976年，第88页。

③ 同上。

谋”和困难之后，海德格尔终于得到了马堡大学的正教授职位。然而，这迟到的任命对于他只意味着一个短暂的过渡而已。马堡大学已不可能留住这位“分量极重的哲学家”。就在任命后数周，在胡塞尔的推动下，弗莱堡大学开始提名海德格尔接任胡塞尔退休后将留下的教职。1928 年年底，“流放结束了”，[①]环绕着《存在与时间》的成功光辉的海德格尔凯旋般地回到弗莱堡大学。只在多年之后，饱尝了由校长职位引出的各种苦味，他才会在回忆中对友人表示：马堡大学的那些年是他一生中最快乐的时光。[②]

① 奥特：《马丁·海德格尔：政治生活》，第 129 页。

② 同上书，第 125 页。

九、《存在与时间》(一)

1. 此书的奇特之处及思路概述

《存在与时间》(*Sein und Zeit*)几乎在瞬间就获得巨大成功,并成为20世纪不多几本最有影响的哲学著作之一。就像海德格尔本人一样,这本书的命运很有些稀奇古怪的地方。首先,如此艰涩(起码对于那些习惯于传统哲学表达方式的读者是这样)的一本书会在如此短的时间内取得如此高的声誉,是极罕见的现象。可以想到的一些理由是:海德格尔多年的原创式的教学的先导影响,胡塞尔开创的现象学运动的推波助澜,时代精神的需要和走向,等等。其次,它的声誉与对它的长期错解搅在一起。如前所述,此书缺头少尾,用语奇特,思路更是新异诡谲,且对它的真实方法论特点交代含糊,势必造成许多误解。海德格尔极少或从来没有对别人的解释表示过真正的满意,总是抱怨人们未能深入到其"实情本身"中去。他在1929年急急出版《康德书》,就是想消减这"滔滔者天下皆是"的正反两面的错解。第三,此书出版时作者37岁;一直到他87岁逝世,尽管做了不少努力,却未能正式地续完此书,以致只能让它这样残缺地传世。一些研究者据此而视此书"失败"了,并认为海德格尔"转向"后的思路与它已无肯定性的内在联系。海德格尔本人则坚决否认这种"指控"。第四,尽管有这些误解和"失败",却并不妨碍此书向全世界伸延着的持久影响。不顾作者的纳粹污点及一些人对此污点的一波又一波的深挖和炒作，此书及海德格尔整个思想在法国、德国、日本、美国、中国、印度、拉美……的影响既广又深，且有日益增强之势。第五，经过半个多世纪之后，关于此书的真实起源、它的方法论秘密以及解读它的恰当方式的研究才逐步出现，虽然至今也还是寥若晨星，但毕竟使此书在有心人眼中面目一新，相信可以对它作既丰富而又具有内在严格性的微妙解释。

这本书的基本思路是：要解决"存在的意义"的问题，必须通过对人类缘在(Dasein)的生存(Existenz)方式的分析，而这种分析会揭示出这缘在的本性是牵挂(Sorge)及这牵挂的纯方式——时间性。这时间性的时机化(Zeitigung)诸方式是一切要理解存在含义的努力所依据的基本视野。各类传统存在论的失误就在于它们所依据的时机化方式是不真切的。通过一个由对人的真正切身的(eigentlich)生存方式分析而开启出的原发时间视域，会让我们在历史上第一次充分领会存在的原本真义。

依据我们上面数章所介绍和分析的海德格尔早期的方法，即"人的实际生活本身的形式(境域)显示"，以上这个简略含糊的概括可以而且必须被进一步解释。"存在"不能被当作一个最普遍的种属概念来把握，(第3页)[①]因为它根本就不是一个通过"普遍化"而得出的概念；它只能被形式-境域显示式地理解。而形式显示就意味着对人的实际生活本身的可领会性和可表达性的揭示。结合存在(Sein)问题，这种人的生活实际性(Faktizitaet des Lebens)就被称作"缘-在"(Da-sein)，也就是一种完全被它的实际生存方式或"缘分"(Da)

① 海德格尔：《存在与时间》，Tuebingen：Neomarius，1949年，第3页。以下引此书时只在引文后的括弧中给出页数。

所趋动和构成的存在者。"人"在这里也就绝不能按"种属"定义,比如"理性的动物",而只能通过它卷入的活生生的生存关系和境域被理解。说到底,人没有任何现成(vorhanden)的本性,而是天下最不安分的、总是超出现成事态一步、只在其去(zu)存在、去投入世界之中得其自性的怪东西。这也就是海德格尔评论雅斯贝尔斯时讲的"我在"的**生存**本性或**形式-境域**显示本性的含义。无法依据任何"对象域",而只能通过对"缘在在世"这样的纯关系境域的构成含义的分析,才能展示这种存在者的存在性。

因此,缘在或生存着的人与这缘在在世的世界(Welt)从根本上或意义逻辑上就不可分。缘在总已经是在世界中的实际生存者,而世界也必定世界化为缘在之世缘。这样,对缘在的"在世界之中"(In-der-Welt-sein)的分析就不是对一个主体与一个客体世界(对象域)之间的关系的分析,而是对于缘在-世界的生存方式的分析,即它的形式显示方式的分析。知道了"生存"这个词的纯形式显示意义,就不会将缘在的生存误解为一种主体对客体或客体对主体的规定方式,就会知道对于缘在的生存论(Existenzial)分析已处在一个全新的、超出了传统形而上学与认识论的思想维度之中。它所揭示的是一个主客还未分、正在构成之中的实际生活本身的构意方式和理解"存在意义"的方式,因而是一种不离开生活(生命)之流,并让这最不平静的湍流本身表达出自身的方式。对于还受制于传统的主客框架而不能完全投入到这生命大化之中的人而言,这种状况无理性可言,是"神秘的"、全黑的;但对真正敢于并有办法进入这生命流本身的人而言,这里正是最原本的"解释学形势",是一切意义、真理(aletheia)和(解释学)理性的被构成处。不到生死涌动的绝境,任何思想的终极探讨就无法尽兴。

通过对缘在的在世界之中的各种生存方式的层层分析,揭示出了它的第一个完整的形式显示结构——牵挂(Sorge)。随着这样一个解释学形势的暴露,对于缘在的生存方式的分析进入了"真正切己"(eigentlich)的形态,真态缘在脱开了与"人们"(das Man,大家伙儿)共处、只通过因缘关系网(Bewandtnis)而沉迷于世域的诸形态,但又并未从根子上脱开世界和实际性。它这时只以自身能存在(Seinkoennen)的方式开启出更彻底地凭空构成的生存境域。因此,按照海德格尔这时的看法,这类形态——朝死的存在、愿意听从良知、先行的决断——都更充分地是形式和境域显示的,更明白地体现出缘在的实际生存本性。《存在与时间》讨论"生存"的方法论意义时还在用"形式显示"这个词。比如海德格尔在开始讨论真正切己的缘在形态(第二分部的一开头)写道:"**生存**这个词形式显示地(in formaler Anzeige)表明缘在**就是**领会着的能存在;作为这种能存在,它在其存在中就是为了其本身而存在着。如此生存式地存在着,我本身就总是这样的存在者。"(第231页)又在极为重要的讨论"总括的生存论分析的方法论特点"的第63节中写道:"我们对于生存观念的形式显示被在缘在本身中的存在理解引导着。"(第313页)可以毫不含糊地说:《存在与时间》关于缘在的全部生存方式分析都被海德格尔1919年至1922年在多处阐释的实际生活本身的形式显示方法引导着,这个方法是理解此书的生命(Leben)线。然而,此书中尽管有七八处使用了"形式显示"这个词,但都是以上面所引段落的那种"不显眼"的方式使用的,而且对此方法本身也没有做专门说明,以致读到它们或更频繁出现的"形式的"(formal)这个词的人并不能真切领会其微妙义。[①] 如果依海德格尔的讲法,说两千年来的形而上

① 参见附于《存在与时间》新英译本后的由T. 克兹尔做的术语索引(Lexicon)。*Being and Time*: *A Translation of Sein und Zeit*, tr. by Joan Stambaugh, Albany: State University of New York Press, 1996年。第440页的"formal"、"formal indication"、"formalizing"等条目。

学耽误了"存在原义"的问题的话,我们也可以说,他的不明示的表达方式半个多世纪以来也耽误了人们对于《存在与时间》的真切理解。

这些真正切己的生存论分析在"先行着的决断"[vorlaufende Entschlossenheit,又可译为"先行的揭除(Ent)蔽障(schlossenheit)"]这个缘在形态中达到最空灵的形式-境域显示,因为它最彻底地摆脱了一切现成性而非世界性的平板化遮蔽,鲜明地表明缘在在一切对象化之先的意境构成能力,或"让自身逼临到自身"(Sichauf-sich-zukommenlassen)的生存可能性("能存在")的构成。简言之,这是最无现成者可把捉的又最切身的纯势态构成。这样一个原发的缘在现象就把我们带到了"将来"(Zukunft)这个首要的时间维度,由此而引出"已在"(Gewesen)和"当前"(Gegenwart),并在这三者的相互缠结和引发中达到了缘在的"根身"——时间性(Zeitlichkeit)。"时间性将自身开显为真正切身的牵挂的意义。"(第 326 页)以这种方式,生存性、实际性和沉迷于世界这三者就统一到牵挂的整体结构之中。所以,这时间性——"已在着的和当前化着的将来"——就是一个缘在(人的实际生活)本身的形式-境域显示,也就是缘在的生存本性的鲜明表达。

凭借这样一个时间视域,特别是通过分析这时间性的各种"时机化"方式,包括真正切己的和不真正切己的方式,海德格尔要重新解释以前讨论过的那些缘在方式的存在论含义;并进一步揭示"历史性"的真义和统治形而上学的"庸俗时间"观的特点。

这就是《存在与时间》的基本内容和大略思路。如果从宗教和哲学人类学的角度看(海德格尔会认为这类视域仍嫌过窄),这是一个关于人如何出其缘发本性而沉沦于世间,经历种种浮生幻境,而最终逐渐醒觉,在死亡的悬临、良知的呼唤和先行到底的决断中得大彻悟,明了自己的真性乃是"缘起性空"的时机化时间,并由此而得大自在的故事。这里有基督教的影子,但无创世与外在(异质)救赎之人格神。细细想来,更近乎佛教或佛学之说,尽管海德格尔本人最喜欢的东方思想是“道”。总之,此书是海德格尔自博士论文、教职论文开始,在弗莱堡大学早期教学中定向,在那托普手稿中显露,在《时间概念的历史》中成形的解释学化的现象学存在论的一次集中表述;是积十几年之功、汇多种哲学潮流(最主要者是生命哲学、现象学和解释学),千锤百炼、去形存神、死去活来、剔尽人为而得到的一团原发空灵的思想势态,内含领会人生真意的无穷法门。它在西方哲学史上可谓独步千古,而且至今无人能够企及。下面,让我们更仔细地打量一下这件空前绝后的思想艺术品。

2. 缘在与世界

(1) 缘在(Dasein)的含义

由于要探讨“存在原义”这样一个古希腊的或亚里士多德化了的问题,海德格尔在这本书中不再使用“历史的我”(1919 年)和“实际的生活体验”(1920 年)这些更早时期中使用的、具有类似思想功能的词,而使用自 1923 年在他的手稿中出现的“缘在”。这个词(“Dasein”)在现代德文中的意义是“生存”、“存在”、“生活”。但是在哲学著作中它往往具有更深的含义。在海德格尔这里,它是指人的生存。而且,它对于海德格尔来讲是有内部结构的,即“Da-sein”。这个结构中的后一部分(“sein”)清楚地显示出它与“存在”或“是”的密切关系,前一部分(“Da”)则“形式(地)显示”出存在或“是”的方式。

缘在就是“我们自己总是的那样一种是者或存在者”。(第 7 页)用这种讲法,海德格尔表明人的本性的问题就是一个存在(“是”)论的问题。而“是”或“存在”的问题也就是人或缘存在的问题。另一句话则点出了这种我们自己总是的这种存在者的特点:“它在存在者身份上的特异之处在于:它在它的存在之中是**为了**(*um*)这个存在本身而存在”(es diesem Seienden in deinem Sein *um* dieses Sein selbst geht)。(第 12 页)这句话表明了缘在(或缘存在)与存在本身之间的一种根本的相互牵引和相互构成。缘在已经“在它的存在之中”,却还要“为了这个存在本身而存在”。这说明缘在已经牵涉入存在,但却不是以现成的方式属于这个存在;它在一切现成的种属,比如“理性的动物”、“会说话的动物”之先,以“为了”或“成为”这存在本身的方式卷入了存在。在海德格尔表达思想的关键处,往往出现这种“实际生活本身的形式指引”或表达方式上的旋涡结构。不了解它们所凭依的思想势态,要想进入这种在相互牵引之中被“对撑开”的解释学情境是极难的。海德格尔解释亚里士多德的“好的行为本身就是目的”(1140b6)这句话时曾讨论过这个“为了……起见”(Umwillen)结构的相互牵引的含义。对于他,这种说法就表明缘在的生存(实践)既是起点又是目的,它就是它的实现之缘。在他对胡塞尔和康德的理解中,都有这样一个在相互牵引中成就自身和存在(是)性的思路。在胡塞尔那里,范畴和直观的相互牵引揭示了系词“是”或“存在”的纯构成意义;在康德那里,知性与感性的相互牵引则逼迫出了使对象“是其所是”的先验想象力的本源“综合”的地位。海德格尔在这里就是要用这“缘在”之“缘”将此构成着的相互牵引以最鲜明的、最难于败坏(为某种现成属性)的方式表现出来,“让它出现、打开并保持在现场”。

“Da”(缘)在德文中是个极为活泼和依语境而生义的词,有“那里”、“这里”、“那时”、“于是”、“但是”、“因为”、“虽然”、“那么”、“这个”等多种意义。而且,还常常与别的词一起组成复合词,比如“dadurch”、“dafuer”、“damit”等等。海德格尔用它来表示人是这样的一种存在者，它(他/她)总是处在解释学的情境构成之中，而且总是在彼此的相互牵引之中打开了一个透亮的(有意蕴的)生存空间或存在的可能。所以，这个“Da”具有相互牵引、揭示开启、自身的当场构成、以自身的生存活动本身为目的、生存的空间和境域、与世间不可分、有限的却充满了发生的契机等意义。考虑到这些因素，中文里的“缘”字可以用来比较贴切地翻译它。这不仅仅是因为“缘”字基本上具备了这些含义，而且由于历史上的佛经翻译使用了这个词，使它那些含义在一千多年的中印文化交融的语境中被酿出了更加丰富微妙的思想含义。而且，龙树的《中论》消除了佛家“缘起”说中的种种杂质，比如因果缘起说、聚散缘起说，给予了这“缘”以无任何现成前提的或“空”(sūnyatā)的“存在论”含义。[①]

在《存在与时间》的第一章，海德格尔用了一个更透彻相关的“牵引”方式来刻画缘在。即，一方面，“这种存在者的‘本性’(Wesen)就在它的去存在(Zu-sein)之中”。另一方面，“这个存在者所**为之**存在的存在总是我的(存在)”。(第 42 页)这说明，人这种存在者没有任何现成的(vorhanden)概念或经验的本性，而只在“去存在”这种向边缘(前或后)投射的势态中成为自身。这种对于人的本性的纯构成的看法是胡塞尔的现象学和康德的“演绎”从思想上要求但又未能真正达到的。也就是在胡塞尔和康德被卡住的地方，海德格尔迈出了决定性的一步，“摧毁”了对于人性的一切现成的看法，比如“先验的主体性”、“统觉”和“自我意识”。而且，他没有因为这种“摧毁”而坠

① 将“Dasein”译为“缘在”的比较详细的理由，本书作者已阐述于“Dasein 的含义与译名”一文。见《德国哲学论文集》第 14 辑，北京大学出版社，1995 年，第 35—56 页。又见《从现象学到孔夫子》(北京：商务印书馆，2001 年)，第 69—93 页。下文中也将谈及这个译名问题。

入虚无主义,他的现象学起点和与“演绎”的对话使他能够在还没有现成存在者的地方保持住了、收拢住了一种纯粹的存在或生存状态(Existenz)。这缘在的去存在并不没入一个发散的“坏无限”之中,而是往返回曲地牵连出“我”与“世界”共处的一个境域。海德格尔称其为解释学(Hermeneutik)的处境,并认为缘在之缘为一切领会和解释的源头。他这样写道:“缘在的现象学是本源意义上的**解释学**。这个词表示解释(Auslegung)这桩事情。”(第37页)与这种意蕴丰满的人性观和存在观相比,古希腊智者讲的“人是万物的尺度”,就显得空洞,因为其中的“人”还远没有取得先于“万物”(众存在者)的解释学意义。

(2) 缘在的在世

从思想的创新和表达的精巧上看,此书的前一半或达到时间性的前65节(占总篇幅的三分之二),明显地更高一筹。思想的新境界被不断地因势利导地开启出来,极少做生硬的理论建构。所谓缘在的“生存(existenzial)结构”,指的是:如果将人视为纯构成性的缘在而非现成的主体或客体,它具有什么样的存在方式(Seinsart)。海德格尔通过三方面来说明这种方式。它们是:缘在与世界、与他人和与自己的关系。这样层层递进,最后逼出缘在的牵挂本性和这种牵挂的纯方式——时间性。

甲.缘在与世界

如果缘在充分地体现出了解释学现象学的构成方式和“先验想象力”所需要的那样一种存在状态,人与世界的关系是怎样的呢?按照海德格尔,它并不首要地是一个主体和一个客体之间传统认识论的关系。(第12、43节)也不就是胡塞尔讲的意向行为主体与意向对象之间那样一种还不够彻底的构成关系，而是还没有从存在论上预设任何现成存在者的、完全相互构成的关系。“从没有过一个叫‘缘在’的存在者和一个叫‘世界’的存在者‘并列存在’这么一回事”。(第55页)缘在从根本上就“在世界中间”(In-der-Welt-sein)，而世界也永远是与缘在相互构成的世间境域或周遭世域。而且这里讲的“构成”不意味着“创造”，也不意味着客体必须迁就主体，或主体必须反映客体，而是全部现象学构成思想所指向的那样一种更本源的存在论域的居间引发和维持。从来就没有一个无世界(weltlos)的缘在，也从来没有一个无缘在的世界。在这样一个相互构成的新存在观中，“人”和“世界”的含义同时发生了深刻的变化；从传统的“主体”与“所有对象的集合”之间的外在关系——不管它是经验的还是先验逻辑的——转变为相互缘起的，在根本处分不清你我界限的构成域式的“关系”。

这样一种存在论的形势反映到认知问题上，就从根本处改变了传统的“认识论”格局。总的说来，海德格尔总是将那些由境域引发的和相互牵引的认识方式看作是更原本的和更在先的；而视那些以主客相对为前提的和依据现成的认知渠道(比如感官)的认识方式为从出的和贫乏化了的。对于他，“认知乃是‘缘在’在世的一种存在方式。”(第61页)缘在一向就以牵念(Besorgen)的和用得称手的(zuhanden)等等非概念的方式“知晓”了世界。比如，海德格尔讲：“正如已经表明的那样，最切近的了解(Umgang，或译‘打交道’)方式并不是仅仅的知觉认知，而是操作着的和使用着[工具]的牵念。这种牵念具有它自己的‘认知性’。现象学问题首要地就是意指在这种牵念中所遭遇的存在者之存在。”(第67页)从这段话里可以看出，“牵念”在这里意味着人的实际生存或缘在本身的境域牵引和显示，是比胡塞尔的“意向性”更本源的现象学行为，完全不预设意向主体和意向对象的区别。通过它,我们直接遭遇到存在者之存在,而不仅仅是意识流构成的意向对象(noema)。胡塞尔认为海德格尔讲的缘在的在世方式没有经过现象学还原,因而只是一种哲学人类学,不具备现象学的纯思想含义。海德格尔则会认为,他这里讲的域型的和缘发的认知代表更纯粹的现象学识度,完全不受制于传统存在论的前提。实际上,这个问题牵涉到我们对于《存在与时间》这本书的整体理解。它讲的只是人的存在境况和方式呢,还是通过这些方式讲出了一种更纯粹的存在论和认识论的思想?

西方传统的存在论和认识论在一开始就跳过了世界性(Weltlichkeit)这样一个最重要的缘构现象,(第 66 页)而误将那些从这个纯现象上脱落下来的片断认作最原初的认知对象。比如,将"物"(Dinge)认作广延的和不可入的对象,毫不意识到它如何源起于牵念的领会方式。在这里,海德格尔用了一个著名的例子,即使用一柄锤子时的称手状态(Zuhandenheit)来说明这种更原本的认知方式。(第 69 页)按照他的看法,锤子和一切用具的物性并不主要在其对象性或现成性(Vorhandenheit)之中;你对它的各种观察、剖析都不能揭示其真实存在。只有当缘在以一种非专题的、不显眼的、充满了域状的明白劲儿的方式来使用这把锤子时,它的物性或存在本性才被当场揭示和牵带出来。而且,你越是不意识到它的物质对象性,越是出神入化、冥会暗通地运用它,你与它的关系就越是具有缘在与世界的那种开启和保持住的存在论域的关系。

这样一种缘构式的理解充满了《存在与时间》,并以各种不同的形式出现。在胡塞尔那里还处于"边缘"的境域构成以及在康德那里还被统觉辖制着的先验想象力,在这里成了一切理解和存在的根源和缘发中心。这也就是说,缘在与世界之间总有一种似乎是已经调弄好了的、原本上就得心应手的玄冥关系。所以,我们对世界总已经有了某种前反思的、实际生存本身具有的、类似于用得称手状态所泄露出来的那样一种了解。(第 85 页)这种了解首要地和经常地(zunaechst und zumeist)(第 16 页)表现为一种不显眼的、平均状态的、日常的和生存空间的理解方式。这种理解和存在的方式尽管还说不上是“真正切己的”(eigentlich,或译为“真态的”),但却绝不缺少原发性,因为它正是缘在与世界的本“缘”关系的一种表现。而且,从存在者角度看来,这种表现具有最切近、最经常的和最“实际的”(faktisch)特点。所以,海德格尔虽然是在讨论缘在的平均状态(Durchschnittlichkeit)以及它的日常存在方式,却绝不是在宣扬一种常识经验主义,而是在严格的意义上讲更纯粹的存在与认知的方式,也就是我们以上讲的“实际生活本身的形式显示”的一种最经常的表现。换言之,这是一种维持在主客交接的刀锋剑尖上的,而且比这两者都更本源的平均状态。

因此,这种不显眼的与世界打交道的方式都是外愚内巧、暗气相通和蓄势待发的。比如用得称手状态似乎没有本身的专注点,但却有它自己的隐蔽着的看、知和指谓。一旦使用着的工具坏了,比如锤头掉了、刹闸失灵,这种称手状态就立刻以不称手的形式将这用具作为一个现成对象凸现出来、指示出来。我们对自己所在的环境总有一种四周打量的隐约了解,它先于对任何特定感觉的和概念化对象的认识。在这种似乎“昏昏察察”①的打量(Umsicht)中,没有哪个用具和标志不呈报出一整套的关系构成。这种成套成片的粘黏关系绝不是现成物之间的逻辑的和因果的关系,而是被用得称手状态牵带起来的“缘分”(Bewandtnis),即因某个东西而涉及另一个东西的缘由。从来没有一个现成的和孤立的缘由或缘分,它们总是处在缘构

① 《老子》,第 20 章。

域式的相互牵扯之中:"因……而及……"。所谓"在世界之中"(In-der-Welt-sein),就是指在此牵扯的缘分之中;在"所去"(Wozu)、"所因"(Womit)、"所及"(Wobei)、"所据"(Woraufhin,或译"所向")、"所[在其]中"(Woin)和"所为"(Worum-willen,"为"念作第四声)这样一些纯缘发的存在"空间"之中。(第86页)这些都是缘在之缘的各种语境化身,也正是海德格尔在20年代初讲的"形式指引"或"形式显示"(formale Anzeige)的更充分的表现。构成这些存在空间的副词、连词和介词(zu, mit, bei, aufhin, in, um)没有能被指称出来的对象意义,只能通过称手的运用而冥会于心。"缘由"(bewenden,以及它的过去式 bewandt)在德文中也是一个"只用于短语"而无现成意义的"域状词"。当然,所有这些域状构成词的源头就在"Dasein"的"Da"之中。这也是本书作者要将"Dasein"译作"缘在"、将"Da"译作"缘"的原因之一。这个"缘"不但消去了一切现象的实体性,而且通过"连-介-副词"所"显示"出的缘由赋予了它们以原发的意义方向和空间。这缘在就因这些方向和空间而获得了它的世界。所以,此缘在"在它的存在之中是**为了**(*um*)这个存在本身而存在"[或译为"它在它的存在之中是**关系到**这个存在本身的"],而且,它也总是在"去在"(Zu-sein)中成为自身。因此,缘在尽管无现成的实体性,却不空寂。它从根本上就有自己的空间、方向和世界。这空间比物理空间要原本得多。它是被处于"心与物"之间的缘构成张力对撑开的缘发境域(Gegend)。(第103页)缘在的生存中和日常生活中天然地就有"位置"和"处所"。房子有阴阳面,似乎随便摆放的东西有隐含的位置,使用着工具有其不显眼的活空间,太阳的升落、月亮的圆缺都参与缘在的生存空间的构成。

这种在世的原空间并不能被"距离"(Entfernheit)度量;相反,这种空间首先表现为"消除距离"(Ent-fernung),即让缘在在就近处

(in die Naehe)与其他存在者相遭遇。(第105页)实际上,正是这对现成距离的消除使得生存距离成为可能。这样,原初空间体现了缘在能够在世的本性。当然,并非这种空间使缘在的在世可能,而是相反,缘在的在世本性必然带有生存势态本身要求的空间。这样的空间也就一定具有某种取向性或调准性(Ausrichtung)。这是指一种在境域中取向的活的方向,不是由坐标确定的死方向。"四周打量的牵念就是调准着、取向着的消除距离。"(第108页)正是因为缘在的牵念空间具有这种调准的和随机的方向,"标记"(Zeichen)才能够去指示具体的方向。而且,像"左"、"右"这样的随身的方向和由日常用具构成的环境方向才有可能。

乙.缘在与"人们"

具有这样的一种在世本性的缘在与他人的关系如何呢?不难设想,这种关系绝不会只是"主体间"的关系。正如缘在与世界的相互构成一样,缘在与缘在之间充满了境域式的相互构成和存在论意义上的本源沟通。在这一点上,海德格尔比胡塞尔深刻得多。

对于海德格尔来讲,缘在的"在缘"(Da-sein)首要地和经常地是一种"同在"(Mitsein),也就是说,不仅与世界同在,而且与其他的缘在或人们同在。因此,海德格尔又称这样一个人的基本的存在方式为"**同缘在**"(Mitdasein)。它既意味着缘在共同地存在,又意味着每个缘在总已经"在世界中"与他人(die Anderen)一同在缘(mit da sind)了。(第116页)当然,这里讲的"同"(mit),绝不仅意味着一种现成的并存,以及这些并存者之间的联系。我们只能在存在论的相互构成的意义上来理解这个"一同"或"共同";如同他将巴曼尼德斯讲的"to auto"(一般译为"同一")理解为"相互对撑者的相互属于"一样。

因此，一方面，海德格尔认为我们无法通过笛卡儿式的反思(排除)法乃至胡塞尔的还原法达到真实的“我自身”，因为在那种情况下，缘在恰恰表现为“非我”(Nicht-Ich)；(第116页)另一方面，海德格尔这里讲的同缘在也不是在主张一种社会决定论或社会与人的相互决定论，即认定人的本质或是由社会条件决定的或是与社会相互决定的。这类看法还是建基于对于人的现成的而非纯构成的看法之上，因而察觉不到人与社会环境之间的相互构成(而非“相互决定”)的微妙之处、缘发之处。这一点到后面讲到缘在的真态的(eigentlich)存在方式时会更清楚。

在日常生活中，在通过工具所揭示的那个缘分世界里，“他人”(Anderen)与我遭遇。但是这他人既不是现成的，也不是用得称手的，而是与我的缘在一同在缘。海德格尔这样写道：

> “他人”并不意味着除我之外的、与我形成突出对比的全部的其他者。这些他人在通常情况下倒不如说是与个人本身**无法**区别者，而且个人也(auch)就在这他人之列。这种与他人“也一同在缘”(Auch-da-sein)，从存在论上讲，并不意味着在一个世界里边现成的“共同”(Mit)。这个共同是缘在式的；这个“也”(Auch)意味着那作为“在世界之中的环顾牵挂着”的存在的同等性。“共同”和“也”是**生存式的**(existenzial)，不能通过范畴加以理解。在这样一个“**共同**在世界中”的基础上，这个世界总已经是我与他人共享的世界。此缘在的世界是“**共同世界**”(*Mitwelt*)。此“存在于其中”(In-sein)是与他人的“共同存在”(Mitsein)。此世界里边的他人的“在自身之中”就是“共同缘在”(Mitdasein)。(第118页)

缘在之所以能够如此彻底地被他人浸透，就是因为它除了这个纯构成的“缘”(Da)之外，再没有什么可资自守的东西了。它不得不从根本上对此世界和他人开放。当然，这并不是说它完全可以被环境和他人决定。这个开放的缘使一切都相互牵挂或生存式地连成一气，从而绝不仅是现成的、干巴巴的，而是缘生的和充满了可被触发的潜在势态的。也正是出于这个“缘故”，失去自我的存在形态与赢得自我的存在形态可以发自同一个缘在。

在这个意义上，缘在对他人有着像对世界一样的先概念和先于任何现成对象的了解。他人作为一种非实体或非主体集合的缘分总已经在缘在之中了。这就是所谓“同缘在”或“同在缘”的含义。他人完全可以不现身地在场或与个人同在。像隐士一样的孤独生存也就应被看作此同在缘的一种特殊形态。(第121页)同理，“牵念”(Besorgen)和“牵心”(Fuersorge)也不一定非要表现为与他人的积极的交往或“热乎”；否定性的争执和冷漠的关系同样是一种牵心，而且往往是更常见的牵心和牵念的方式。(第121页)海德格尔之所以要用“牵心”和“牵念”这类与“牵挂”(Sorge)相关并带有情绪色彩的词，就是为了突出缘在与他人打交道时的先概念的和缘构成的方式。

循着这个思路，当面对“日常生活中的缘在是谁?”这个问题时，海德格尔的回答是：“这个‘谁’既不是这个人，也不是那个人；不是人本身，不是某一些人，也不是人的总和。这个‘谁’是一个中性物，即‘人们’(das Man，或译‘大家’)。”(第126页)这段话的意思是，在通常情况下，缘在既不是一个个主体式的个人，也不是这些个人的集合，而是一个被拉开扯平的、域化了的和中性的“人们”。海德格尔这里讲的“中性物”(das Neutrum，或译“中间词”)是他惯有的“中道缘生”思路的一个体现，也是他早年就开始在最原初意义上使用的中性代词“它”(es)的另一种表现。这中性的“人们”既非“此”(这里)又非“彼”

(那里),而是彼此相生的日常之"缘"。尽管这个中性的"人们"只是这种缘分的不真态的存在形态,但它同样是缘发域性的,而非现成的。

这样一个"人们"或"大家"在日常生活中将缘在的自身存在无声无息地取走了。当缘在自认为是为了它自己的利益、兴趣而牵念忙碌时,实际上却是那个混沌、中性和无处不在的人们在主宰着局面。海德格尔对此有不少极为精彩的描述。比如:"就在这种不显眼和无法弄确实的状况下,这个'人们'行使它的真正的独裁。**人们**怎样享乐,我们也就怎样享乐,并让自己痛快;**人们**怎样看待和判断文学和艺术,我们也就怎样阅读、看待和判断它们;**人们**如何从群众那里缩回,我们也就如此这般地退回来;**人们**对什么感到气愤,我们也就对之感到'是可忍,孰不可忍?'这个'人们'是毫不确定的;所有的人(尽管不是作为所有人的集合)都是这个'人们'。正是它规定了日常生活性的存在方式。"(第126—127页)这是对人的在世"实际性"的一种生动描述。缘在总有意义的来源,而且这意义也总已经通俗化、平均化了。这一类现象学存在论的描述看似平白,却处处"氤氲相糅"、"屈伸无方",充满了居中"参两"的思想蕴意。[①] 对于缘在的这个日常人性,海德格尔用了"相互同在"(Miteinanderseins)、"间隔化"(Abstaendigkeit)、"平均态"(Durchschnittlichkeit)、"削平"(Einebnung)、"公开化"(Oeffentlichkeit)、"减免存在的责任"(Seinsentlastung)和"迎合"(Entgegenkommen)来刻画。这些刻画既有暴露世情文学的敏锐,更有存在论的思想含义。它们表明,缘在的在世是与他人共缘生的同在。其中世事浮沉,浑浑噩噩,莫知其极,正是缘在未了的俗缘本色。那些只知固守主体的学说是绝达不到这个如此切近,又如此难于从概念上理清的纯思想境界的。

---

① 见张载:《正蒙》,"参两篇"。

3. 在缘的方式

《存在与时间》第一分部中的第五章和第六章是一个过渡，从缘在的“在世界中”和“与他人同在”的形态转向它的真正切身的存在形态。所以，第五章“‘在其中’本身”讨论缘在的这个“缘”的各种生存样式，而第六章“牵挂——缘在之在”则通过对“畏惧”(Angst)的追究而揭示出缘在的整体结构和本性——牵挂(Sorge)，并进而讨论本源的真理性问题，为进入关于缘在的真正切身的形态的讨论做好准备。所以，第五章靠近缘在的“在世界之中”的形态，而第六章与第二分部中的前三章更相关。在那三章中，海德格尔讨论了缘在的真态存在并由此而引出了“时间性”。

(1)“在其中”、“缘”和“存在空间”

缘在总已经“在……之中”，比如“在世界之中”。而且，这个“在其中”不是指在一个现成的存在者领域之中，而是指“正在构成或缘生之中”。第五章就是要进一步展示这种“在其中本身”(das In-Sein als solches)的缘性，特别是它在人的情绪(处身情境，Befindlichkeit)和语言中的表现。首先，海德格尔指明，缘在的“在其中”并不意味着一个现成东西在另一些现成者之中，比如一个主体在一个现成的世界之中。这“在其中”倒是应该被视作缘在的根本存在方式。(第132页)“**此缘在就是**这个‘之间’(Zwischen)**的存在**”。(第132页)这样一个在生发“间隙”(Riss)中运作的思路可以通过讨论“缘”这个词得到生动的说明。于是就有这样一段关于缘在之缘的重要议论：

在任何情况下，这个从根底上被“在世界之中”构成(kon-

> stituiert)的存在者本身就是它的"缘"(Da)。按照它的通常意义,"缘"意指"这里"和"那里"。一个"我这里"的"这里"总是从一个用得称手的"那里"来理解自身的;这也就是说,从朝向"那里"的,正在消除距离、取向和牵挂着的存在中理解自身。缘在的这个生存着的空间(die existenzial Raeumlichkeit)以这种方式决定了它的"处所",而这个生存着的空间就植根于此"在世界中"。这个"那里"决定了在世界里面所遭遇者。"这里"和"那里"只有在一个"缘"中才可能;这也就是说,只有当一个存在者就是这个"缘"并且已经将作为此"缘"的生存空间打开了的时候才可能。这个存在者在它最切近的存在中携带着这个解除遮蔽的特性。"缘"这个词意味着这个根本性的打开或解蔽状态。通过它,这个存在者(此缘在)与世界的在-缘一起,为了它本身就是这个"缘"。(第 132—133 页)

这段话以一种"生存空间"的方式讨论了缘在之缘。"缘"在德文中有空间("那里"、"这里")、时间("那时"、"于是")、关系("但是"、"因为"、"虽然")、连带("那个"、"这个")等意思。稍稍观察一下它的实际运用就可发现,它所意味的空、时、关系等比概念思维所能把握的要原本和境域化得多,介于虚实之间,依上下文和说话情境而成义。海德格尔在这段话中也就顺势利用了这个词的缘性,强调它不只是"这里"或"那里",而是在"这里"和"那里"之间的不可避免的活转,即通过朝向(zu)"那里"来理解"这里"或"自身"。由此活转而构成的"生存着的空间"是缘在本性中具有的回旋空间或"间隙",比物理空间要原本得多,与佛家讲的"能含万法"的"世人性空"之"空"(sūnyatā)[①]倒

---

① 《坛经》,第 2 品。

确有些相似之处。

这种“空间”所刻画的其实就是胡塞尔的范畴直观学说讲的那种“多出”或“超前”的存在论含义。由于缘在总是在它的去(zu)存在中获得自身之存在，所以它在根本处就带有这么一个“在投射、朝向、牵挂中达到自身”的回旋空间、发生空间或成为自身的空间。“生存着的空间”中的“生存”(existenziale)一词就意味着“在去存在中成为自身的”。(第42页)后来一些人称海德格尔的思想为“存在主义”(Existentialismus，或译为“生存主义”)，就是因为这个词的缘故。当然，海德格尔反对这种不求甚解的称号。作为一种“主义”，这个活在现场中的空间境域就被封闭掉了。

这样一个活转于“这里”(我、自身)和“那里”(世界、他人)之间的，并且是它们的源头的存在空间就是“缘”(Da)。人这种存在者从本性上无非是缘，也因此总是“携带着”一个开启的、不能被封死的空间(“能在”、“可能”、“处境”乃至“历史维度”)。缘在的超越并非形而上学的概念超越，而只能被理解为对自身的超越和对世界、对生存境域的(先行)打开。这便是“在其中本身”的含义。“中”或“之中”就意味着“缘”，或缘起而性空。这个生存着的空(间)是人生的真正中心和“情不自禁”地透露存在真意的窗口。

(2) 处身情境与怕

人既然是缘在，既然只能在“去存在”之中获得自身的存在，他就一定是从根本上被打开了的和透露着什么的存在者。所以，缘在总是发现自己已处在了(befinden sich in)某个情境之中，而且总是以非反思的方式对自身的这种实际处境有了某种了解。这种存在论境况被海德格尔称为“处身情境”(Befindlichkeit)。它在存在者状态中的体现就是“情绪”(Stimmung)或“具有情绪”(Gestimmtsein)。

不容忽视的是,在德文中,“使之具有情绪或某种心情”(“stimmen”或“gestimmt sein”)这个词同时有“给……调音”和“使之相称”的意思。我们知道,海德格尔总是尽可能地去开发语言本身的丰富内涵,尽力让语义的双关成为构造思想意境的机缘。这里,用“Stimmung”这个词就有这样的含义,即缘在的基本情绪不只是主观的,而是缘在与世界之间的那种被缘化了的、调弄好了的境域联系的流露。

“缘在总已是有情绪的”([D]as Dasein je schon gestimmt ist)。(第134页)或者,“缘在总已是被调准了的”。之所以会是这样,就是因为缘在**就是**它的缘,总有了一个自身的处境(Sichbefinden)。而它的根本的开放性(“去存在”)一定会让这缘发的处境作为情绪而显现。所以,情绪是缘在的在世处境的一个标志。正如人从来就已在世界之中并具有了生存空间一样,人作为缘在从来也不能消除一切情绪。“没情绪”(Ungestimmtheit)恰恰暴露出更本源的处身情境:对自己厌烦的情绪。并以这种方式揭示出缘在身负的一种指不出对象来的境域负担和意义负担——存在(Sein)、它存在着(Dass es ist)。(第134—135页)缘在的原本心态既不是经验论者讲的“一块白板”,也不是唯理论者讲的带有先天观念和范畴的“灵魂”或“心”,而是缘生之域象或生存空间本身的气象和意境。这样的情绪就绝不只是心理情感的,而是一种缘在的存在论现象。

这种处身情境的一个样式就是“怕”(Furcht)。海德格尔以充满了“势态”(缘分、处所、逼近、可能)的方式分析了怕的处身情境本性。怕的缘境总走在怕的对象之先。我们总是在莫名其妙地怕了之后才一边害怕着、一边弄清那可怕者。只有在自己存在的根本处具有一个处身情境,并且就认同于这个缘境的存在者才“能够去怕”。(第141页)维特根斯坦在《哲学研究》中讲:“我们说:这只狗怕它的主人会打它,但绝不会说:这只狗怕它的主人明天会打它。为什么不这么说呢?”[1]这段话也表明了“怕”对于处身情境(维特根斯坦在不完全等同的意义上称之为“生活形式”)的依赖。狗的处境总是当下的,不会进入到涉及“明天”这个时间跨度的境域中。它的这种“生活形式”就使得它对于明天的威胁怕不起来。人却总是缘于“人生几何”的时间境域而“忧思难忘”的。

海德格尔称缘在的这种总已先于任何对象地投身于缘域的状态为“在其缘中被投出状态”或“被抛出状态”(Geworfenheit)。这种与“用得称手”和“生存空间”息息相关的被投出状态也就是在世界中的缘在之缘。(第135页)海德格尔又称这种状态为缘在的“委托的实际状态”(die Faktizitaet der Ueberantwortung)。之所以用“委托”或“托付”(Ueberantworten)这个词,就是为了显示这种“实际状态”中的“越过”、“漫出”(ueber)和在去存在中“维持住”自身的凭空缘生的特性。与《老子》第41章讲的“夫唯道善**贷**且**成**”有隐约相似之处。这个“实际状态”或“实际性”所代表的解释学化了的现象学思路在海德格尔初期的思想探讨中曾起过关键作用。

(3) 领会(理解)、解释和人的各种语言活动

《存在与时间》的第31至35节涉及一般解释学(Hermeneutik)所讨论的一些问题:语言、领会(Verstehen,或译“理解”)、解释、陈述等等。“领会”的问题常常被传统的概念哲学忽视或视为当然。康德以“知识如何可能?”的方式涉及到了这个问题。施莱尔马赫(F. Schleiermacher)和狄尔泰(W. Dilthey)受到康德的影响,正面地探讨理解之所以可能的种种条件,从而开辟出了所谓“一般解释学”的

---

① L.维特根斯坦(Wittgenstein):《哲学研究》(*Philosophical Investigations*), Oxford: Basil Blackwell, 1953年,第650节,第166页。

领域。但是,他们的讨论往往受制于具体文本和理解者的主体心态,或局限于所谓"人文科学的方法论",不具备康德批判哲学那么广阔的视野和深度。简言之,就是没有达到海德格尔心目中的存在论所应具有的普遍性和原发性。(第46、209页)而我们在后文(第十一章)中可以看到,海德格尔视康德的《纯粹理性批判》(第一版)为一种基础存在论的探索,虽然并非是完全自觉和成功的。海德格尔看出,解释学所涉及的那样一种处境(Situation)可以具有基础存在论的含义,因为它要求一种先于主客(理解者和理解对象)分离的缘发构成。然而,他并不从"理解文本"这类从出性的解释学处境出发,而是以"存在的意义"及"缘在之缘性"这样的根本存在论问题为开端,以批判哲学的精华为羽翼,更根本和更完整地达到了对于"理解"和"语言"的新看法。反过来说也可以,即他赋予了解释学的处境以基础存在论的含义,从而抛弃了传统的概念型存在论的框架,建立了一种依据缘在而开展出的解释学化了的现象学存在论。(第38页)简言之,海德格尔使存在论和解释学相互改造、相互贯穿和相互构成。

因此,他对于"领会"的理解就来自于他对于缘在的本性的看法。缘在不是任何可以与它的世缘从逻辑上区别开来的主体,它向来就已经"全身心地"化入了它的世缘中;它就是它的缘或生存的可能性,也因此具有了一种对于这个世缘或这种在世处境的领会,尽管还根本不是概念的和反思的理解。所以,"理解的可能性"的问题就由于缘在的这种非逻辑主体的在缘性、前抛的"混成"性而得到了一个存在论意义上的解决。第31节的题目"作为领会的在缘"(Das Dasein als Verstehen)就是这个意思。缘在本身所具有的领会是一切后起的理解之源(缘),而这个与生俱来的领会不是别的,就是缘在之缘的一种基本存在方式和被打开的状态(Erschlossenheit)。

循着这个思路,可知人作为"在缘"的和"就是缘"的存在者天然地(但非先验逻辑地)就能领会,就属于或被投入了一个根本的解释学处境。他以前反思的方式被这处境浸透得“别无是处”,并因此而能在不知语词的实指之前,就有所领会地说着和称手地用着这些语词。不然的话,孩子就不能学会语言,或以一种比成人学习外语更原本的非语法方式来进入这个语言世界。这就是领会的“前抛”(Entwurf,或译“前瞻”、“投射”、“筹划”)本性。“在这种存在方式中,缘在**就是**它的纯粹可能性(作为可能性的可能性)。”(第145页)

这种前抛本性,表明缘在及其悟性“永远要比它事实上所是的‘更多’”。(第145页)它是“能存在”或“能是”(Seinkoennen),必然走在具体的和现成的“在何处”、“是什么”之前。但这又绝不意味着这缘在比它实际上(faktisch)所是的更多,在实际现象之后还要靠先天的范式或更高的本质来支撑。这是因为它**实际上也就是它的能在**,这生存的本能缘在就属于它的实际状况。(第145页)这就是存在的“超越”或“先验性”对于海德格尔的意义。这微妙的“超出”和“更多”是纯境域的、构成的和出自本身的,毫无概念的痕迹可循。

因此,如果我们用现象学者爱讲的“看”(Sehen)或“视”(Sicht)来理解这种领会,这种看就绝不只是“纯直观”,因为它具有一个前抛的构成视域,并非只是直接感知眼前的现成对象。这个识度将海德格尔的现象学与胡塞尔的现象学在起点处区别开来,并说明胡塞尔讲的“纯直观”的思路中还有“现成的”因素,未能充分追究这种“直观”所以可能的存在论条件。如果他能充分地发掘他的“边缘域构成”学说的终极含义,就会得出与海德格尔相似的结论。海德格尔对于康德讲的“先验想象力”的理解却非常近似于这里讲的领会,以及它在日常生活中的体现——牵挂着的“环视”(Umsicht)。

所以,并非解释(Auslegung)使我们领会和理解,而是这原本构成着的领会使得解释可能。而且,“解释并不是对领会的审阅

(Kenntnisnahme),而是将被抛入领会之中的可能性整理出来。"(第148页)解释原本并非是概念式的和注释式的,不经意的环视就已是对"世界"的解释,是对抛入领会的可能性的占有。"用得称手"的状况已有自己的视野,这就是域状的"为……的缘故"(Um-zu)。这并非因果性的"Um-zu"使被使用的东西"作为某物"(als Etwas)被非专题地显露出来,所以,像伽达默尔那样将所有解释的前提——构成域性的领会——说成是一种"偏见"或"前判断"(Vorurteil)[1]就是不通达的,因为这领会和解释的"先见"、"先占有"和"先理会"还根本不是任何判断(Urteil)或观念性的把握,也说不上让后起的判断来校正。

领会通过概念化的解释可以"上升"为(狭义的)陈述(Aussage)。具有述谓结构的陈述是解释的一种极端形式。它似乎断绝了与缘发生网络的内在联系,将原初解释所包含的域性的"作为"(als)结构转变成了"关于某某"(Worueber)的判断式的"作为"或"是什么"。许多语言学家和哲学家都视陈述为理解、解释和语言活动的原本形态,因为单个的陈述就似乎有意义和真假可言。但是,他们未能追究这原本的"意义"如何可能,总是将意义视为某种现成的现象或对象。按照海德格尔的看法,这陈述虽然表面上从因缘关系网中脱开,却只能植根于缘在领会和解释之中,以获得从任何别处得不到的原初意义和可理解性。(第158页)在这一点上,海德格尔的思想与维特根斯坦的命题意义图像说及命题意义本身的不可表达性(非现成性)的观点倒有某种可比较性,尽管维特根斯坦还未深入到缘在的境地。而且,我们可以见到,海德格尔对于"陈述"的看法与现在流行的、从根本上区分自然科学与人文科学的方法论和"解释学"倾向也不同。

---

① H.-G. 伽达默尔(Gadamer):《真理与方法》(*Truth and Method*),second edition, tr. J. Weinsheimer and D. Marshall, New York: Crossroad, 1989年。第270页。

陈述所代表的自然科学的表达方式及“解释”所显示的人文科学的表达方式都植根于缘发的领会。因此,海德格尔自30年代起,也大量讨论了现代技术和自然科学的根源问题。

除了自身情境和领会之外,在世的缘在之缘(das Da des Daseins)的另一种先于直观和概念思维的开启方式就是言谈(Rede),而言谈的被说出状态(Hinausgesprochenheit)就是语言(Sprache)。(第161页)言谈并不比处身情境和领会更少本源(缘)性,因此,首先并不是作为传达现成心态和被领会者的交流媒体而存在,而是“在世的处身情境中的领会状态[的]**自身**道出”。(第161页)正因为这缘在之缘一方面是投射在先的,另一方面又与世界相互构成,这言谈就既可以或首先是非专题的,比如诗、闲聊、双关隐喻等,又在任何情况下是内外相通和“关于某某”的。(第161—162页)以这种“缘本”的方式,海德格尔比柏拉图和任何语言哲学家都更深透地解决了语言表达式的意义问题。这问题更为尖锐地表现在了假命题的意义及“圆方”、“飞马”这样词的所指等具体问题上。“缘”的意蕴超出了符合意义上的真假、伦理的善恶和经验与先验的二分;因此,缘性语言本身就具有先于实证指谓的构意能力。

正是由于言谈的这种缘发构成和内外沟通的域性,它在根本处就总是在“听”(Hoeren)着或领会着缘生在世的声音;比如,与他人同在的“世间音”(舆论、闲言碎语、故事传说)和带有形象含义的“事态音”(行进的兵团、北风、笃笃作响的啄木鸟和劈劈啪啪的火堆),却不会首先听到内心的独白和外在的纯物理音响。而且,在这言谈境域中的沉默(Schweigen)也同样是言谈,往往能更真切地让人领会,因为它更纯粹地依附着这境域本身的开合而“谈”着。(第165页)

这样一种缘构成的语言观和领会观使我们对以前许多从未引起过哲学家们关注的现象有了全新的理解。海德格尔讨论了“闲谈”

(Gerede)、“好奇”(Neugier)和“双关”(Zweideutigkeit)。对他来讲,这些现象不只是现象学的或语言学的,而是具有存在论含义的缘在的缘构成方式。闲谈比陈述更靠近缘在之缘,因为它建构着和表达着缘在共同在世的平均的、域状的领会。流言飞语、小道消息之所以有那么大的兴风作浪(或中伤或神化)的能力,就是因为人首先不是概念理性的主体,而是被这些世缘造就成的共同缘在。人说闲话时、聊天时不在乎所说的是否可被证实或经得住逻辑的分析,要紧的是说得有板有眼、意兴盎然、神乎其神。(第 168—269 页)人领受这种闲话就像鱼领受水、抽烟者领受烟气一样地不知不觉、飘浮不定和胜任愉快。

4. 牵挂——缘在的存在

从以上几节的讨论中可以看出,海德格尔关于人的本性的“缘在”观如何改变了整个存在论讨论的模式和基本词汇。传统的唯理论或经验论的方式和相应的词汇,比如“实体”、“理念”、“心”、“物”、“主体”等等被视为现成的从出者,而缘构成的思路以及像“缘”、“在世界中”、“用得称手”、“大家共在”、“处身情境”、“领会”、“言谈”、“双关”、“好奇”这些很少或从未进入哲学讨论的词汇却占有了中心地位。一切都是以能否体现、展示缘在之缘性为转移。

这本书中有两个基本的区别:现成状态与缘构成状态的区别;以及不真正切身的状态与真正切身的状态的区别。前一个区别就是存在者与存在本身(能在)的区别的另一种表述,只是更有方法上的含义;后者从根本上讲来则属于构成态中的两种在缘方式,尽管不真态的生存方式可以被进一步平板化为现成的。所以,第一个区别是最关键的和贯串海德格尔思想的全过程的,它将海德格尔存在论思路与形形色色的观念哲学区别开来。第二个区别主要出现于他的前期著作中，特别是《存在与时间》中。

上一节中讲的那几种缘在的日常生存方式(闲话、好奇、双关等)属于一个更基本的在世形态——沉沦(Verfallen，沉溺)或被抛状态。这“沉沦”在德文中还有“陷入”、“沉溺于……之中”、“遭受”之义；按照海德格尔，它“并不表示任何(伦理的、宗教的)负面评价”，(第 175 页)而是意味着缘在与世界的相互牵挂着的和相互构成着的那样一种状态。缘性的构成不是放枪式的从无生有的创造，而必从根子上是相互的构成。在不真态的形态中，这相互的构成就首先和通常地表现为“被构成”。当然，这被构成态并非指构成的结果，而是指那被遮蔽着的构成态。

因此，这沉沦意味着缘在有根本的开放和缘发的状态。原本就没有什么标准能使我们找到一个更高级的非沉沦的现成状态。缘在总是“首先和通常地”沉陷入了、被裹进了它的世缘；血总浓于水，构成着的被构成境域(比如“家境”、“父母之恩”)总要亲于后出的相关状态(法律关系)。至于下面将讲到的缘在的真态存在，只是这种根本的牵挂和缠结状态的一种变形。(第 179 页)而且，这缘在陷入的被抛态不是一种因果意义上的被决定状态，因为它的实际根基是“能(存)在”(Seinkoennen)而非现成存在。这身不由己的被抛态中一点不少人的生存自由，而且恰恰是被这根本的自由或无观念自性的缘发而造成。在这被抛态中的沉沦出于一种本能的逃避(Flucht)，即从它的双向构成的“能在”那里逃入到一种境域的平均态中。真正的因缘论既不是创造论，也不是决定论。

以“沉沦”和“被抛态”结束了关于“在……之中”的一系列酣畅淋漓的讨论之后，海德格尔提出这样一个问题：如何揭示以上讨论的那些“存在于世界之中”(In-der-Welt-sein)的种种生存形态的整体结构,以便一针见血地理解缘在的本性?他认为,靠外在的综合达不到这种缘在的整体性,所需要的是获得一种更本源的在缘现象,它本身就以某种方式具有这被要求的结构整体性及其各个环节。这现象就是“畏惧”(Angst),一种比“怕”(Furcht)更“原”(缘)初的处身情境。

沉沦逃避自身的能存在。之所以会这样,就是因为缘在畏惧着它自己的这个能在或缘在构成。前文讲到,令人害怕的东西都有一种逼近着的势态的威吓性,而缘在之能存在的本性恰恰最具有势域的威胁性。然而,一般的怕总是在怕着或逃避着某个东西,尽管“能怕”这种缘在形态不能被归结为这被怕者。“畏”在《存在与时间》中却意指着对于**完全不确定者**的畏惧。(第186页)这种可怕之物的虚无(Nichts)化不但消除不了这让人逃避的威胁性,反倒使它变成一种更纯粹和更根本的势域威胁。这种虚无不仅去除了对现成者的关心,而且消泯了与用得称手状态相应的关系网的限制。畏不是在畏惧什么东西,亦不是畏惧一种通过关系网而会产生的结果,它“所畏惧者就是这个在世界之中”。(第187页)缘在为什么会畏惧自己的“在世界之中”呢?这是因为在世作为缘在的根本存在方式与缘在有至深的关联,但这种关联又绝无半点现成性,是一纯势态的“成为”和“被抛”,因而具有最纯粹的和最可领会的威慑性。这种不依赖对象的和纯境域的畏比前述的各种缘在方式都更原本;也就是说,它更直接和明白地揭示出了缘在的纯缘发构成的境域本性或最根本的能存在机制。因此,通过畏惧这个处身情境,我们就能把握缘在被抛在世的完整方式或牵挂的方式,并由此达到理解缘在的真态存在方式的入口。

“牵挂”(Sorge)所刻画的就是这个缘在在世的整体结构。它涉及三个维度:首先,畏惧现象表明缘在总已经与它本身的存在可能性缠结在一起,先于任何现成的自身而存在(Sich-vorweg-sein)。其次，这“先于”不是指“先验逻辑范畴”一类的现成在先，而是指被抛在世这种缘构式的在先，因而必表现为“已经存在于一个世界之中的先于自身”(Sich-vorweg-im-schon-sein-in-einer-Welt)。第三，以上两点包含的前后牵引使一种“沉沦着的在……状态里”(verfallenden Sein bei……)的处身情境不可避免。因此，牵挂的总含义就是：“作为存在于(世界内所遭遇着的存在者)的状态里的、已经在(此世界)之中的先于自身”(Sich-vorweg-schon-sein-in-(der-Welt-)als-Sein-bei(innerweltlich begegnendem Seienden))。(第 192 页)这便是“缘在之存在”(das Sein des Daseins)或“缘存在的存在”，是《存在与时间》这本书所达到的第一个对于缘在本性的整体构成结构的描述，也是海德格尔早年讲的“形式指引(显示)”方法的集中表现，具有重要的意义。

首先，说牵挂是一种“先于自身”，不仅表明缘在的只在“去存在”中去赢得自身的构成本性，而且显示出海德格尔对于康德式的“……如何可能?”的问题的一种独特的回答方式。缘在就是由它“是其可能性”的方式而使先天综合认知可能的，尽管这生存化了的可能性不能被现成化为主体性、直观形式和先验范畴。然而，这可能性又绝不只是一种“潜能”，等待“形式”赋予它现实性。相反，此生存着的、构成着的可能必然已经以境域的方式存在于一个与之缘起的世界之中了。这样，海德格尔讲的牵挂的在先性就既不同于先验唯理论，又不同于将牵挂心理化的倾向。他通过缘在(而非“主体”)要回答的确是哲学最关心的终极的存在论知识“如何可能?”的问题，其回答方式则超出了传统的先天与后天、形而上与形而下的区别，体现为一种不离世间的超越构成。

这个“存在于……状态里，已在……之中的先于自身”的结构清楚地表明“牵挂”这个词所意指的那种相互缠结、共同发生、保持在现场的存在论的原(缘)发状态。它并不受制于被牵挂的对象,相反倒是具体的牵念(Besorgen)和牵心(Fuersorge)的源头。以这种结构为存在本性的存在者才会畏惧,才能有在先的领会、语言和被抛于世的缘境,也才可能有下面将分析的缘在的诸真态生存方式。因此,牵挂虽是原初"时间"的在世形态,却不应被看作这种时间的粗糙的和低级的形态,而应被视为其根源。牵挂或缘在之缘具有最切己的和最经常的揭示性,一切可被理解的必通过它而得明白。

十、《存在与时间》(二)

1. 解释学的处境

上一章已经讲到,海德格尔认为缘在"首先和通常地"是处于混世的和失去自身的非真态之中,而且这种非真态的"与他人同在"、"被抛于世"、"沉沦"等牵挂状态也不比真态的或真正切身的状态(Eigentlichkeit)更少本源的发生和缘构性。那么,什么是这缘在的真态状态呢?为什么必须通过这种状态才能获得时间这个理解存在本身的视域呢?《存在与时间》第一章讲道,真正切身的或切己的状态意味着缘在"赢得自身"和"占有自身"的形态。但关键在于,这"自身"对于海德格尔已不是任何现成者,以致可以作为一个"什么"去赢得,或通过任何非缘境的理性原则,比如灵魂的实体性、意识的同一性和身体的连续性而得到确认。唯一可能的赢得途径只能是:从构成方式的调整中得到某种自身定准,以区别于在世间境域中随波逐流的缘在形态。

按照海德格尔,这种构成方式的改变就意味着"将缘在作为一个整体置入先有(Vorhabe)之中",并因此而揭示出"这个存在者的整个能在(Ganzseinkoennen)"。(第 233 页)这一点也恰是古希腊思想和胡塞尔的现象学未能做到的。将缘在全体置入先有,就最充分地暴露出缘在的无任何现成前提的自构成本性,进入了处理终极问题所需要的那样一种状态。在这种情况下,缘在就不再被"人们"所左右，而是在“畏惧”、“朝死”、“良知”、“决断”等存在方式中使这缘境收敛叠加为一个更纯粹和切己的领会势态。

海德格尔称这样一个不仅取消了所有前提的实体性，而且去掉了它们的散漫和依他性的局面为“解释学的处境”或“解释学的形势”(hermeneutische Situation)。当一个人去解释一本经典，比如《圣经》或法典时，他必已“先有”了某种依据，比如经典文本和有关的参考文献；也有了某种“前视”(Vorsight)和“先念”(Vorgriff)。但是，如果将这些前提和条件，包括文本作者自己的意见视为现成的，它们之间的关系就是散漫的，甚至是互相矛盾的；因此也就无法消融主观与客观、解释者与解释对象、现在与过去之间的差距，一个非任意的和有自身定准的成功理解便达不到。所以，这解释学的形势就要求将所有的前提和依据置入非现成的先有之中。[①] 这样，如果一个整体的理解毕竟发生了的话，它就必是具有自身的开启和维持机制的领会。一个成功的解释，即不仅前后一致而且具有前后牵挂着的揭示情境的解释，也就达到了。

这就是哲学的根本问题所面临的那种局面。它并不否认，反而要求有前提，只是这前提条件一定要构成化，不能像概念原则或经验事实那样是现成的。海德格尔讨论的所有缘在的真态形态都旨在更完全和彻底地达到这样一个解释学的处境或人生实际状态所要求的缘发境域显示，以便揭示出在《存在与时间》中被认为是最纯粹的构成境域——时间。

---

① 这一点与胡塞尔的“放入括弧之中”的现象学还原法不能说没有形式上的某种类似，但其上下文的含义和后果是很不同的。海德格尔的解释学方式更彻底、更缘发、更不依靠形式上的训练。

2. 朝向死亡存在的存在论含义

如何才能“将缘在作为一个整体置入先有之中”呢？首先，缘在在什么意义上是“一个整体”？从自然现象上看，一个人的全部一生意味着他从出生到死亡的经历。所以，缘在的死亡似乎提供了一个时间上的终极(Ende)。但问题恰恰在于，一旦缘在达到了这死亡，它就不再是缘在而是一个普通的存在者(尸体)了。这样的一个从生到死的整体只能是人类学家、历史学家、医学家们关心的对象，提供不了解决哲学的终极问题所需要的那样一个解释学的形势。只有当缘在就在活着的或生存着的时候达到了死亡，这解释学的形势才会出现。这种“活着经历死亡的可能性”可被视为“先天综合判断的可能性”的进一步深化和存在论化，它所要求的答案不(只)是神学的，也不是概念辩证法的，而是此岸世界的和现象学的。

这种可能性恰恰存在于缘在的本性之中。如果缘在被视为“主体”，那么这种“经历死亡(悬欠着的整体)的可能性”就不会活生生地存在着。只有其本性就是在非现成的生存(去存在)之中获得自身的存在者才能“先行到”死亡之中。前文讲到，这缘在的本性是“牵挂”，即“存在于……状态里、已在……之中的先于[现成]自身”。这说明缘在与那能创造可能性的神和只能面对还未实现的可能性的现成存在者都不同，它牵挂着的方式**就是**它的可能性，“它的‘还未’(Noch-nicht)就**属于**它”。(第243页)海德格尔称这种缘在方式为“朝向死亡的存在”(das Sein zum Tode)。所以，缘在的生存与一颗种子的发展成熟而完成(产生新的种子)不一样，它不用等到发展的尽头才死亡；它从生存于世那一刻起就活在死亡这个最不可避免的可能性或缘分之中，尽管不真态的生存形态以各种方式躲避、掩饰和淡化这个人生中最大的“无常”。在这一点上,海德格尔的有限缘起的人与黑格尔的无限发展的精神主体的区别特别明显。“可能性”对于黑格尔及亚里士多德也并不完全抽象,而是具有目的论的规定性。然而,对于海德格尔,缘在的可能性不是那还等待着实现的目的,而就是最具构成力的实际状态(Faktizitaet)。

因此,海德格尔讲的死亡主要不是指生物学意义上的死亡。从古至今,宗教、神话、形而上学、方术等都力图超越这种死亡。他讲的死亡是指人这种存在者的根本的有限性或终极性,以及由这种有限而产生的一系列与人生在世相适应的思想问题(神不需要思想),即那逼着人非以构成的和牵挂的方式去回答不可的终极可能性的问题,比如“存在的意义”、“先天综合判断如何可能”、“善的意义”等等。如果这死亡是“有漏的”,即可以以某种方式穿越过去的,这些问题就或者不再是终极的,或者能以现成者的存在方式来回答了。对于海德格尔,这死亡是缘生于世的人绝对不能超过的,并因而是缘在最切身的(eigenst)或“总属于我的”(jemeinnig)可能性。这种切身性将缘在从与人们同在的各种散漫关系中拉了回来。在死亡面前,任何社会关系和社会地位都失效。这样理解的死亡既是缘在在世所朝向(zu)的终结,并因此而规定着缘在的整体;又以这种悬临着的终结剥去了一切不足以回答终极问题的“关系”,将缘在揭示为切身的先行存在。于是,缘在之缘被这种朝死的存在暴露为一个有限在世的但又不能还原为任何现成存在者及其关系的纯境域构成,海德格尔称之为缘在的最切己的“能存在”或“能在”。这就是真正切身的或切己的解释学形势所要求的存在方式。前文所讲到的那种被缘在所“畏惧”的生存情境实际上就是这朝向死亡的在缘形势所逼出的。(第251页)以这种方式,这最切己的、非关系的和无法超过的死亡使缘在作为一个整体被置入了先有之中。

对死亡的分析及下面将讨论的对良知的分析是《存在与时间》一书的高潮。它以特别清晰和令人可领会的方式把这本书前面的几乎所有重要论述推向了最逼真空灵的境地，是海德格尔解释学化了的现象学的存在论分析中闪烁着最纯粹的思想光辉的两章。为什么只有通过缘在，而非主客体才能理解存在本身的意义；缘在为什么只能在“去(zu)在”中才有自身，也总已经以某种方式有了这切己的自身；《康德书》中强调的人的有限性为什么一定会逼出缘在及其牵挂(先验想象)的构成域；为什么真态的或切己的缘在形态一定要“在世界之中”；而非真态的在世又势必以这真正切己的缘构为前提；为什么构成性、生存性、用得称手的了解方式对于人这样的缘在而言永远先于现成性、概念规定性和主客分离的认知方式；为什么缘在总有一种似乎悬空前行的领会能力，使它害怕与自身独处，并能以融于“人们”的闲谈好奇和模棱两可的方式来打发这天生的悟性(死亡的来临是确切的，但死亡到来的具体日期则是模糊的)；为什么缘在的本性必是前挂后牵的等等；所有这些问题通过对死亡的现象学分析获得了通观全局的可理解性。而且，它表明，非实体的、非现成的有限生存形态才真正具有存在论的含义，而缠结牵挂的人生在世才是真正无前提的思想根据。海德格尔的死亡分析之所以能使那许多悬空的思路(比如“悬欠着的整体”、“先行着的已经”等等)得到直接的可理解性，就是因为这旨在回答终极问题的分析一直依凭着缘在在世的形态。“死亡”和“良知”对于人来讲是活生生的终极，具有生存本身的严格性和切身的揭示力。这正是海德格尔心目中“现象”和“现象学”的本义。如果缺少这样一个意义机制或“几象”(Schema)，所能传达的最多也只是“不可能的可能性”(第250页)这样干扰硬折而少构成意境的话头。自古以来，不知多少圣贤从对死亡的沉思中悟到生存的最终意义，而不只是克服了对死亡的恐惧。这种开悟不会仅仅来自宇宙论的、伦理学的和形而上学的论证，或“生死相依”、“人终有一死”、“精神之我不死”这类缺少意境的表达，而只会像孔子、庄子和释迦牟尼那样，从人的缘生境况中得到领会终极问题的关键。

3. 良知与决断

如果缘在确是一个朝向死亡的存在，或就是它的可能性的话，这种纯构成的真自身应该在缘在的在世中有所体现。这就是“良知”(Gewissen，良心，天良)现象。海德格尔将其视为一种非现成的证明，即对于缘在的“能自身存在”的证明；这种切身的能在就是由上面所分析的“朝死的存在”所揭示的。

“良知的声音”或“天良发现”的现象自古以来就引起过不少思想家的关注和争论。神秘主义者、先验主义者、精神实在论者一般都肯定它的真实性；而概念理性主义者、经验主义者和唯物论者则倾向于将它还原为或解释为另一些“更真实”的过程的表现。在肯定良知现象的真实性的人中间，又有两种不同的解释方式。一种认为良知是某种异己的、超人的力量或存在者(比如神)与人沟通的渠道；另一种则认为良知只与人本身相关，比如康德和孟子。海德格尔的立场与最后这种观点比较相近，但亦有极重大的不同。这种观点往往将良知解释为一种道德的声音或本能，没有去追究人的超道德伦理的缘在方式与良知的关联，因而在存在论上是无根的。对于海德格尔，良知所体现的比道德活动和任何一种心灵能力(比如知、情、意)的活动都要更原本。

他认为良知是一种“呼唤”(Ruf)。与“人们”之间的“闲话”不同，此呼唤不嘈杂、不“含糊两可”，也不引起“好奇”；并且，它不依赖物理的声音，也不传达任何具体的信息，比如像道德戒律或绝对命令那样的东西。然而，这呼声清楚明白，有确定的指向，是缘在能够本然领会的。这呼声并不出自超人的力量或"世界良知"，而就来自缘在自己。而且，被这呼声所呼唤者也还是同一个缘在。**"此缘在在良知中呼唤它自己本身。"**（第 275 页）这如何可能呢？难道我的左手能在真实的意义上给我的右手一份礼物，或者我能真正"呼唤"自己而非仅仅进行"内心独白"吗？如果缘在是一个非境域构成的主体，这当然是不可能的。但缘在却从根本上超出了任何一种主体和实体，只在"去（存）在"的前抛、后牵、中挂中得到和维持住自身。因此，这缘在的根底处有一构成的跨度和异化（沉沦被抛）的可能。缘在的"自己本身"（sich selbst）并非任何现成者，而只是一个去构成自身的纯势态——能在或能存在。缘在的实际自身却首先和通常地是被抛于世的、难于自拔的沉沦状态，"忘记了"自己的能在真身。所以，这呼唤者乃能在的缘在，这被呼唤者乃是同一个能在的，但已被托付给了某种实际状态的缘在。这呼唤就是缘在纯构成的和不安本分的（unheimlich，可怕的，离奇的）能在本性的不甘沉沦的呼叫，要将它本身从耽于某个既成状况中唤回。（俄狄浦斯王和冉阿让的命运都被这种唤回塑成。）一句话，良知现象之所以可能，就是因为缘在的本性是"牵挂"而非主体。（第 277—278 页）因此，良知现象"证明"缘在确是"能自身存在"者。

既然良知的呼唤出自于缘在而又听之于缘在，此呼唤不必凭借声音而传播，"无言"或"静默"倒是最强的呼声。又因为此呼唤是呼向缘在的能在本性，它虽然没有具体的现成内容，也不就是道德上的"不"（否定、斥责、示警），但却有最明确的方向和原初的可领会性。它所表达的是一种更本源的"不"或"无"（Nichtigkeit），即缘在的牵挂本身所具有的那种非现成的、不安本分的生存状态。总在去在的投射（Entwurf）中获得自我的解释学形势从根子上就带有"不"和

"无"。良知把这种根本的不现成或无的状态告诉缘在,说道:"(你)欠债!"或"(你)有罪责!"缘在并不需要在道德上犯了什么具体过失(比如亚当偷吃禁果)才欠债或负有罪责(schuldig)。作为实际生存着的缘在,它就已经是有债责的。首先,它参与了自身的构成,对自己的实际处境负有责任;其次,它并不完全局限于任何实际处境,而是从根底处悬欠着、有待进一步构成。这种存在论意义上的有债责境况是一切道德善恶(自由选择)之所以可能的根据,但又比它们更本源。

这里的一个要点就是要看到良知是一个存在论或本体论的现象,绝不应把它的不现成的"无"态染上道德的、心理的、社会的色调。当然,它所呼唤的并非是完全透明的虚无状态,因为这呼唤毕竟传达了"欠债"这样的含义;只是,这种含义的"色"调就如天空的蔚蓝,乃凭"空"构成之色,或缘域的本色,非寻常等闲之可染可净之色罢了。它本身并非道德而是道德之源;而且它不局限于发声的言语而为语言之源。正如前文讨论领会、解释、言说、倾听及语言时讲到的,缘在的缘起生存本性使得它天然就有非现成的领会和语言能力;而最真切最极端的语言和领会现象就在良知的本然呼唤和被领会之中。

正因为此良知呼唤是如此地原本发生,领会这种呼声与"实行"它就很难分开。领会良知呼唤就意味着让自己被良知唤出沉沦的"同在"状态而投射到自身的能在上去。"缘在以领会着[良知]呼唤的方式**听从于它最切己的生存可能性**。它[就这样]选择了它自身。"(第287页)这种"选择自身"并非一个主体面对数个可能性的选择,因为这选择恰恰是在构成自身。在这种极端的、解释学的形势下,"选择"与"听从"(hoerig sein)已相互交缠。让自己自发地依从自身的能在就是选择了"有良知",即选择了真正切己的生存领会状态。因此,"**领会呼唤就意味着:要有良知**(*Gwissen-haben-wollen*)"。

(第 288 页)“要有良知”比任何发自一个主体的意愿和意志(比如尼采讲的“力量意愿”或“权力意志”)都要原本得多,只能被理解为缘在的最根本能在的打开状态(Erschlossenheit),即向自己的能在的敞开态,也因此是一种真正切身的状态。

用“打开”、“开启”、“开口”(比如“alētheia”、“ Offen”等等)这样的词来表示最根本的领会、真理、本真态和缘构发生是海德格尔“行话”的一大特色。如前面所讲到的,这种表达方式始于他对现象学的解释学理解(“形式显示”)。但它的深层理由、不可避免性和某种片面性在《存在与时间》之中,尤其是在关于“良知”和“决断”的讨论中才展示得最充分和微妙。到了“缘在选择自身”、“向自己最根本的能在的投射”这种缠结缘发的境地,尤其是还要与也是缘构成的(但缺少能在的叠加收敛势态的)非真态状态区别开来,再使用“主体”、“客体”、“意志”,甚至单纯的“选择”、“服从”这些预设了某种现成前提的词语就都不达意了。纯思想在这里被迫放弃任何涉及“什么”的词,而只能用纯势态显示的词语,比如“遮蔽”、“打开”、“先行”、“悬欠”、“能”、“朝向”、“循环”等等。这表明探索已经进入了真正严格的、首尾相接(整体)的存在论的纯显现境地,传统形而上学的拖泥带水的杂质被较彻底地挤净。海德格尔之所以在关键处总要借助某种“边缘”现象(在这一点上他与雅斯贝尔斯相同),比如“畏惧”、“牵挂”、“死”、“决断”来揭示缘构存在的含义,绝不只是个人的癖好,而是势有必至、理有固然的“选择”。任何一门有根基的学术或一种精神活动,不管它是人文学科、物理学、数学,还是文学、诗、音乐、绘画,当它达到能自立的“纯青”境界时,在其核心处都有这样一种纯显示和自维持(往往被不恰当地说成“形式化”、“公理化”、“系统化”、“操作化”、“技巧化”)。而且,越是追究其前提,这种特性就越清楚地显现出来。中国古代思想在某个重要意义上对这种终极的纯构成性具有特殊的敏感。"开合"、"阴阳"、"反身而诚"、"恍惚"、"中道"等等,都应该被理解为这个终极境地所要求的、有着缘发几微的纯显现方式。不然的话就无味了。

当然,海德格尔在这里讲的"要有良知"的打开状态也并不是不会被人误解。如果认为这种"打开态"是像打开一只盒子、罐子那样的开启就失去了它的缘构本义,好像真理与遮蔽(不真)是两种从根底处分得开的状态。这样就失去了缘在之"能在"的缘发生(Ereignis)含义。能在的存在方式先于任何真假分离,而且是使这种分离可能者。这一情况使得海德格尔在《存在与时间》中时而讲缘在的真态使它的不真态可能,人从根本上就在真理之中;时而又讲缘在的不真态一点也不比缘真态更少本源性,后者只是前者的变式。从"论真理的本性"(1930 年)开始,他就直接强调打开状态与遮蔽状态不可分了。

这种"要有良知"的"打开遮蔽状态"(Er-schlossenheit)的最突出的一种形态就是"充分去掉遮蔽(关闭)状态"或"决断状态"(Entschlossenheit)。"Entschlossenheit"在德文中的意思是"(做出了决定的)坚决状态",相应的动词是"entschliessen",意为"做出决定"。但海德格尔在这里有意地将它作为"打开(Er)－遮蔽状态(schlossenheit)"这个词的一个变式:"充分去掉(Ent)－遮蔽状态(schlossenheit)";但亦取它的"做出了决定"的相关义。译为中文的"决断"似乎有失掉"去掉遮蔽"之义的危险。所幸"决断"中的"断"字也有"断开"的衍义,因而稍有补偿。

海德格尔的"决断"不是反理性主义的、无存在论根基的抉择或"向深渊的一跃"。基于以上"领会"、"朝死存在"、"良知"的铺垫,这决断应被视为理性理解终极问题的最原本的自身构成状态的一种方式。更具体地讲,要有良知就意味着缘在向自身能在敞开的状态;它使前面讲到的在能存在面前的“畏惧”可能。而且，良知是在僻静中的呼唤，并被领会或投射为自身的“缘－罪”。所以，海德格尔写道：“我们称这种被凸现出来的、通过良知而在缘在自身中证明了的、真正切身的打开状态——**僻静的、准备好去畏惧的、向着最切己的债责存在的自身投射**——为**决断**。”(第 296—297 页)

这样的决断绝非使缘在与世隔绝，另寻一块净土。它倒恰恰意味着缘在向着世界的更充分的开放，将自身完全投入最切身的“双重叠加”的能在状态，即以能在的姿态而能在着，因而能自由地面对此世界。(第 298 页)这也就是说，缘在的真正切身的存在也同样在缘，同样融于世间境域，只是它这时的缘构境域并不发散到“人们”及种种混世的方式之中，而是具有自身缘构(Er-eignis)的特点。在这种情况下，此缘在之缘(Da)被决断打开为“处境”。这是被双重地充分打开，并因而在极端或终极情况下也不溃散的缘发境域，已经达到了“理解存在的视域”的边缘。“人们”只知道追随一般的环境或情境(Lage)，(第 300 页)进不到或把持不住这种纯粹的在世处境或解释学处境。

4. 时间性——牵挂的存在论意义

从以上的分析可以看出，缘在的决断(要有良知)与朝死存在有着内在的关联。两者所显示的都是缘在所处的一种极端状况，即必须面对自身和自身的能在本性的状况。一切现成的关系和存在在这里都失效。只是，朝死的存在以缘在的非现成的终点(死)为抛投支点，逼出先行的能在构成机制；而决断则以良知的呼唤和领会为见证，揭示了要有良知中的能在的构成态，即充分打开和去掉遮蔽的状态。可见，缘在的先行能在也一定是一种充分的打开状态，而它的充分展开态也一定是先行着的,如果这“先行着的”意味着先于一切现成性的缘构成的话。所以,海德格尔在引出时间构成域之前所需要的最后一个能言概念语言所不能言者的纯现象就是这两个状态的交叠共振:先行着的决断(vorlaufende Entschlossenheit)。(第301—310页)以此,他更鲜明地揭示出“朝死存在”与“要有良知”中已经鼓荡着的思路,即在朝向死亡终极的先行构成中,决断才能最充分和最无任意性地开示出了缘在的能在本性,具有任何别种认知,包括科学认知所不可能有的最切身的严格性。这似乎很符合这样一个人类的直觉,即只有在死亡面前的决断才最正确地暴露一个人的本性。“人之将死,其言也善。”但这个现象必须被“翻译”成前面一再阐释的海德格尔用语所含有的纯构成方式的思路,才能有助于存在问题的解决。所以,可以这样来理解,只有在蔑视一切现成意义的死亡面前仍能牵挂开示者方是真正切身的、“自身存在着的”纯能在或纯构成;先行着的能存在就意味着皈依自己能在本性的决断和自由。①

这样理解的朝向死亡、决断和能在与传统形而上学所讲的“实体”(ousia)、“理式”(eidos)、“终极目的”(telos)、“逻各斯”等等所意指者有深刻的关联;但是,海德格尔的讨论已超出了概念抽象的范围,有一个传统形而上学中所没有的在世缘中发生的意义机制或牵挂机制,而这正是最关键的。先行决断最充分地显示出牵挂的结构:“存在于……状态里、已在……之中的先于自身”。这种结构之所以不是逻辑意义上的恶性循环,是因为它的根子是缘-在而非任何观

① 当然,反过来说也是必要的,即只有能开启人对于自己牵挂本性的领会的死亡才是纯能在的显现,偶然的死、害怕着的死、牵挂着现成者的死、无肉体痛苦的安乐死等等,都不能算是真正切身的和先行着的死亡。这一点海德格尔未加讨论。他似乎赋予了个体肉身死亡以过多的存在论意义。印度人,特别是佛家对于不切己死亡的可能和含义更敏感,所以有轮回(不真态的死亡)和涅槃(真态的死亡)的区别。

念实体。缘在只在其去(存)在中才获得自身,而且总已在它的去在中获得了(切身或不切身的)"我"。这就是一切"循环"、相互牵挂和先行构成的根源。其实,从缘在或在缘开始,现象学的探讨就已经进入了非现成的构成态,与传统的哲学研究貌合神离。也就是说,它们关注的问题虽然基本相同,但路子却大不一样了。

从这种缘在的角度看来,这牵挂的结构是一种有发生力的解释学的循环。而且,由于这个循环,构成了一种自身保持性或自我持恒性(Selbst-staendigkeit)。"牵挂"就是不断,所以有连续和持恒;但它又无任何实体来使这持恒现成化,所以又无常而必须自缘自构。萨特批评海德格尔的缘在失掉了"自我意识"这一维,因而变成了"像物一样的、盲目的在自身之中"。[①] 他没有看到,海德格尔的缘在分析,特别是达到了先行决断这一步的分析,已经比前人的自我分析远为微妙地揭示了"自我"(包括意识的自我)的那些有活力的存在论特性,同时滤掉了传统自我意识观中的"内在的"、私有的、心理的和现成的东西,因为它们对于解决哲学的根本问题毫无用处。佛家禅宗能够又讲缘起(无常,无我),又讲自性;这一境界海德格尔已从思想角度达到了。

在《存在与时间》这本书中,"先行的决断"的重要性还在于,它以最明确的方式打开了**"时间性"**(Zeitlichkeit)的境域。按照海德格尔的想法,这种时间性的揭示从根本上改变了讨论存在问题的格局。**先行的**决断意味着一种朝着纯生存势态的存在方式,即在最切身的、最独特的能在投射之中成就自身的存在。这之所以可能,就是因为缘在是一种只在处境中得自性的存在者。也就是说,缘在从根本上

---

① J.-P.萨特(Sartre):《存在与虚无》(*Being and Nothingness*), tr. H. E. Barnes, Washington Square Press, 1956年,第二部分,第一章,第一节,第120页。

就能够在其生存可能性中逼临或来到自身(auf sich *zu*kommen),并且在这种"让自身逼临到自身"(Sich-auf-sich-*zu*kommenlassen)的缘构势态中经受住、保持住这种作为可能性的可能性,而不让它坠落为现成的现实性或等待实现的可能性。这最根本和最凭空自构的"去"(zu,朝、向、到……去)型的自缘态即是**"将来"**(*Zu*-kunft)这个本源现象。(第 325 页)对于海德格尔,这是《存在与时间》这本书中最终极,也最灵虚可悟的一个现象;朝死的存在和决断的先行都是因它而可能,而缘在之所以可以在它最切身的能在中**来到**自身,也就是靠的这个将来(Zu-kunft)中的"去"(Zu)着的"来"(Kunft)。(第 325 页)关于它的思考已出现在海德格尔 20 年代初的"宗教现象学引论"的课中。在那里他将保罗讲的基督再临的时间(kairos)解释为这种纯朝向势态的构成。

但是,正如牵挂结构所显示的,先于任何现成自身的将来从根本处就牵引着"已在……之中"。可以在其可能性中来到自身的存在者就一定是有债责的、在悬欠中达到整体自身的在缘者。缘在在先行的决断中领会这种债责,也就意味着它决心承受此缘构宿债,决心作为一切被投抛于世(Geworfenheit)的根据而存在。而被投抛于世的存在方式之所以可能,就是因为缘在的将来着的存在能够就是它最切身的"已是"(Gewesen,或译"已在")。"此缘在在真正切身的将来中**已经**真正切身地**是(在)着**"(Eigentlich zukuenftig *ist* das Dasein eigentlich *gewesen*)。(第 326 页)而此缘在能够真正切身地已经存在着,也正是因为它是将来的。

再者,这先行的决断将缘在之缘充分地打开为当时的处境,从而让缘在无阻碍地遭遇到境域中的在场者和用得称手者。这之所以可能,是由于缘在的当前化(Gegenwaertigen)的缘故。"只有在当前化的意义上作为**当前**(Gegenwart),此决断才能够是它所是者:让它

在行动中把握的东西被无阻碍地遭遇到。”(第326页)

这样,先行的决断就开显出“将来”、“已在”和“当前”这三个时相;缘在在历尽人世幻境、死亡的熬炼、良知的发现和决断的开悟之后,终于找出了自己的真身所在:**时间性**。海德格尔这样写道:“以将来的方式回到自身上来,此决断在当前化中将自身带入处境。这个已在源于将来;这也就是说,这个已在的(说得更准确些就是:已经存在着的)将来从自身中释放出此当前。我们称这样一个统一的现象——已在着的和当前化着的将来——为**时间性**。”(第326页)它就是切身的牵挂所具有的真正含义,与以上所讲的一切有着千丝万缕的联系。缘在说到底就是这样一种纯缘构着的时间境域。

5. 海德格尔时间性的特点

海德格尔揭示出的时间性反映着他的存在观和思想方式。尽管它与亚里士多德的、胡塞尔的,特别是康德的时间观有一定关系,但很明显,这是一种在人类的思想史上还从未被达到过的极其新颖,并具有丰厚的思想力度的时间观和存在观。以上之所以花了如此大量的篇幅一层层地显露出,而非简单地介绍或定义出这时间性,就是因为,它如不从一次次的关于缘在的现象学分析中、在词根和词头的相互映射中吸入纯构成的,但又是切己的思想气韵,在显身时就根本无法被人理解。形象地说,这时间性的思路好比一条凌空飞舞的游龙,只能在缘在的各种生存形态的托浮中才会“得其云而神其灵矣”。以下所做的只是对它的特点做一些扼要的分析。

第一,这不是一种通过任何直观和概念思辨所能达到的时间,而是由缘在之缘(《康德书》中讲的“先验的想象力”和“几象”)的境域舒卷而构成。但这并不意味着它是主观的或只与人的主体性相关。以上的讨论已表明，牵挂着的缘在从根本上超出了或溢出了主体性，因为它的存在已不是现成的了。在它的去在中必有世界、他人和揭蔽之真。尽管如此，如果撇开人的缘在之缘而直接从物理世界和社团世界入手，却不可能达到这真正切己的时间构成态。因此，这时间既非物时亦非心时，而是缘时。它依凭一个本缘的意义机制而成就，无法还原为任何别的东西。

因此，也就是第二点，这时间不像传统的物理时间那样是匀质流逝的、无法止住的和无限的，也不像心时那样有着主观的现成边界，而是一有限而无界的牵挂境域。它的界限就如同“自己的死亡”一样无法被现成化，但却活生生地构成着、塑造着人生世界。

第三，这并非匀质的和有限的时间有自己的趋向，即以三时相中的**将来**为重心或“龙头”。如前所云，这将来不只是指“还未来到”，而是那让缘在自身到来的、无法现成化的能在。此龙头一摆，身尾盘舞。“异哉！其所凭依，乃其所自为也。”[①]之所以是将来而非当前是时间的首要意义，就是因为这作为能在而统领已在和当前的将来最鲜明地体现出了缘在的非现成的缘构本性。在这一点上，海德格尔的看法不同于他之前的所有时间观。

第四，这将来从根本上就与已在和当前相互牵挂而构成一个不可截分的“统一现象”。每个时相都必须在“出离自身”(Ausser-sich)而与其他时相的相勾连之途中而获得自己的意义。所以，在海德格尔的充满“形式(境域)指引”的表述中，介词、副词而非名词、动词，以及词根、词头的相互照应，具有最微妙的构成含义。他这样写道：

将来、已在、当前表示这样一些现象上的特点：“去朝向自

① 韩愈：“杂说一”。《韩愈选集》，孙昌武选注，上海古籍出版社，1996年，第249页。

> 身”(Auf-sich-zu)、“回到”(Zurueck auf)和“让与……遭遇”(Begegnenlassen von)。“去……”、“到……”、“与……”这些现象将时间性作为彻头彻尾的 *ekstatikon*(位移、站出去)而公开出来。**时间性就是这种原本的在自身之中并为了自身地“出离自身”**。因此,我们称将来、已在、当前这些已被刻画的现象为时间性的诸“**出(神)态**”或“**逸出态**”(*Ekstasen*)。此时间性并非先是一存在者[然后]才从自身里走出来;情况倒是:它的本性就是在诸逸出态的协调统一中的时机化(Zeitigung)。(第 329 页)

由于时间的非实体性和非主体性,它不能不在它的逸出态中而非任何现成状态中达到自身和维持住自身,并在“时机化”或“时机成熟”中具体地表现自身。

第五,这种纯构成的、不受任何更高或更低原则操纵的时间不会被超越或“扬弃”(aufgehoben),因为它无现成性可被超越,反倒是使一切领会可能的缘构终极。实际上,在海德格尔心目中,时间是人们看待存在论问题的最基本和逃避不了的视域。它既不能通过空间关系,又不能通过概念范畴而得到理解;反过来讲,即空间与概念必须通过时间而得到领会,倒是正确的。领会最终是一个时机成熟或时机化的问题。

第六,这样的原本时间并非一种特殊的容器,或直观的先天形式,让万物在其中与之一起流逝。它也无法像物理时间或日常时间那样被天体的或钟表的循环运动测量,尽管在它自身里面确有“解释学循环”那样构成着和保持着的机制。这原本的时间性是一切日常时间、世界时间(Weltzeit)、庸俗时间(vulgaeren Zeit)的源头。人们在世的牵念活动,不管直接说出的或隐含着的,都具有时间和时间跨度,其中“当前化”是最突出的时机化方式。当人们专注于这些活动并用称手的东西(日夜,钟表)度量这些时间跨度时,就进入了“在时间之中”的、被公开了的“**世界时间**状态”,时间本身的朝向将来的牵挂境域就消隐了。当这种还是非专题的、前概念的缘在在世的时间形态被进一步削平,就变成了从未来流到过去的一系列现成的“现在”(Jetzt)时刻的序列,世界时间就被**庸俗时间**代替了。以当前化为特征的世界时间本身还具有意旨性和可定时性。庸俗时间则失去了这种与用得称手状态相牵连的意谓和指向,只能面对由一个个干巴巴的“现在”组成的序列。所以它就找不到任何还有自身意义的时间起点和终点。这种无根无几的时间就只能是无始无终的或无限的。“人们”就依据这种无决断、无终始的现在序列而不死。这种时间也因此具有了一种被削平了的“客观”性,既属于每个人,又不属于任何人。但是,即便如此平板化的现成时间也以某种扭曲的方式体现着原初时间性的特性。(第 424 页)正因为原初时间是有朝向的,即朝向非现成的将来,这公共的和庸俗的时间流向才是不可逆转的,尽管这不可逆性已经抽缩为一种无可奈何的流逝了。

第七,原本的时间性在根本处有一个由三维逸出态(Ekstase)相互缘构而成的时间跨度,并且从来就以当前化着的和朝向将来的方式而已在(Gewesen)着。这就是说,时间性必然体现为历史性(Geschichtlichkeit),以时间为本性的缘在从根本上就是历史性地生存着。但这种缘构成的历史性与一般人常讲的“用历史观点看问题”很不同。后者相应于世界时间的“在时间内的状态”和庸俗时间的平板状态,并遵循它们而编写出“世界历史”和各类编年史。按照海德格尔,缘在并非由于总“在历史之中”而是时间性的,而是应该倒过来,由于它本来就是缘构时性的,它才历史性地生存。(第 376 页)狄尔泰的生命哲学的积极意义,如约克伯爵所说,就在于它力图“去领会历史性”本身,(第 398 页)尽管对于这历史性的存在论根据——时间性——还说不上有什么真正的认识。

第八,缘构时间与西方哲学的"存在"问题直接相通。这表明海德格尔所理解的存在既不是一种抽象存在,比如"理式"、"实体"、"主体"这些据说已超出了时间的存在,又不是任何"在时间之内"的个别存在。它们都还是现成的存在,是缘构的结果;本身都显示不出存在本身的那种在缘构发生中获得自身的本性。只有在这作为缘在之缘的时间性中,存在本身方进入了领会的视野。另一方面,这与存在本身直接相关的时间也就不可能只是哪一种存在者的存在形式,而必是最根本的"周行而不殆,可以为天下母"者。

但是,值得注意的是,在揭示出这理解存在的时间视野之后,海德格尔没有马上通过它去直接讨论存在本身的意义,而是掉过头去分析第一分部中的那些缘在的日常生存形态的时机化方式。所以,直到我们目前所看到的《存在与时间》的末尾,"存在的意义"这个最重要的问题并没有得到直接的回答,以致一些人据此而认为此书是一个失败。下面我们将看到,这种说法失之笼统。其实,海德格尔是个典型的信奉"反者,道之动"的思想家,总要在"转向"和"重复"中显示用直接的陈述难于表达的意思。看来,他是计划在此书的第一部分的第三分部,即"时间与存在"中达到存在意义的充分暴露。出于种种原因,他未正式写完这一分部和整个第二部分。但是,他后来也以某种方式对之做出了交代。在《朝向思想的实情》一书中就有"时间与存在"一文(1962 年)。虽然它的篇幅与"第三分部"所要求的相去甚远,但这标题的相同绝不是耦合,因为他在此文中,通过"时间"与"存在"的"反转"讨论和回答了存在的根本意义的问题。这也就是下一章第三节要讲到的"自身的缘构发生"(Ereignis)的思想。

6. 对《存在与时间》的总体估价与“时间性的退化现象”

如何看待《存在与时间》在海德格尔整个思想中的地位关系到对他的基本思想方式的理解;而如何看待这本书的**内部区别**则关系到对他思想特色的深层理解。这本书有前后两个分部,以“时间结构的揭示”(第65节)为界,则可分为两个部分。我们看到,此书第一分部写得极为精彩,原创思路层出不穷,分析贴切紧凑;对于传统哲学的重大问题,比如主体、客体、认知、语言、真理等等,有令人耳目一新的看法,且有深远的哲学含义。第二分部中的头三章,即关于死亡、良知、决断、时间的分析,也是极为出色的;尤其是对死亡和良知的生存现象学分析,达到了纯思想与人的根本生存情境的相互渗透交融,可以视为这本书的一个高峰。而且,这些思路在20年代前期已经以某种形式出现在他的讲课和演讲的手稿中,有着深厚的思想基础。但是,从第66节开始,我们看到的一个相当生硬的“反转”或“重演”,即回过头来,用时间性结构来确定在第一分部中讨论的那些缘在生存的时机化样式。这种重新解释相当乏味和外在化,没有什么真实的思想含义,似乎完全是出于形式上的考虑。最后两章讨论历史性和庸俗时间的起源,尽管本身是很有意义的问题,但也只是前面的缘在时间思想的一种自然延伸和具体运用。

总之,在取得了“时间性”之后,这本书的思想活力衰退了。海德格尔不断地说前面的分析还远远不够,但又拿不出真正有分量的新思想。由于这种衰退出现于“时间性”之后,且与时间问题有关,我们可以称之为“**时间性的退化现象**”。因此,不能讲这本书“失败了”,因为它在前一大半取得了辉煌的思想成就;但是,它也确实遇到了重大困难，失去了前进的内在动力。

时间性的退化现象为什么会出现呢？简言之，就是思想与现象学境域的分离。在取得时间性之前，他的目标是越来越纯粹地揭示缘在的构成域性，以便利用这样一个思想势态引出时间性。为此，他必须依重对于缘在（人）的生存现象或生存方式的分析，以开启出一个前人（包括康德和胡塞尔）从未达到过的思想地域，即主客二分失效之后的纯构成的境界。换句话说，他探讨的问题的终极性使得他要说的东西只能通过分析离人最近的生存现象才能获得可理解性。在这样一个意义上，揭示缘在生存方式的存在论特点就绝不仅仅是一种"准备性的"分析，似乎在这之后还有什么更高级更抽象的本质阶段；相反，这种人世境域和缘在境遇恰恰是最高妙的构意机制，使最"悬空"的思想可以为人领会。以往的西方概念哲学的失误就在于视人的生存现象为经验材料，并由此而相信，要探求终极问题就只能借助于无人世境遇可言的概念方法。因此，这类哲学从未达到过可切身领会的真正本源。

海德格尔在《存在与时间》的前三分之二的章节中显示出他具有这样一个认纯思想与人世境界不可分的见地。他声称，非切身的缘在形态与切身形态相比，并不是一种"较少"的存在，（第 43 页）它们是"同样原初的"（gleichurspruenglich）。而且，他所致力的工作重心并不在于谴责非切身的缘在形态的堕落，而是揭示这些形态的缘构成的本性，并在真正切身的形态中找到这种本性的完整和充分的体现。离开了人的生存形态这个源头，缘构的、有限的时间性就会失去自身的根子，变得无法理解了。

然而，海德格尔并没有完全贯彻这样一个"思境不二"的见地。他在序言中写道："一旦赢得了这样一个原本地解释存在的视域[即"时间性"]，这样一个准备性的缘在分析就会要求在更高的和真正切身的存在论基础上重复自身。”(第 17 页)认为时间提供了“更高的……存在论基础”代表了一种危险的倾向,即将时间性代表的纯思想与缘在的生存境界分离开来的倾向。于是,在第 65 节之后,海德格尔就反过来用时间性这个“流”来说明缘在的生存形态这个“源”,将它们一个个地定位到时间的三相之中。这岂不是本末倒置?从此书的序言和结尾处(第 19、437—438 页)可看出,海德格尔的写作计划是:通过分析缘在的生存方式揭示出“牵挂”以及“时间性”,然后依据“时间的特性和样式”或“逸出的时间性的原本时机化方式”来把握存在本身的原初意义。他称这种对存在原义的时间理解为“存在的时间状态性”(Temporalitaet des Seins)。(第 19 页)然而,第二分部第四章显示出,这种策略,即用时间的时机化方式来重新解释缘在的存在形态的路子,缺少真实的思想开启力。原本时间一旦被认为是更高级的和更真实的,它就脱开了缘在的生存境遇这个生生不息的现象学脐带,成为带有传统思辨哲学味道的构架。将缘在的诸在世形态依次放入这个构架之中从根本上讲也还是一种系统化和形而上学化的做法。如果按照海德格尔的原计划,依据“逸出时间性的原本时机化方式”(第 438 页)来决定存在本身的意义,最多也只能诉诸于“将来”这个前抛的逸出态。但这样理解的存在本身与第一分部中讲的“领会”和第二分部中讲的“先行的决断”很难区别开来。也就是说,这样的存在意义并不比依据缘在的生存形态所达到者“更高级”。此外,海德格尔已分析了亚里士多德的时间观,认为它从思想方式上决定了两千多年的西方哲学的存在论方向。按照它,“现在”这个时相或逸出态占有中心地位,因而“在场”以及由此蜕变成的“实体”被视为存在的本义。现在,如果海德格尔也依据自己的时间性的某个逸出态(将来)来理解存在,尽管在思想内容上与前者有重大区别,但从大构架上也还是未脱尽形而上学的表达方式。看来,是这些困难迫使海德格尔中止了对于存在意义的第一次冲击，提职的时间限制只是一个外在因素而已。这位已写出了那许多具有喷薄原发的思想力度的章节的人已不能再忍受形而上学的构造方式和思想气氛了。

十一、《康德书》

《存在与时间》出版不久，海德格尔就发现，人们对这本书的兴趣和对它的误解同样广泛。为了更清楚地说明自己思想的基本特点，并将这些特点“定位”到哲学史的坐标上去，他选择了康德的《纯粹理性批判》作为对话的对象，并以很快的速度出版了一部题为《康德与形而上学问题》的书，被他本人称为《康德书》，发表于1929年。在第四版序言中，海德格尔清楚地讲明了写作此书的动机：“前面这些片断评语提出了出版《康德书》的决定性动机：到1929年，事情已经很清楚，《存在与时间》中讨论的存在问题被人们误解了。在准备1927年至1928年冬季学期的讲稿时，我的注意力被引到关于[先验]图几论[①]的那一章。我因此而窥见到范畴或传统形而上学中的存在的问题与时间现象的关联。这样，《存在与时间》的提出问题的方式就引导出我对康德的解释。康德所写的文字成为了一个避难所，因为我

① 一般将“Schema”译为“图型”，“Schematismus”译为“图型论”或“图型说”。这种译法的弊病在于“型”字的意思太僵板，无法表达出处于感性与知性“之间”的“纯象”（rein Bild）的原发意义。这里将“Schema”译为“图几”，是取《易 · 系辞》“几者，动之微，吉之先见者也”、“知几其神乎”之意；尤其是要利用“几”与“象”在《易传》中的密切关系，以彰明“Schema”与“rein Bild”（纯象）的内在联系。此外，“几”在“系辞”中也具有一种非概念的、向前投射（“吉之先见者”）的认知意义；这正是海德格尔心目中作为纯象的时间所具有的特性。此外，“几（微）”在中文中有“处于有无之间”的意思，在以下第16章用来翻译海德格尔讲的“techne”（它与“Schema”的含义有相通之处）也比较合适。“几”与“机”在中文中的同源关系也恰可用来影射海德格尔后期一再阐述的“techne”（几微，技艺）与“Technik”（机械化技术）的内在关联。

在康德那里寻求对我所提出的存在问题的支持。”[①]

按照海德格尔的说法，“康德是第一个和仅有的一个在调查时间维度的道路上行进了一段距离的人，或者，他是第一个和仅有的一个让时间现象逼迫着自己走了一程的人。”[②]沿着这条时间之路向前，我们才有希望更严格地理解《存在与时间》这本书。在第一版序言中，他明确说明此书即是他构思《存在与时间》第二部分（未发表）的产物。（第 xvi 页）此书出版后，受到了一些新康德主义者，特别是卡西勒的批评。时隔 20 多年，当海德格尔于 1950 年在第二版序言中回顾此书的命运时，做了一些很有意味的评论。首先，他承认此书从“历史比较语文学”的观点看确实有弱点。那些说他的解释“扭曲”了康德的第一批判的指责也是有根据的。但是，海德格尔认为这些指责忽视了一个更重要的事实，即此书是“在思想者之间发生的意义深长的对话”的结果，它遵循的规则与历史比较和文字考据的路子完全不同。换句话说，后期海德格尔虽然承认他的《康德书》不符合一般文献学的解释，但相信它的长处在于对思想本身的激发和皈依。所以，他在第四版序言（1973 年）中写道：“此康德书一直是关于存在问题的引论，试图以一种引起问题的迂回方式引出由《存在与时间》所造成的关于存在的更深入持久的成问题性。”（第 xv 页）

1. 《康德书》的基本思路

此书论述的重心在第二部分的 B 部分和第三部分。第四部分

---

① 海德格尔：《康德与形而上学问题》（*Kant und das Problem der Metaphysik*），《全集》第 3 卷，Frankfurt：Klostermann，1991 年；第 xiv 页。**本章下面引用此书时只在括弧内给出页数。**

② 海德格尔：《存在与时间》，第 23 页。

在前面讨论的基础上揭示出(海德格尔所理解的)《纯粹理性批判》第一版与《存在与时间》的内在联系,也有极为重要的意义。《康德书》的基本思路是这样的:首先,与流行看法,比如新康德主义不同,海德格尔认为《纯粹理性批判》所处理者从根本上讲并不是一种关于自然和演绎科学如何可能的知识理论或认识论,而是关于存在论知识或这个意义上的形而上学如何可能的存在论或本体论(Ontologie)的问题。所以,他在几个部分的标题中反复称之为"为形而上学置基"。当然,这种置基的视野和目的远比传统的形而上学更原本。所以,他又称此置基为"基础存在论",以示它要探求的是关于存在论的可能性问题。

海德格尔认为,决定此"置基"方向和本质的基本出发点在于,人的存在和认识从根底和结构上就是有限的(endlich)。按照海德格尔所理解的康德的论证思路,人的知性必依靠感性直观,而此直观不是神所具有的创造的或智的直观,而是人所具有的接受型的直观。此直观不能创造它的对象,而只能让对象被给予。基础存在论的问题就是要弄清这种"对象给予"的原初条件。

"对象给予的条件"在康德之前的形而上学中几乎还不成其为"问题"。按照胡塞尔,甚至康德本人在《纯粹理性批判》的第二版中也没有真正彻底地追究这个问题。海德格尔同意胡塞尔的"彻底的"研究立场,但却没有以后者的"意向性中的对象构成"为探求存在的意义的基本路子,而是沿着康德《纯粹理性批判》第一版的"先验演绎"的思路向更深处展开。

此先验演绎的问题在《纯粹理性批判》中表现为"先天综合判断如何可能"的问题。在海德格尔看来,康德的先验演绎所关注的主要不是如"先验感性论"中所处理的那种断言或命题(apophantic)综合的问题,比如"5+7=12"因先天的纯直观形式而可能,而是直观与知性**如何能**在判断中达到确切综合这样的“存在论的综合”(第 39 页)的问题。这是因为有限的感性直观必须与知性通力合作方能使“对象”而非仅仅的“杂多”在认知中被给予;而追究这种“通力合作”的可能性就是真正意义上的综合问题。只有通过此存在论的综合,感性直观才能被知性思想,知性的概念也才能获得直观。在论述这一问题时,海德格尔所倚重的是康德《纯粹理性批判》的第一版原文,而认为第二版从已取得的重要成果那里“退缩”了。他强调,直观和知性这样两个认知能力的综合绝非通过“简单的并列”就能完成。这综合必发自一“共根”。(第 37 页)这就是康德在《纯粹理性批判》第一版中所推重的作为第三种基本的认识能力的“**想象力**”(Einbildungskraft)。(第 161 页;《纯粹理性批判》A94—A95 页)按海德格尔的理解,想象力居于感性直观和知性统觉之间的这种中间地位乃是“结构性的”。(第 64 页)这也就是说,它在这三种认识能力中占据了实质性的“中心”地位,是其他两者所从出的本源。康德在《纯粹理性批判》第一版中被思想本身的内在规则推动,发现了这一新的更本源的维度,其原因就在于只要看到了人类思想的有限性并在“演绎”中追究这种有限认知的可能性,就必然被逼入这一领域。

一般说来,想象力是一种无需对象在场的表象能力。然而,康德在演绎中讲的想象力比心理学意义上的想象力要更深刻。它是一种“再生的综合”,(《纯粹理性批判》A100 页)与直观的“把握的综合”和概念的“认知的综合”并列。但是,海德格尔更看重的是康德关于想象力的“先验的综合”的论述。这指的是,当康德要追究人的有限认识如何能让对象被给予这样的根本问题时,他需要的不可能仅仅是已预设了对象存在的经验中的想象综合,例如“我想象我祖母住过的房子”这样一个心灵事件中包含的综合,而必须是使对象**被原初地成就**的纯粹的或先验的综合。比如,不论我想象什么或知觉什么,一所房子、一条线段,我必须借重想象力使在先的表象不完全消失,而与后起的表象发生纯粹的综合,一个对象才能被给予我。不然的话我所知觉者就只能是无意义的碎片,或实际上是什么也知觉不到。因此,康德写道:"我们必须承认一种想象力的纯粹先验的综合,它本身为所有经验的可能性提供了基础。"(《纯粹理性批判》A101—A102 页)可见,这种想象力的综合不再像感性直观的形式和知性概念那样是规范的,而是纯发生的。它也不再依靠任何其他的心灵能力,独自构成了一切对象知觉的条件。

海德格尔引述《纯粹理性批判》第一版的一段话:"因此想象力的纯粹的(产生的)综合的统一原则,先于统觉,是一切知识,特别是经验知识之所以可能的依据。"(第 80 页;《纯粹理性批判》A118 页)从这段话可知,想象力的纯粹的而非经验的综合比康德在《纯粹理性批判》第二版中强调的"统觉的本源综合"更为原初,而且是"产生性的"(produktiv)。此种产生性与神的无限直观、从无造出对象的创造性(Schaffung)不同,是对象被给予有限存在者的一种先验条件。换言之,这是一种接受式的纯发生。按海德格尔的理解,这种既接受又发生的两面夹逼的要求必是对一先行的"地平域的撑开"(das Offenhalten des Horizontes),(第 127 页)从而构成(bilden)了演绎所要求的先验性。

这一地平域(Horizont)或"回旋空间"(Spielraum)(第 84 页)即是对象被给予人这种有限存在者的最根本的条件。也就是说,只有在这样一个本体的域或本体的空间中,"接受性"与"发生性"这样两个条件才能同时被满足,对象才能"被允许站在对面"(Gegenstehenlassen)。因此它又被海德格尔称为"对象性的地平域"(Horizont von Gegenstaendlichkeit)(第 84 页)和"纯存在论的地平域"(rein ontologische Horizont)。(第 108 页)这种存在论或本体意义上的

“域”或“游戏空间”即是**时间**。但是，这里讲的时间已比在“先验感性论”所讲的作为直观形式之一的时间原本得多了，这种域性的时间是被先验想象力构造而成的“纯象”。具体的论证是这样的：经验的想象力产生形象或心象，先验的纯想象力则构成（bilden ）地平域这样的“纯象”（rein Bild）或“几象”（Schema-Bild）。[①] 比如，你可想象出或实际上画出一个由三条直线围成的三角形的形象，它或是一个锐角、或是一个直角、或是一个钝角三角形。但是，你无法想象出一个纯三角形（既非锐角，又非直角，亦非钝角的三角形）的形象。按照康德，我们确实可以在更本源的意义上想象出一个纯三角形。而且，它依然是直观想象而非概念抽象的产物。这就是说，纯三角形是比经验想象空间中可能成形的三角形更纯粹的象或图几（Schema），不是概念或范畴。康德进一步认为，知性范畴要获得直观，或直观能被知性思想，必须通过这种既具有普遍性，又未脱开直观的图几或纯象方可。而能完全满足这种有限认识要求的纯象只有时间，时间无形而有象，具有非概念的纯跨度，是最真实和最普遍意义上的纯象。

海德格尔强调，这作为纯象的时间已不仅是直观的纯形式，更不是通常理解的可被钟表测量和历史记录所规定的时间序列，而是由先验的想象力产生的存在论的地平域或使对象可能的地平域。这样，前面讲到的想象力的产生性与神的创造性的区别的意思就更明白了。想象力所产生的不是一般意义上的对象，而是使对象能够被给予人这样的有限存在者的纯象或存在域，也就是一切综合的本源。

海德格尔特别要坚持的是，这纯象图几并不仅是从概念到现象的一个无关痛痒的“中间环节”，先验想象力也绝不只是三种并列的认知能力中的一种。任何要彻底地追究有限认识的可能性的调查都

---

① 注意“构成”（bilden）与“象”（Bild）的词源联系。

会被推到这样的结论：先验想象力产生的纯象是感性直观与知性概念所从出的存在论发生域。

接下来的一个结论就是先验想象比康德所认为的“统觉”或“自我”更本源，也更在先，是人的本质的更充分的表达。很明显，这个结论违背或超出了自笛卡儿以来整个西方哲学对主体性和认知能力的看法。也正是由于这个原因，康德在《纯粹理性批判》第二版中将想象力已取得的独立和突出的地位取消了，使之作为一低级的能力隶属于统觉。按照海德格尔的解释，这是因为康德感到了先验想象力的中心地位对于他的仍然囿于传统主体观的批判哲学系统的威胁。此外，海德格尔认为康德“退缩”的更具体的原因是：他没有**切实**开展《纯粹理性批判》第一版序言中提到的知性纯概念演绎的“主观方面”，（第 166 页；《纯粹理性批判》A16—A17 页）即没有深究主体的有限性的存在论后果。沿着这条思路，海德格尔认为他所写的《存在与时间》就是要去进一步追究人的根本有限性（Da-sein）如何在一个本源的时间域中揭示出存在的意义。海德格尔下面的一段话基本上总结了他的《康德书》的意向：

> 康德为形而上学的置基始于普遍形而上学并因而成为关于普遍存在论的可能性的问题。这样就提出了构成诸存在者之存在的本质的问题，也就是普遍的存在问题。为形而上学的置基依据时间，而关于存在的问题或为形而上学置基的基本问题则是《存在与时间》的问题。这个题目[即《存在与时间》]已包含了以上将《纯粹理性批判》主要解释为为形而上学置基的指导性观念。这个观念被这种解释所确认，并指示出基本存在论的问题。（第 202—203 页）

这段话再清楚不过地表明了在海德格尔的心目中,《纯粹理性批判》、《康德书》和《存在与时间》这三者在"为形而上学置基"这一根本问题上构成了一个连续统。换句话说就是:海德格尔对康德的解释在某个意义上从思想上打开了通往"存在"与"时间"之门。

2. 海德格尔解释康德的特点

海德格尔与胡塞尔都重视《纯粹理性批判》第一版中的"知性纯概念的演绎"。胡塞尔在《纯粹现象学和现象学哲学的观念》中说:"现象学是近代全部哲学的隐秘渴望。……第一个真正知觉到它的是康德。……例如,《纯粹理性批判》第一版中的先验演绎部分从严格意义上讲已经是在现象学基础上运作了。但是,康德将其误解为心理学的,因此最终放弃了它"。① 前面已经讲到,海德格尔曾受过胡塞尔早期现象学的深刻影响,但他有自己的"现象学的道路"。这种联系与差异也反映在对康德的解释上。胡塞尔认为康德在"演绎"中要说而未说清的正是他的现象学的纯直观的意向性学说所表达的,即直观本身就是对本质的理解,感性与知性从一开始就不是分开的。所以,康德的演绎本身的结构并未受到重视。对于这种看法,海德格尔也不会反对。但他要去追究这直观与思想、感性与知性"不可分"的前提。因此,与胡塞尔不同,海德格尔很看重演绎的步骤和结构,认为追究感性直观与知性概念的综合是一个揭示存在论的地平域(或视域)的良机。对于海德格尔来讲,康德在这个问题的逼迫下引出的"先验想象力"比胡塞尔的"意向性"更纯粹、更少心理学色彩,也更与"存在"的问题相关。而作为存在论地平域和纯象的时间也比

---

① 胡塞尔:《纯粹现象学和现象学哲学的观念》第一卷,第133—134页。

胡塞尔的意向构成的时间更原本，因为它清楚地表明了时间是一个最本源的问题，是使最基本的对象知觉可能的存在论前提，而绝不仅仅是意识现象学中的"内在时间意识"问题。很明显，《存在与时间》中的时间维度受到了他的康德解释中引出的时间域的引导。不管怎样，海德格尔、胡塞尔和康德三人的学说是处于十分有趣，既不同又有内在联系的微妙关系之中。

从表面上看，海德格尔对康德的解释所直接对抗的是新康德主义对康德的解释。按照它，康德在哲学中发动的"哥白尼革命"的意义在于用一种科学的认识论或知识论代替了传统的形而上学，将知识的根源从外在对象转到了内在主体。一眼望去，海德格尔与这种反形而上学的解释的不同似乎在于他将《纯粹理性批判》解释成了"为形而上学置基"。所以，不少人认为海德格尔继承了传统形而上学的存在论问题，而完全忽视了认识论。这种理解是片面的。它的一个后果就是将海德格尔思想解释为新形势下的反理性主义、历史主义或哲学的人类学。它的另一个后果就是使一些人认定海德格尔的早期思想"仍受形而上学的桎梏"，因而将其与他的晚期的公开否定形而上学乃至哲学本身的思想截然分开。其实，海德格尔对康德的解释亦是以追究主体的认知可能性为基点的。他的特点在于进一步彻底追究这个有限的主体获得对象的存在论前提。所以，在他的解释中，**认识论与存在论已紧密交织而不可分了**。比如，想象力在这个解释中既是一种本源的认知能力，又是构成对象域的存在论的条件。他之所以能做到这一点，是因为他在解释中既不依靠形式的逻辑，也不诉诸心理学意义上的认知条件，而是运用了他所理解的现象学"达到事情本身"的方法："让那显示自身者以自己显示自己的方式在自身中被观看。"[①]所以，他避免了学术界中最流行的对康德的逻

① 海德格尔：《存在与时间》，第34页。

辑主义加上心理主义的解释路子。按照它，康德的第一批判被刻画为一种先验主观主义。也就是说，对象要被给予认识主体，必须受到直观的纯形式和知性的纯概念（及统觉）的两重规范，不然就不能被有意义地提交给主体。这基本上是一种以主体统觉为极点的逻辑收敛或过滤的思路，与贝克莱的不同仅在于加入了“先验逻辑”这一“必然和普遍”的内在构架。另一方面，当谈到康德的图几论时，这种解释则将想象力视为在心理学意义上联结感性和知性的环节，认为只有通过这种联结，感性与知性才能通力合作。至于需要这样的联结这一事实所包含的更深刻的意义就不去追究了。这种处理似乎是在用对认识能力的列举去回答关于认识何以可能这样一个先验的问题，而不是在进行务必暴露有限认识最根本的发生本源的演绎。

在海德格尔看来，逻辑的以及先验逻辑的必然性根本不足以回答“如何可能”这样的存在论和最终意义上的认识论的问题；而将心理学化了的想象力引入演绎也于事无补。唯一的出路是深究居中的想象力的构成本性，由此展开纯象的存在论，并真正说明对象被给予的条件。这是一条非常微妙的中道，极易被任何一种公式化的企图破坏掉。比如，美国的C.谢尔奥弗(Sherover)认为“海德格尔一直把存在论用来指谓那种知识的内在结构——人类精神把它作为一种必不可少的逻辑条件而投射于一切经验内容上”。[①] 这就将人的有限性当作一种“逻辑条件”来理解了。看不到“先验想象力”对于海德格尔所具有的先验综合性或在先的纯发生性的含义，也就认识不了人的有限性对于海德格尔来说是存在论域的，而非逻辑形式的。有限的人(Dasein)，作为“缘”(Da)，从根本上对世界是“打开的”(ers-

① C. M. 谢尔奥弗：“海德格尔的存在论与‘哥白尼革命’”，范进译，载《德国哲学论文集》，第11辑，北京大学出版社，1991年，第190页。

chlossen),而非"以我为主、顺我者存(在)、逆我者亡(无)"的。海德格尔解释或"扭曲"康德的要义正在于这一点。几乎所有对海德格尔思想的误解都起于不理解这种与先验想象力相关的、依据存在论意义上的开启之域的思想方法。在1929年的达渥斯辩论中,卡西勒就是因为只将想象力理解为"一切思想与直观的联结[环节]"(第276页)而认为海德格尔的"人的有限性"是否认真理与理性的"相对主义"。(第277页)

海德格尔对康德的解释与后康德的德国唯心论的差别当然就更明显了。德国唯心论继承了康德"先验逻辑"的倾向,并进而将此逻辑"辩证地"用于无限界或理性界,以此克服"物自身"的不可知性。人与神的区别消泯于"无限精神"的辩证运作之中。海德格尔对此批评道:"什么是德国唯心论发动的反抗'物自身'的斗争的意义呢?这就是对康德已赢得的那种认识的越来越彻底的忘却。这种认识就是:形而上学的内在可能性和必然性(即它的本质)从根底上是由于对[人的]有限性问题的更本源的阐发和更有效把握而被保持住的。"(第244页)这种"忘却"的更具体的原因,按照海德格尔,就是这个"追随[《纯粹理性批判》]第二版的"德国唯心论误解了纯粹想象力的真正本质,将它"再解释为纯思想的一个功能"了(第197页)。

3. 《康德书》与《存在与时间》的关系

对于"时间"的看法深刻地反映出一个学说的思想特性。在诉诸逻辑理念的唯理论者看来,时间没有真实的存在论地位。这一说法对于以先验自我为起点的近代唯理论也同样有效。就是在具有"概念的(辩证)**发展过程**"思想的黑格尔那里,时间本身也并不提供存在论的真正视野。问题就出在,以逻辑和概念为形而上学根基的思想不可能对时间“认真”。另一方面,经验论者尽管不以逻辑、概念为实在,而认感觉经验提供的材料为实在(或实在的表象),但由于他们视这些感觉材料为现成给予的,而不去追究感觉经验本身的可能性,真正的时间现象就已经被漏过去了。感觉经验及其提供的材料只是“在时间之中”罢了。

所以,我们面临这样一个局面,即不但逻辑概念和经验论理解的感觉经验达不到时间现象本身,这两者的简单相加也同样达不到。换句话说,任何将终极实在视为某种可被固定住的对象(海德格尔所说的“存在者”)——不管它是反思的对象(包括所谓“主体性”)还是被经验给予的对象——的做法都会失去经验本身和时间本身。胡塞尔和康德学说的思想命运同样说明了这个道理。

胡塞尔的哲学起点和灵感来源就是这种纯经验(纯现象)的独立身份、它的客观构成性和更深意义上的实在性。所以,他在先验现象学的起步阶段(1901 年至 1911 年)就已深感到时间乃是现象学中最重要的一个问题。① 他将“现象学的时间”与“客观的时间”(或“宇宙的时间”)通过还原严格地区分开,描述性地分析了现象学时间的三个相度(过去的保持、现在的原初印象和伸向未来的预持)的相互构成,以及它们的边缘域或地平域(Honzont)本性。② 并且将“时间意识”视为现象学分析中的真正的“绝对者”。但是,胡塞尔又一再慨叹

① 胡塞尔:《论内在的时间意识的现象学(1893—1917 年)》(*Zur Phaenomenologie des inneren Zeitbewusstseins (1893—1917)*), ed. Rudolf Boehm,《胡塞尔全集》第 10 卷(*Husserliana X*), The Hague: Martinus Nijhoff, 1966 年,第 279—280 页。

② 胡塞尔:《内在时间意识的现象学讲座》(*Vorlesungen zur Phaenomenologie des inneren Zeitbewusstseins*),马丁·海德格尔编辑,Halle: Max Niemeyer, 1928 年;“引言”部分等。又见胡塞尔:《纯粹现象学和现象学哲学的观念》第一卷,第 81 节和 82 节。

“时间”是一个“最困难的”或“异乎寻常地困难的”问题。[①] 其原因归根到底是因为，胡塞尔一方面认识到时间经验本身的极端重要性，甚至涉及到自我本身的原初构成；另一方面却认定时间三相度中“原初印象”的特权地位，从而削弱了原初想象力（保持、预持）的存在论功能；而且还认“先验的主体性”为最高的实在，这样一来，时间就成了“一个完全封闭了的（abgeschlossen）问题领域的名字”，[②]而并不真是现象学的“绝对的”根基了。时间被困在先验主体性的意识构成和这种构成所要求的原初印象在先的残缺视域之中，无法充分舒展它的存在论含义。正因为这样两个原则（时间和先验主体性）的冲突，时间对于胡塞尔就只能是一个无法真正解开的“谜”。[③]

康德在《纯粹理性批判》中以两种不协调的方式来处理“时间”。本来，按照这本书的大构架和康德所持的唯理主义原则，时间只是感性知觉的两个形式之一，其先验综合力的来源归根到底是出自“统觉”或“我思”。但是，由于康德同时也受到休谟经验主义原则的逼迫，并敏感地认识到人的有限本性，他在“纯粹知性概念的演绎”那一部分中，就被演绎本身的要求“拖曳着”走进了一个更原本的时间维度之中。他惊异地发现时间以及构成时间的先验想象力属于比感性、知性乃至先验统觉都更原初的一个构成领域。这虽然是思想本身的需要，但却与他基本的唯理主义立场格格不入。为此，照康德自己的说法，他虽然在“演绎”这部分“下了最大的功夫”，但却始终面临“一项异常困难的任务”。原因就在于这演绎本身的要求会将思想带到一个让他所固守的原则不知所措的境地。因此，他不得不在第二版中特意改写了这部分。通过这个改写，他钝化了思想本身的锋芒，

① 胡塞尔：《纯粹现象学和现象学哲学的观念》第一卷，第 81 节。

② 同上书，第 182 页。

③ 同上。

使先验逻辑和范畴的原则起码在形式上统一了局面。先验综合力的最终来源不再是想象力，而是统觉的先天要求。

海德格尔之所以特别看重康德《纯粹理性批判》第一版所提供的这个契机，有数重原因。第一，“演绎”中的思路如胡塞尔所说的，确实与现象学的“达到事情本身”的努力有相通之处。第二，“演绎”从根底上是一种存在论的探讨，运作于先验逻辑与感觉经验之间，从而逼出了先验的想象力这样一种新的理性功能和时间的本体维度。这种现象学的境界虽然只是一闪现，但比胡塞尔的意识现象学的时间观在某种意义上要更纯粹、更符合“存在与时间”这个主题的要求。实际上，《康德书》所讲的“人的有限性”和“先验想象力”就是海德格尔早期讲的“人的实际生活体验”和“形式指引”在这新的解释形势中的反映，并进一步引导到《存在与时间》的“缘在”和“牵挂着的时间性”。第三，康德的思想一直是哲学人士特别是德国哲学界关注的中心，通过重新解释它，海德格尔才有可能用大家都熟悉的语言和思路来澄清那些对《存在与时间》的误解。第四，海德格尔本人在写作《存在与时间》之前和中间，曾从与康德和新康德主义者们的对话中获得重要的帮助。所以，他的《康德书》亦有重温以前的思想历程，并为《存在与时间》提供一个思想上的导论之意。

这样看来，《康德书》虽然是在解释《纯粹理性批判》，其大思路却与《存在与时间》相互呼应。《存在与时间》以“缘在”(Dasein)及其“在世间”为引子，逐步揭示这缘在的存在方式和缘构成本性，即“牵挂”(Sorge)和“时间性”。通过这个纯时间的视野，“存在”的自身的缘构成(Ereignis)原意才初露端倪。《康德书》则顺着康德的思路走，但随处都加以深化并暴露其存在论的含义。于是人的根本的有限性被视为“演绎”的真正起点，由它引导着去追究对象如何能被给予的条件。这里，人的“有限性”起到了缘在之“缘”的功能，即：因其有限，就必须在此界限之中传达出对象或世界能够呈现给人的条件。而且，更重要的是，“有限”(End-lichkeit)还意味着能自身维持的“终极”(Ende)，也就是“缘在”对于海德格尔的含义：“在其存在中是**为了**这个存在本身而存在。”[①]所以，康德的“如何可能”的问题实际上是一个具有“终极”意义的存在论问题，既非概念和表象方法可解决，亦无法再推诿。这样，一种前概念的维度就被合理地逼出或揭开。“先验的想象力”就如同“牵挂”那样，不但要出现于形而上学的根基之处，而且不能只与感性、知性无关痛痒地并列在那里。它必须被突出到一个最中心和最本源的地位才能满足有限存在者的知觉要求。而这先验想象力的最纯粹和最本真的形态也同样是“时间”，当然既不是宇宙时间，也不等于胡塞尔的内时间意识，而是被存在论的演绎所要求的那种在所有的内外区分、主客区分之先的时间的纯构象。

以这种方式，海德格尔的《康德书》将人、先验想象力(时间)和存在这三大端绪在存在论的深度上一环套一环地贯穿了起来，它们各自的原义只有在这种相互贯穿和相互揭示中才得以显现。比如，是先验想象力而非先验的主体性构成了人的本质，而这种先验想象力和时间又只有在人这种根本上的有限存在者那里才有存在论的意义。而且，只有在这种知觉的前概念的边缘域中，一个世界境域才可能在一切直观感觉之先就被给予了，而“存在”的问题才找到了一个非主非客、亦主亦客的解释学情境，并因而得到某种意义上的解决。以这种方式，《康德书》将全部西方哲学，特别是近代哲学所关切的“为形而上学[和哲学本身]置基”的问题与《存在与时间》所讲的那些似乎是全新的思路和词汇连属贯通了起来。《存在与时间》要做的就是这样一项工作：实现西方哲学自前柏拉图时代以来就怀有的“隐秘

① 海德格尔：《存在与时间》，第12页。

渴望”——为哲学和形而上学找到一个真实不欺的基础。至于这个基础的暴露是否会危及传统形而上学方法，就是另一个问题了。

十二、思想“转向”和对中国道家的关注

1. “转向”的含义

大约以 1930 年为界，海德格尔的思想可以分为前后两个时期。前期的代表作当然是《存在与时间》(1927 年)；也正是这本书的问题促使他转向后期思想。我们知道，此书是一件未完成的作品。之所以会是这样，一个表面上的原因是海德格尔当时急于出版它以提升教授。但这却不能解释为什么在 1927 年之后他仍未正式补全其余的部分。当然，在他后来的一些著作中，他讨论了这些未完成部分中所应处理的问题。但是，这些著作并未以“《存在与时间》下卷”这类的书名发表，也未完全按原书的规格和路子来写。这就让人感到有某种问题或困难发生了，迫使他不得不采取如此迂回的方式来做一件本该一气做成的事情。而且，在 1930 年，特别是 1935 年之后，海德格尔的作品中出现了许多新的问题，比如艺术的本质、诗和语言的存在论含义、技术乃至“道”；写作的风格也有改变，新词大量出现，除了讲课稿之外，越来越以短篇文章为主，等等。所以，不少海德格尔的弟子和研究者认为他在 30 年代经历了一个剧烈的思想“转向”(Kehre)。

海德格尔本人并不否认有这个转向，但不同意流行的关于此转向的解释。按照这种解释，转向意味着他从传统形而上学的主体主

义转向了非主体主义，或“从缘在转向了存在本身”。他在“论人道主义的信”和“给里查森的信”等处都明确表示，他的前期思想并不是主体主义，缘－在(Da-sein)的经验从来就是被存在本身的问题引导着的；被人们没完没了地议论的“转向”既不是思想立场的转变，也不是对《存在与时间》问题的放弃；而是对那本书的思想，首先是关于“缘－在”的思想的决定性的补充或实现，即从“存在与时间”的审视角度反转为“时间与存在”的角度；而且，这样一种反转在《存在与时间》一书就已经开始了。[①]

后期海德格尔也对《存在与时间》做了一些批评，主要是说，由于在某种程度上使用了形而上学的语言，这个思想本身要求的转向没有被充分地表达出来。[②] 海德格尔只明确否定过《存在与时间》中的一个特殊观点，即该书第七十节“将缘在的空间性回溯到时间性”的做法“是站不住的”。[③] 因为原发的空间与时间一样是缘构域性的。所以，他在“时间与存在”中要讲“疏朗见光之域的时－空”(der Zeit-Raum lichtenden Reichens)。

本书以上的阐释应该能够表明，海德格尔的，而不是其他人的讲

---

① 海德格尔：“给里查森的信(1962年4月)”，载于W. J. 里查森(Richardson)的书《海德格尔：通过现象学到思想》(*Heidegger: Through Phenomenology to Thought*)，The Hague: M. Nijhoff, 1963年，第xvii至xx页。“论人道主义的信”，《路标》，第159页。

② 《路标》，第159页。又见海德格尔的《尼采》(*Nietzsche*)，第二卷，Pfullingen: G. Neske, 1961年，第194至195页。这段文字出自海德格尔1940年关于尼采的讲座手稿(1953年完成)，但很明显是后来插进去的。在这段话中，他所说的也基本上是同一个意思，即他在写作《存在与时间》时不得不借助历史所提供的条件(即形而上学语言)，以便“说出某种完全不同的东西”。这个努力突然中断了，因为它面临一个它不愿意看到的危险，即“对主体性的加强”。结合其上下文，特别是结合他在其他许多出版物中关于同一个问题所讲的更明确的话，这个短语不应被理解为他在《存在与时间》中所做的努力本身是对主体性的加强，而应被视为这种本质上突破了主体与客体框架的努力受到了历史条件的限制。

③ 海德格尔：《朝向思想的实情》，第24页。

法更接近事实。海德格尔在1926年之前的思想历程可以被视为寻求一种超出传统的主、客框架的探讨存在问题的方式。他的最关键的理论突破、他从前人(胡塞尔、康德、亚里士多德)那里所得到的最重要的启发,都意味着这样的一种超出。从胡塞尔的范畴直观,经过拉斯克的解释,他达到了“人的实际生活体验”和“形式显示”的思路;从康德的“先验的想象力”和胡塞尔的时间意识中的“边缘构成域”,他发展出了有存在论意义的时间观和历史观。这些思想都已经突破了传统的主体主义,将人理解为在时境中构成的纯缘在,绝不再是任何有现成本性可把捉的主体了。而且,他认为康德和胡塞尔的局限恰恰就在于还受制于传统的主体观,以致不能将他们已经触及到了的境域构成的思路深化到存在论的探讨中去。海德格尔的“缘在”正是在这样一个卡住了多少西方哲学家的地方提出来的。它并不放弃对人的问题的关注,但却意在将我们对于人的理解彻底地现象学化,让它显露出本来的“实情”(Sache)或“实际状态”。以这样的缘在而非主体为“引子”,《存在与时间》中才会出现那样与众不同的和新意迭出的思想大潮。这在“主体主义”的格局下是绝对不会发生的。海德格尔从来没有放弃这样一个基本的思想势态;否则,他到哪里去再找一个思想的源头?“从缘在转向了存在本身”是个相当蹩脚的和“离了谱”的说法。在海德格尔这里,缘在之缘正是理解存在本身的关键,在后期不再强调时间视域的特殊地位的著作中也是这样。语言和技艺同样是缘在之缘,而且是更切近和富于含义的缘分。这一点在下面的讨论中会看得越来越清楚。

对于海德格尔的这样一个讲法,即“由于使用了形而上学语言”而未达到《存在与时间》的预期目的,也需要做更深入的分析。这本书的问题并不出在“缘在”,而是出在将缘在的存在方式完全归结为时间性的某种时机化形式上。所以,这“形而上学的语言”应被理解为一种传统的表达策略和研究策略。在这方面，海德格尔确实犯了一个重大错误，即想通过思想上的单向发展和仅仅形式上的回转来追求自己的目标。从缘在的“在世界之中”到“牵挂”，从牵挂到时间性，从时间性到存在本身的意义，是一条**单向递进**的路线。达到“更高级的”时间性之后，反回头来确定缘在的在世形态的时机化方式，并进而通过时间的逸出态来理解存在的意义，则是形式上的回转。显然，单向递进的路线是主导的，而形式回转则是牵强的。但问题就在于，缘在的缘构本性与这样一条路线是格格不入的，它的实施只会使缘在失去缘构的境域，使整个讨论失去现象学原初体验的引导。这条路线，而不是《存在与时间》这本书的失败证明，在处理“存在的意义”这样的终极性问题时，是没有什么阶段可分的，传统概念哲学的那种系统化方式在这里完全不适用。终极含义只能是纯显现的而非是推导出的。所以，从 30 年代开始，海德格尔就改变了研究和表达的策略，从单向递进的方式转变为“**相互牵引**”的策略，即总要为一个主题找到它的相对者，比如为“真理”找到“非真理”、为“时间”找到“空间”、为“存在”找到“语言”、为“当前(在场)”找到“历史”、为“思想”找到“技艺”，等等，以便让两者在相交相映中进入缘构成的(ereignende)境域，从而引发出超形而上学的纯思想意义。这就是海德格尔所经历的“转向”的真实含义。毫无疑问，这样的转向已经存在于《存在与时间》的前一大半的篇章之中。那里，缘在与世界、生与死、现在与过去及将来总是交相投映、相互缘构，并在缘在的生存形态中取得了充满领会力的语境。

2. 转向的方式——真理与不真性

海德格尔在“论人道主义的信”中谈到，他的“论真理的本性”可被视为“转向”的标志。他这样写道：

> 如果将《存在与时间》中的所谓“投射”理解为一种表象式的设置，那么就是把它当作主体性的功能了。这种理解没有想到，正如“对存在的理解”只能通过对于“存在于世界之中”的“生存论分析”这个领域而得到思考，这种投射也只应被思考为与存在的敞亮之处的逸出态的关联。当然，对于这样一个非主体性的思想的充分执行遇到了困难。也就是说，当《存在与时间》发表时，该书第一部分的第三分部，即“时间与存在”没有出现（参见《存在与时间》第 39 页）。这里，一切都翻转过来了。此分部之所以没有出现，乃是因为这个思想无法充分地说出这个转向；靠形而上学语言，这一点是达不到的。“论真理的本性”是我在 1930 年所思考并做的一个演讲，但直到 1943 年才付印；它给予我们一个关于这个转向——从“存在与时间”转到“时间与存在”——的思想上的某种认识。这个转向并非对于《存在与时间》的立场的改变。①

为什么“论真理的本性”能够有助于理解这个从“存在与时间”到“时间与存在”的转向呢？这是由于上面讲到的“单向递进策略”使得这样一个转向无法在真实的意义上实现。看来，30 年代初的海德格尔认识到了这一点，所以急于抛弃这个策略，而获得一种“双向”的或形式上“相互引发”的说话方式。“论真理的本性”就代表了在这个新方向上的第一次努力，当然还是相当生硬的努力。

这篇演讲词分为九节。前三节所讲的与《存在与时间》第 44 节

---

① 海德格尔：《路标》，第 159 页。

所阐述的真理观无何区别。然而，从第四节的末尾开始，出现了某种讲法上的变化，反映出他的新的“言说”策略。

(1)《存在与时间》中的真理观

《存在与时间》第44节的标题是：“缘在、打开状态和真理”。它再确切不过地表明了海德格尔所讲的“真理”与缘在及其特性的内在关联。缘在只在其“去在”中获得自身；这样一个讲法就意味着缘在的根底处就有一个开启的构成势态，而真理只能在这个意义上得到理解。海德格尔用了一个古希腊的词“alētheia”来表示这种真理。这个词在传统的哲学译作中也同样被译成“真理”。但海德格尔意在揭示它的词源中包含的现象学见地，因而将它视为由前后两个词根“a-”(非)和“lētheia”(遮蔽)组成的一个否定性的词，意味着“去掉遮蔽的状态”或“揭开遮盖而显示出来的状态”。

这样一种真理观与传统的真理符合论有极重大的不同。符合论预设了主客的分离，即一个客观的现实状态和一个主观的思想或判断的分立；而揭蔽说则不预设这种分立。它要强调的倒是，人和思想从根子上与世界不可分；对于这种在一切二元化之先的原发构成状态，我们无法去施加判断，因为它恰是一切意义和“能”去判断的根源；我们能做的只是去揭示它，**让它**不受观念框架干扰和遮蔽地**显现**出来。很明显，这个思路就来自胡塞尔和拉斯克的影响，[①]并早已显露于“人的实际生活体验”和“形式显示”的学说中。因此，这揭蔽真理观绝不预设一种现成的遮盖状态，比如遮着头盖的新娘，只待人去揭开她的真实面目；它要说的是，我们和世界所“同是”或“同在”的那样一种缘构状态就正是自身揭示着的和无遮蔽的。人的意识无法控

---

① 海德格尔：《存在与时间》，第218页注释。

制它、干涉它；相反，人本身就是由它塑成的。揭蔽真理说要讲的就是这样一个认识论与存在论已无法区分的缘构状态。海德格尔这样讲：“先前对于这个缘（Da）的生存态构成（existenzialen Konstitution）和这个缘的日常存在的阐述所涉及的不是别的，就是真理的最原本现象。由于这个缘在在本性上**就是**它的打开状态，作为被打开者而打开着和开启着，它从本性上就是‘真的’。**缘在就存在‘在真理之中’**。”[①]这段话，尤其是其中最后一句话表明，揭蔽的真理就意味着缘发的构成状态；它就是人的实际生存本身的开启或形式－境域显示，因而必是真的，无符合论意义上的错误可言。由于人在本性上就属于它，即便在遮蔽它的时候也还是“存在于其中”，人与世界才从根本上有着一种先于任何实证的牵挂和关联。

在《存在与时间》中，这种牵挂和揭蔽的最充分体现是“先行决断”的开启状态；第44节中给出的那个例子则是这种牵联的一种日常表现。它已涉及到“证实”问题，但还是在日常生活的缘构情境中进行的，还没有被削平为对于现成对象的观察实证。它是这样说的：一个人背对着墙说出一个真的陈述：“墙上的这幅画挂歪了。”这个陈述是这样证实自己的，即这个正在做陈述的人转过身去知觉到这幅在墙上歪挂着的画。这里还没有出现笛卡儿式的和实证主义的怀疑，因为在这个说出陈述的（作为缘在的）人与这幅画之间，并没有一层“表象”的间隔。他知觉到的既不是这幅画的表象，也不是被表象着的这幅画，而就是这幅实在的画本身。[②] 联系到他的下文可知，海德格尔这里用颇为“晦涩的”或形式－境域显示的语言表达的并非一种依据现成物的实在论，而是缘起构成的存在论和真理观。由于它

① 海德格尔：《存在与时间》，第221页。

② 同上书，第217页。

的根本的缘构开放性，缘在与缘境或世界中的被知觉者之间才找不到任何“心理的”隔阂；缘在做出的真的陈述才能“意味着：这陈述就此存在者本身来揭示或开启这个存在者。它说出这存在者，它显示这存在者，它让这存在者在其被开启的状态中‘被看见’。陈述的为真(真理)必须被理解为正在开启着。”[①]很清楚，“揭蔽”和“开启”是与“表象方式”相对而言，意味着缘在所特有的生存方式、领会方式和表达方式，即无须表象中介的直接与存在者本身相缘相即的方式。真理只有达到这种构成态才能真正超出传统认识论的范围。所以，对于海德格尔，“**只当缘在存在时，才‘有’真理**。”[②]这不是唯我论，因为缘在本身与世界相互构成；当然它也不是通常意义上的实在论，因为在这种真理观中，任何存在者从根子上都不被视为现成的。维特根斯坦在《逻辑哲学论》中以生硬的、别扭的方式表达出类似的见地：“从这里可以看出，唯我论如果被严格地贯彻的话，就会与纯粹的实在论相重合。唯我论的这个我就抽缩成无延展的点，保留下来的是与这个我相互耦合的实在。”(5.64)很明显，只要还有一个可把持的主体，或还有一个现成的实在，真理的符合论或贯通论就既不可避免，又无法透彻地解决真理问题。

但是，也正是由于缘在只在其抛投的“去在”中构成自身，就不可能找到一个形式上的标准来保证或现成化这种构成的真态性，也没有一个先验主体来主持和规范它。换句话说，缘在的缘构和开放是如此彻底，以致对于遮蔽和伪装也是无法拒绝的。而且，遮蔽(它比“错误”要原本得多)倒是更容易出现，因为缘构成在通常的和大多数情况下被视为被构成，因而遮掩了它的纯发生性。

---

① 海德格尔：《存在与时间》，第 218 页。

② 同上书，第 226 页。

如果细心阅读海德格尔的著作，可以发现“遮蔽”实际上包含两层意思：一是如上面所讲的，出于缘在的缘构本性的遮蔽，可称之为“出自缘构的遮蔽”，它是一种生存的原罪。另一种则是“现成式的遮蔽”，意味着被构成状态进一步缩瘪为现成的存在者。前者相当于缘在的“在世界之中”的状态或“日常状态”，随缘构的暗潮漂游而不真正切身。后者相当于量化的、现成化的、利害化的、完全实证化的平板状态，在其中几乎感受不到缘构的柔性运作，而只见到断裂式的“非彼即此”、“或真或假”。庸俗时间观和符合真理观就是这种现成式的遮蔽形态。当然，这两种含义很有关联，但也确实是不同的遮蔽形态。“骆驼祥子”的生活形态只能属于前一种，而“葛朗台先生”的生活形态则主要属于后者。

由于有“出自缘构的遮蔽”机制，海德格尔可以这样讲：“就其充分的生存论和存在论的含义而言，‘缘在存在于真理之中’这句话所说的与‘缘在存在于不真性之中’这句话所说的是同样原初的。”[①]这种在通常情况下令人费解的话只有联系到缘在的缘构境域才可理解；看出它既非矛盾语，亦非在表达相对主义的真理观。然而，我们已经看到，由于“单向递进路线”的影响，在《存在与时间》中，这种真态与非真态、开启与遮蔽的“同样原初性”被打了很大的折扣。紧接着上面引的那句话，海德格尔写道：“但是，只是由于缘在是被打开的，它才是被遮蔽的；只是因为世界内的存在者总已经随着缘在被揭启了出来，同样的存在者作为世界内的可能遭遇者才被遮盖（隐藏）或伪装。”[②]这也就是说，尽管有“同样原初”的说法，缘在的开启、揭蔽或真态状况**毕竟要先于**它的被遮蔽和非真态状况。海德格尔需要

---

① 海德格尔：《存在与时间》，第222页。

② 同上。

这种尽管已经很微弱的和不甚协调的层级区别来引导到原本的时间性。其实，"揭蔽"与"遮蔽"都只是从某个角度对于缘构成含义的表述，它们单独或形式上的并列都不足以穷尽"缘"的丰满含义。不过，"同等原初"的说法还是要比"揭蔽在先"更近于"缘"义。

(2)"真理的本性"中的真理观

在"论真理的本性"一文的后一半，对于真与不真的层级区别被否定掉了，"同等原初"成为了主导思路。海德格尔在那里认为，不真性不只是对真理状态的一种后起的遮蔽或从这种状态的坠落，而是就深藏于真理的开启本性之中。为什么呢？因为真理的本性是去存在的(ek-sistent，生存的)自由，即让诸存在者作为它们自身而存在的那样一个开启(das Offen)；而这种就在缘在根底处的开启并不等于所有现成存在者的总和，因为它总已经调准了历史的人与全体存在者之间的境域性的关联。"然而，这种调准并非虚无，而是对于全体存在者或在整体中的存在者的一种隐藏或隐蔽(Verbergung)。正是因为这种'让存在'(Seinlassen)在朝向和揭示某个存在者的单个行为中总让这个存在者存在，它[必定]将全体存在者隐藏了起来。这个'让存在'本身就是一种隐藏。就在缘－在的去存在的自由中，对于全体存在者的隐藏生成(ereignet sich)了；这就是(被)隐藏性。"[①]在这段话里，我们确实看到了一种意味深长的说话方式的"转向"。不真性不再仅仅被理解为一种否定性的、对于某种(真理)状态的"遮盖"(Verdecken)，而是被理解为一种有积极含义的"隐藏"(Verbergen)，即由于"已调准了"而无须去关注的自发状态中的隐藏，还未开启的潜在发生势能中的隐藏，或能够随机地给出相应存在

① 海德格尔：《路标》，第 88 页。

者的缘发境域中的隐藏。“这种隐藏性拒绝了‘揭蔽真理’的揭蔽性，但又不允许它的缺乏。相反，这隐藏性保存了这揭蔽真理的最切己的所有(das Eigenste als Eigentum)。……这种对于全体存在者的隐藏，这个真正切身的不真性(die eigentliche Unwahrheit)，比这个或那个存在者的每种被开启状态都更古老，也比‘让存在’本身更古老。这‘让存在’将已被隐藏者保持在被揭蔽之中，并使自己[在这样做时]朝向那隐藏性。”[①]这确实是一个极重要的转向，牵连到海德格尔整个后期用语含义的“位移”，即在《存在与时间》中按照单向递进路线被视为较为低级的词的“扶正”。这些词，比如“非真态”、“空间”、“世界”、“在世界之中”、“语言”等等，都出于第一分部，被看作缘在在世的方式，从属于更高级的真态形态和时间性。这更高形态的优势曾被视为能“先具有”(Vorhabe)缘在的“整体”；[②]可是现在，不真的隐藏性也被认为是在先地保存了“全体存在者”。正是在做这种讨论时，海德格尔在此文章的原稿(写于 1930 年)中引用了老子的“知其白，守其黑”，并将“黑”解释为“隐藏于黑暗之中”。(见下节末尾)

但是，我们也已看到，就在《存在与时间》中，按照缘在式的缘起构成的存在论思路，这两种形态从根本上还是同等原初的。因此，海德格尔从“真理的本性”开始的转向不应被视为对于《存在与时间》一书的基本思想，尤其是“缘在”所代表的一系列在世缘之中的思路的抛弃，而只是标志着对单向递进路线的放弃；因为这路线导致了“更高级”的、在某种程度上离开了缘在生存境域的时间性。这转向倒是应被理解为重返真态与不真态“同等原初”的立场。我们可以说，这

---

① 海德格尔：《路标》，第 89 页。

② 海德格尔：《存在与时间》，第 233 页。

“同等原初”的讲法间接地表达出了海德格尔的一个意向，即要重新获得相交相缘的发生境域的愿望。为此，他需要一种与开启既相对又相关的隐藏，一种对概念认识密不可透的潜能（“大地”、“神”），如同中国人讲的“阳”需要“阴”一样，以便在两者的“争斗”或交构中获得当场构成的境域化思想，而非是按照某个框架进行的概念建构。这是海德格尔的思想方式乃至个人性格中最强的特色。30 年代后期，它比较集中地体现在“缘构发生”(Ereignis)这个词的含义之中。

(3)“转向”与老庄思想

海德格尔在第二次世界大战之后才比较多地公开谈论中国的“道”。这个事实往往造成了这样的印象，即他只是从 40 年代后期才开始关注道。可是，实际上，早在 1930 年，海德格尔就已经能在学术研讨会中随机地援引《庄子》来说明自己的观点了。而且，这种对于道的兴趣明显地与他的思想转向有关。当年的 10 月 8 日晚，海德格尔在不来梅(Bremen)做了以上讨论的那篇“论真理的本性”的演讲，标志着他思想“转向”的开始。第二天，又在克尔勒(Kellner)家中举行了学术讨论会。当讨论涉及“一个人是否能够将自己置于另一个人的地位上去”时，遇到了困难。于是，海德格尔向房子的主人索取一本德文版的《庄子》。亨利希· 比采特(H. Petzet)回忆了当时这个戏剧性的场面：“海德格尔突然对房屋的主人说：‘请您借我《庄子》的寓言集用一下！’在场的听众被惊呆了，他们的沉默让海德格尔感觉到，他对不来梅的朋友们做了一件不很合适的事情，即当众索取一本根本无人知晓的书并因而会使克尔勒先生难堪。但是，克尔勒先生却一秒钟也没有迟疑，只是一边走一边道歉说他必须到书房去找。几分钟以后，他手持布伯(M. Buber)翻译的《庄子》回来了。惊喜和如释重负，人们鼓起掌来！于是海德格尔读了关于鱼之乐的故事[即

“秋水第十七”末尾的“庄子与惠施濠上观鱼”的一段]。[①] 它一下子就更强地吸引住了所有的在场者。就是那些还不理解‘论真理的本性’的演讲的人,思索这个中国故事就会知道海德格尔的本意了。”[②]

这样一个事实表明了什么?《庄子》绝不是一本易读的书,要能贴切地引用其中的寓言来阐释思想更要求长期的、反复的阅读和思考。而且,一般读道家著作的顺序是先《老子》后《庄子》,或起码在读庄子时要“解老”。再者,海德格尔的治学从来都是厚积而薄发,除非有大量的阅读和思想上的对话做后盾,他绝不轻易提到某位思想家及其言论。所以,从比采特的这个回忆可以推断,海德格尔起码在1930年10月之前的一段时间内,就已认真阅读过《庄子》、《老子》,并与之产生了思想上的共鸣和交流。这对于一位受过天主教神学训练、以重现西方思想的本源为己任的大思想家来说,是极不寻常的事情。他必定是在道家学说中找到了某种与他最关切的思路相关的东西,才会有这种令当时的德国人先是“惊呆……沉默”,既而“惊喜和如释重负”的非常之举。而且,更具体地说来,阅读老庄很可能与他思想的转向有某种内在关系。

《庄子》的“秋水篇”末尾这样写道:

> 庄子与惠子游于濠梁之上。庄子曰:“鯈鱼出游从容,是鱼之乐也。”惠子曰:“子非鱼,安知鱼之乐?”庄子曰:“子非我,安知我不知鱼之乐?”惠子曰:“我非子,固不知子矣;子固非鱼也,子

---

① M.布伯(Buber):《庄子的言论与寓言》(*Reden und Gleichnisse des Tschuang-Tse*), Leipzig: Insel, 1922年,第62页。这个寓言故事的小标题就是“鱼之乐”(Die Freude der Fische)。——引者注

② H.比采特(Petzet):“不来梅的朋友们”,载《回忆马丁·海德格尔》(*Erinnerung an Martin Heidegger*),ed. Guenther Neske, Pfullingen: Neske, 1977年,第183—184页。

> 之不知鱼之乐,全矣。”庄子曰:“请循其本。子曰:‘汝安知鱼乐’云者,既已知吾知之而问我,我知之濠上也。”

它的大意是:庄子与惠施游于濠水的桥上,见水中儵鱼任性而游,庄子就说:“鱼游水中,真是快乐呀。”惠施反驳道:“你又不是鱼,怎知鱼是快乐的?”庄子说:“你又不是我,怎知我不知鱼之乐呢?”惠子迎辩锋而上,利用庄子的逻辑机巧地驳道:“我不是你,当然不会知道你;但有一点却很清楚,即你老兄不是这水中之鱼。所以,你不能知道这鱼之乐,就是千真万确的了。”然而,庄子于此辩论绝境中却走出一步“入境”的妙着,回答道:“请回溯到我们对话的本来语境中。你曾问我‘你怎么知道鱼是快乐的?’这样的话,可见你从根子上已经知道我知鱼乐了,故有此种发问。正是以这种原本的方式,我知鱼乐于濠水的桥上呀。”从一般的逻辑上讲,惠施在此似乎占了上风,庄子最后的回答有狡辩之嫌。但如思之再三,可知庄子的话大有深意。其道理在于,如果只局限于惠施的逻辑之中,则不但庄子不知鱼之乐,人与人之间的沟通,包括语言沟通也就都不可能了。但惠子明明能够与庄子沟通,并因此而能提出“汝安知鱼之乐”这样的问题;由此可知在惠施的逻辑之外,还有语境本身、生存境域本身提供的更原本的交流可能。处在这种境域之中并冥化于这境域本身的“形式(境域)显示”的人,才能相互理解,相互辩论,也才能知鱼之乐于濠上。因此,这个故事以“境域中构成”的方式不仅回答了“主体间的交流可能”的问题,而且突出了“现象学境域本身的开显”(也就是“人的实际生活经验本身的形式显示”)作为一切意义源头的地位;而这恰是海德格尔的“转向”所要强调或复活的。

除此之外,本书作者还得到了一个新材料,是有关海德格尔的“转向”与他对道家的兴趣之间的关系的。它是由德国一位著名的海德格尔和胡塞尔著作编辑者和研究者 W. 比梅尔(Biemel)教授提供。他在今年(1997 年)5 月 15 日与本书作者的通信(此信的影印件见本书开头)中写道:

> 我能给您关于海德格尔引用老子的一个小小的提示。这个引文是海德格尔在他“论真理的本性”的原初手稿中给出的,就在此文的第六节“作为遮蔽的非真理”中。下面就是此引文出现的德文文本。
>
> “自由是(出自存在者本身的)去蔽着的让存在;它将自身揭示为真理的本性。现在它将自身显示为:此作为真理本性的自由在其本身中就是向隐秘(Geheimnis)的补足性的开启。**那知其光亮者,将自身隐藏于黑暗之中。(老子)**”①

这里所引的《老子》中的话当是第 28 章中的“知其白,守其黑”;海德格尔在 1958 年写的“思想的基本原则”(《全集》第 79 卷)中再次引用了它。当然,当海德格尔于 1943 年正式发表“论真理的本性”时,没有收入这个引文。收到此信之后,我核对了收于《路标》(*Wegmarken*)中的“论真理的本性”一文。在该书的第 90 页(新版的第 192 页)上,有与之类似的段落,但亦有相当的差距。于是,我又给比梅尔教授写信,询问初稿与发表文本相差如此之大的原因。7 月 3 日,他写了回信,附来了当年海德格尔夫人给他的海德格尔手写的初

---

① 此段的原文是:“Die Freiheit als das entbergende Seinlassen (von Seiendem als solchem) enthuellte sich als das Wesen der Wahrheit. Jetzt zeigt sich: die Freiheit als das Wesen der Wahrheit ist in sich die ergaenzende Aufgeschlossenheit zur Geheimnis. **Der seine Helle kennt, sich in sein Dunkel huellt (Lao-tse).**”引自比梅尔教授提供的海德格尔手稿复印件和比梅尔的打印稿。黑体来自本书作者。此段话中的“ergaenzende”一词在比梅尔的来信中误打作“eigentliche”,现根据手稿复印件和打印稿改正。

稿原本的彩色复印件[此彩色复印件及比梅尔的第二封信的影印件见本书开头处]。在上面可以清楚地看到海德格尔的手迹和他用各色铅笔修改的痕迹。**一点不假,这段引用老子的话就在上面。**至于初稿与出版文本有差距,比梅尔解释道:因初稿写于出版前 12 年,在最后修改付梓时自然有了不少变动。而且,由于这次他附来了更长的初稿上下文,可以看出它与出版稿之间更多的相似之处。由此可以证明海德格尔在写作"论真理的本性"时,以及在不来梅作此演讲时,确实引用了《老子》来说明自己的观点。他 1943 年为出版而修改此稿时,多半是出于学术上的谨慎(因那时他还没有与萧师毅有很多来往,因而对中文原意吃不准),没有收入这段引文。

对于本书作者来说,这个新的事实加强了,并在很大程度上证实了他以前的推测,即海德格尔的转向与他对老庄的关注之间有着内在的联系。既求助于《庄子》,又引用《老子》,可见他那时心中经常牵念着道家著作所开启的境界。从他所引的《老子》第 28 章的"知其白,守其黑"来说,亦十分贴切地能说明"论真理的本性"的主旨,即开启(真理)与隐藏(不真或非真)的相互需要、相互构成;也就是对于隐藏("实际生活")本身的开启("形式显示")境界的再次强调。道家的"万物负阴而抱阳,冲气以为和"的基本思路影响了这时的海德格尔,或与海德格尔这时的思路一拍即合,是再自然不过的了。

十三、海德格尔的纳粹问题(一)

无论从其家庭、性格、基本的生活态度和思想方式上看,海德格尔都不是一般意义上的自由主义知识分子。但也不能说他是“保守主义者”。他青年时的天主教保守主义外壳在1911年之后,特别是第一次世界大战期间破碎了。这位梅镇圣马丁教堂司事之子成了胡塞尔所说的“自由的基督徒”,实质上是一个信仰自由而且确有自由信仰的人。他寻求的是一种有根的生存方式,但这“根源”不能在任何意义上被现成规定,而一定是“溥博渊泉,而时出之”(《中庸》第31章)的,他的人生形态,起码从他本人的趋向而言,已超出了西方意义上的自由与保守、无神论与有神论、生命意志与概念规范的二元结构。这既使他的著作独具魅力,又使他在现实生活中“无着落”,难于或几乎无法找到可真正依傍的现成势力。他人生中的许多冲突、痛苦(包括那时隐时现、有些神秘的“心脏病”),从深层看,都与这样一个大的不和谐势态有关。他与天主教圈子、胡塞尔、雅斯贝尔斯、纳粹党、新闻界……之间都有这种先是热烈一段,然后反目不和的孽缘。他的天才和勤奋使他不被淹没,但他的思想、性格和说话方式的独特、“各色”,使他与任何现成的有力者不能长久相容。他是总在“道路”(Weg)上的开道者,不管是惬意的还是痛苦的。

海德格尔的“纳粹问题”中的“问题”一词有两种含义:一是他在这件事(与纳粹的合作,特别是1933年任弗莱堡大学校长)上出了问题,使他在后半生总被这根“肉中刺”折磨;另一层含义则更重要,是指对这件事的解释出了问题，即以海德格尔及其同情者们为一边的解释与另一种不利于海德格尔的解释之间发生了冲突。这种冲突似乎过十来年就达到一次高潮。在最近的一次浪潮中，反海德格尔人士推出的最有影响的两本书是 V. 法瑞阿斯的《海德格尔与纳粹主义》(1987 年法文版，1989 年英文版）和 H. 奥特的《马丁·海德格尔：在通向他的传记的途中》(1988 年德文版，1993 年英文版；英文版书名为《马丁·海德格尔：政治生活》)。前一本书虽然在法国等地造成轰动，但质量和写作方式有很大问题。全书多处可见牵强附会、断章取义、事实偏差和逻辑推理的错误。后者写作态度比较严肃，提供不少有用的事实，但由于作者只是一位经济史学家，几乎不懂海德格尔的思想，且持天主教学者的立场，所以观察角度亦很有偏颇之处。法瑞阿斯在他的书中要做的事情是：在海德格尔 1933 年前的生活和思想发展的各方面寻找海德格尔成为一个纳粹党员的根源和动因(极权主义、反犹太主义、极端民族主义)，在 1933 年之后的海德格尔的言行中找出他仍然与纳粹有紧密联系、起码从思想上仍固守纳粹原则的证据。① 所以，他的结论是：海德格尔是一个地地道道的纳粹哲学家，反犹太主义者；他的思想与纳粹的总体意识形态没有什么本质区别。奥特公开、严厉地批评法瑞阿斯的书。② 他本人的书的主旨在于表明海德格尔涉入纳粹运动的程度比他自己所承认的要深得多，他并不是偶然地、被动地，而是自觉自愿地在 1933 年与纳粹合作的。海德格尔在 30 年代之前似乎没有反犹太倾向，但 1933 年之后的一些年间就很有迹象表明他有了这种倾向。而他在 1945 年对

---

① 法瑞阿斯：《海德格尔与纳粹主义》，第 4—8 页。

② 奥特："道路和错误的道路：评 V. 法瑞阿斯对于海德格尔的批判性研究"，《问题与回答》，第 133—140 页。对法瑞阿斯书不满的大有人在，比如克兹尔、伽达默尔、德里达等。

自己的问题的辩解策略是避重就轻的。而且，奥特书的一大特色就是注重海德格尔反天主教经历与他的纳粹经历(所谓“两根巨大的肉中刺”)之间的关联。[①]

海德格尔对此问题的解释是：他在1933年之前是一个非政治人士，但对时局和国家命运是关注的。特别是，他在1929年夏就任教授职位的演讲“什么是形而上学?”中已表达出他对于“科学”这个现代西方的精神中心的现状的担忧。“科学的根株在其本源深处已经死亡。”[②]自那以后，他不断谈及这个涉及西方文明命运的问题。正在兴起的纳粹运动也批评西方现代文化的无根性；海德格尔因而觉得可以与之合作，以自己的更有哲理和历史深度的思想改造之，提升之，联合一切“有生气和有建设能力的人物”，以完成历史赋予德国人民拯救西方文明于颓败的使命。(这里我们看到亚伯拉罕·阿·桑克塔·克拉哈作为“帝王师”的榜样的感召。)1933年年初的巨变(希特勒掌权)使得大学的局势动荡，亟需一位有自己的思想眼光、有匡时济世抱负的学者来担任弗莱堡大学校长。而且，前任校长和同事们一再敦促，大学评议会一致投票通过对他的任命，而当局还有可能让糟糕的人来担任校长。在这种局势面前，他最终不再疑虑，接任了这个职位。海德格尔于1933年5月27日发表了题为“德国大学的自我主张”的就职演说，在其中阐述了自己对科学本性的理解，并以此来改变大学教育和西方文化的走向。然而，正如他事先所担心的，

---

① W.比梅尔(Biemel)对奥特书有较严厉批评。见其文“对于H.奥特笔下的马丁·海德格尔：‘一个政治生活’的反应”，1994年5月10日于美国犹他州Brigham Young大学召开的“海德格尔学术界会议”上宣读。此外，海德格尔长子赫尔曼最近撰文逐条反驳奥特书中“不实”之处。见Hermann Heidegger：“经济史学家与真理：对于H.奥特关于M.海德格尔出版物的必要评论”，见《海德格尔研究》第13卷，Berlin：Duncker & Humblot，1997年，第178—192页。

② 《问题与回答》，第16页。关于此问题，可参考胡塞尔于1934年开始写的《欧洲科学的危机与先验现象学》。

他的主张既不被纳粹当局，也不被校内有影响的人士理解。出席他的校长就职仪式的教育部长听了他的就职演说之后，当天就表示不满，认为他不讲“（纳粹主张的以政治和民族立场评定科学的）政治科学”，这样的改革思想只是“自创的国家社会主义”。[①] 尽管毫无行政经验，他尽其全力与各方周旋，甚至在言论上做出妥协（比如推重“元首”），也保护了一些非纳粹的，包括犹太血统的知识分子，以实现其理想，但前景愈来愈渺茫。到 1933 年年底，他已明白，自己要改革大学的计划因各方面的抵制和反对，绝无实现的可能。[②] 接着，由于教育部坚持撤去海德格尔任命的一些非纳粹党员的学院院长，换上党员，他在力拒不成的情况下提出辞职并立即被接受。此事发生于 1934 年 2 月。所以，他正式做校长不足一年，而通常的任期是两年以上。辞职后，他只从事教学，但仍受到纳粹当局的怀疑，甚至监视。他在一些课堂教学、演讲和文章中含蓄地批评纳粹思想，认为它也属于技术文化的潮流，并看出此潮流在当前现实中不可抵挡。[③] 这样，他的一些出版物被禁止出售，他本人不被安排出席他本该参加的国际会议，甚至他的学生（比如伽达默尔、克黑格、布约克尔）的提职也受到阻挠。在战争的最后一年，他不仅没有像一些著名知识分子那样被免去战时劳役，反而被视为“完全无用”一类的人，被送去挖战壕。

总之，按照海德格尔的说法，他只是在短期内未看清纳粹运动的实质，而做了它的同行人。他的思想与纳粹从根底上就有重大不同。在双方都看清了这一点并认识到无法弥补之后，就决然分手了。海德格尔于 1945 年写的“1933—1934 年校长任职：事实与思想”和

① 《问题与回答》，第 23 页。

② 同上书，第 50 页。

③ 同上书，第 29 页。

1966 年 9 月与《明镜》记者的谈话“只有一个上帝能救我们”中阐述了以上这些看法。

批评他的人们则依据国家、州和私人保存的记录材料(Nachlass)搜集到海德格尔未提及的一些对他不利的事实。其中比较重要的几处是:

(1)奥特指出:根据某些证据,比如海德格尔 1931 年 4 月 3 日给雅斯贝尔斯的信,他在任校长之前已经准备好、筹划好,并渴望“在新进展中扮演一个积极角色”。[①] 而且,前任校长默伦多夫(一位民主主义者)的辞职与海德格尔的上台是在一批亲纳粹教师的预谋下实现的。

(2)在他任职期间,除了发表不少吹捧希特勒的言论之外,[②]还有一些主动的或“扮演积极角色”的行动,比如 1933 年 5 月 20 日(正式就职前七天)给希特勒拍去的电报,“恭敬地请求延期批准德国大学联合会的委员会,直到按照一体化(Gleichschaltung)目标改造了此联合会。”[③]此电报是海德格尔 1945 年受审查时对他最不利的证据之一。他本人辩解的大意是:他那时使用“一体化”这个词就如同使用“国家社会主义”一样,有他自己在就职演说中阐释的独特含义。所以,他的电报并不是要将党的学说强加给大学,而是要按他的思想来转变国家社会主义,将这个运动所持的尼采式的主观“观念”真理(与马克思主义的“观念”或“意识观念形态”属于同一大类)转变为揭蔽式的真理。至于那些吹捧希特勒的话,比如“不要让任何学说和观

---

① 《问题与回答》,第 141—142 页。

② 参见《关于海德格尔的争论——批判性读本》(*The Heidegger Controversy: A Critical Reader*), ed. R. Wolin, Cambridge: The MIT Press, 1993 年,第 40—60 页。此书以下简称《批判性读本》。

③ 奥特:《马丁·海德格尔:政治生活》,第 194—195 页。

念成为你们存在的准则。元首(Fuehrer)本人,而且只有他本人才是当前和未来的德国现实和法则”(此话见于 1933—1934 年冬季学期开始时的当地学生报纸),海德格尔在《明镜》访问中解释道:“当担任校长时,我心里很清楚,如果我不做出妥协,就干不下去。今天我就不会再写这种话了。在 1934 年,我已不再说任何这类东西了。”①

(3)海德格尔在 1933 年前后表现出了一定的排犹倾向,比如奥特提到海德格尔于 1933 年 12 月 16 日给哥廷根国家社会主义教师同盟写的关于 E. 鲍姆加腾(Baumgarten)申请加入该同盟一事的报告。此报告的背景是:1931 年,鲍姆加腾申请做海德格尔的助手,但海德格尔拒绝了他,选择了一位犹太裔哲学学者 W. 布赫克(Brock),并帮助后者将教职资格由哥廷根转到了弗莱堡大学。海德格尔在这份报告中建议该同盟目前暂不接受鲍姆加腾的申请,一个原因就是“他在我这里未得到职位任命之后,与犹太人法朗克尔(Fraenkel)建立了密切关系。后者曾在哥廷根大学教书,现在已从我们这里离去。[法朗克尔为古典语言学教授,于 1933 年夏季离开弗莱堡大学。] 通过此人,鲍姆加腾想在哥廷根大学谋职。”②这份报告阻止了鲍姆加腾在那时得到教职。雅斯贝尔斯 1934 年至 1935 年间从马克斯·韦伯的遗孀那里得到此报告的抄本,并在他 1945 年写的关于海德格尔的报告中提及它,对海德格尔极为不利。从一些迹象看来,海德格尔很可能写了这份报告。以“与犹太人法朗克尔建立

---

① 《批判性读本》,第 96 页;《问题与回答》,第 46 页。《海德格尔选集》,孙周兴选编,上海三联,1996 年,第 1294 页。按照海德格尔家庭自己保留的关于《明镜》访问的文本,在这段话后面还紧跟着几句话:“但今天,我会比任何时候都更坚定地重复‘德国大学的自我主张’的演说,当然不会再涉及国家[社会]主义。社会已顶替掉了原本意义的民族(Volk,人民)。然而,这种演说在今天就如同那时一样也只是白费气力。”(《问题与回答》,第 46 页)

② 奥特:《马丁·海德格尔:政治生活》,第 190 页。

密切关系"为不利于对方的证据，确有反犹背景在后面支持。不过，当时的大背景是，如果你要反对某人，"与犹太人有密切关系"就是一条根据。所以海德格尔这里的话也有从"策略"上而非根本的政治态度上解释的可能(尽管只是一种可能)。而且，从奥特的书中可见，海德格尔于 1931 年还帮助一个犹太人(布赫克)谋职，并因此而否决了一位雅利安人的申请，这又不像个地地道道的反犹分子。海德格尔做事常常令人不解，这是一例。除此之外，海德格尔还举过一些他帮助犹太血统的学生度过困境的例子。

另外，1989 年 U. 兹格(Sieg)在巴登州政府档案中发现海德格尔 1929 年写的一封信，在其中他抱怨"德国心灵的'犹太化'"。[①] 目前还不知这条他在反犹问题上最早言论的具体背景和上下文。不过，有一点很明显，这类"发现"正在构造一个"档案中的海德格尔"。

在对待犹太人问题上，还有两条在海德格尔生前就广为人知的指责。它们涉及胡塞尔和雅斯贝尔斯。头一条指责海德格尔在当弗莱堡大学校长之后，与自己的恩师、犹太血统的胡塞尔中断了关系，并禁止胡塞尔使用大学和系的图书馆。并且，他也没有参加胡塞尔 1938 年死后的葬礼。海德格尔在《明镜》访问中否认了"禁用图书馆"一条。这一点得到奥特书的证实。[②] 并解释了他与胡塞尔的决裂出于别的原因；这一说法也得到奥特的支持，即认为两者关系的破裂主要是哲学思想与个性的不同所致。[③] 但他承认最后在胡塞尔重病时未去看望并且未出席胡塞尔的葬礼(当时绝大多数大学同事都

---

① 引自 T. 克兹尔："海德格尔的自我辩护：作为哲学与意识形态的传记"，《海德格尔的哲学与政治公案》(*The Heidegger Case on Philosophy and Politics*)，ed. T. Rockmore & J. Margolis, Philadelphia: Temple University Press, 1992 年，第 12 页注释 3。

② 奥特：《马丁·海德格尔：政治生活》，第 174 页。

③ 同上书，第 172—186 页。

未参加这位受纳粹国策迫害的犹太哲学家的葬礼)是应受责备的。雅斯贝尔斯的妻子是犹太人。1933年后,尽管海德格尔与雅斯贝尔斯还偶有书信来往,但海德格尔再也不像以往那样,在路过海德堡时去这位老朋友家拜访了。很自然地,这被认为是在回避这家中的犹太主妇。但战后海德格尔在给雅斯贝尔斯的信中解释道:他1933年之后的不登门并非由于里边的犹太女子,而"只是出于极度的羞愧"。[①] 这是到目前为止所见到的海德格尔对那段往事最近乎悔过的一句话,尽管它的确切含义也还有待考订。关于海德格尔与这两位哲学家的恩怨关系,人们已写了不少东西,其中一个方面就是揭露海德格尔的机会主义和实用主义。比如他在1923年7月14日给雅斯贝尔斯(他那时的学术"战友")的信中已表示对胡塞尔的不恭,但在表面上还一直在维持与胡塞尔的密切关系,并从中受益。当然,如果从海德格尔这方面考虑,这么做也不是没有道理可讲的。不管怎样,在学术界同辈人的私人交往中,海德格尔看来是颇有城府的。

(4)奥特书中还揭露一件海德格尔于1933年9月底向巴登州的教育秘书费赫勒(Fehrle)教授"告发"著名的化学教授H. 斯道丁格(Staudinger)的事,证据出于巴登州教育部档案材料。按照奥特的叙述,在此秘书的一次来访中,海德格尔告诉他一些关于斯道丁格在第一次世界大战和战后数年中不忠于祖国的表现的传闻,立即引来后者的关注,将此事交警察(盖世太保)办理。在接下来的调查中,作为大学校长的海德格尔与警方合作,一直到他辞职前的1934年2月。当然,由于斯道丁格本人的努力辩解并施以政治巧计,此事几经起伏,最后并没有给斯道丁格带来灾难。关于它的具体、确切的含义,还有待详察。不过,它肯定不利于海德格尔作为一个纯思想者的

① 奥特:《马丁·海德格尔:政治生活》,第26页。

形象。

(5)按照法瑞阿斯的看法,海德格尔在辞去校长职位后也还是一位忠心耿耿的纳粹党员。一条证据是他一直交党费到1945年。而另一条公开的证据则早已为人所知,涉及海德格尔1935年的讲课稿。此稿经他修改后于1953年以《形而上学引论》的书名出版。在将近结尾处,他批评了"价值哲学"之后,有这样一段话:"今天被作为国家社会主义哲学而兜售的著作就出自在'价值'和'整体性'的浑水中摸鱼的人们之手;但这些著作与这个[国家社会主义]运动的内在真理和伟大性(即全球化技术与当代人的相遇)毫无关系。"[1]此书发表后,引来了J. 哈贝马斯(Habermas)的严厉批评(1953年),认为海德格尔直到战后还坚持纳粹运动具有内在的真理和伟大性,实属顽固不化。海德格尔则争辩说:这里的关键是括弧中的话,也就是"全球化技术与现代人的遭遇"。由于受到恩斯特·荣格尔(E. Juenger)的影响,他认为全球化技术或全球范围的技术化是当今人类逃避不了的过程,即所谓"遭遇"。人在这种遭遇中,通过技术表现出尼采所说的"强力意志",但也同时失去内在的自由和原发的存在本性,而纳粹运动正是这种人与技术(及技术背后的形而上学本性)悲剧冲突的症状。它的"内在真理"意味着此征候指示着历史的悲剧命运,它的"伟大性"则表现在它对于人类影响的广度和深度。[2] 关于这种辩解的合理性以及它涉及的具体事实(比如括弧中的话是1935年就有的还是后来加入的)的真实性,都有不少争论。[3]

在西方近现代史上,一位哲学家的生平受到如此广泛持久和一

---

① 海德格尔:《形而上学引论》(*Einfuehrung in die Metaphysik*), Tuebingen: Niemeyer, 1987年,第152页。

② 《批判性读本》,第187页。

③ 同上书,第188页。

波又一波的轰动性的关注，有关他的各方面记录被如此细密地追踪调查，祖宗几代也同受“审查”，并且与他的著作联系起来，争论得天昏地暗，除了我们这位神秘古怪的马丁之外，恐怕再无第二人。维特根斯坦和福柯的同性恋经历及后者艾滋病死因的披露所引起的轰动只是暂时的，与他们思想的关联也多半只是心理学意义上的。然而，在海德格尔这里，情况就不同了。透过那一层层缠结互绕、绝难用传统概念下直接断言的现象，我们能感受到，他的“（政治）问题”绝不只是私人的，倒毋宁说是欧洲的、西方的，乃至这个时代的问题的一个缩影。这个问题之所以在他死后多年还能花样翻新地成为大报的头版消息和学术界中多少本书的论证对象；而且，尽管关于此问题的新事实一再曝光，却总也不能将这个施瓦本的小个子按死在水中；这些不寻常的现象尽管与他思想的巨大影响分不开，但里边似乎还有某种现实状况的反映。换句话说，如果以自由资本市场经济、代议制民主、技术文化（包括仍有影响的形而上学）为代表的西方现代文明没有潜藏着极深刻的问题或危机的话，海德格尔如此晦涩的思想能够有如此大的影响吗？他的政治问题能够包含如此之多的让拥护者和贬损者都为之吸引的深意吗？恐怕其人其言早就成了一条无人理睬的“死狗”了。话说回来，他思想中也必有某种能切中西方文明的病根之处，包含让人感兴趣或讨厌（恐惧？）的新的可能性，所以尽管曾以近乎纳粹的方式表现过，却不必随着纳粹意识形态的衰败而一蹶不振。他的思想在现时代以其内在素质成了一只“不死鸟”。

十四、海德格尔的纳粹问题(二)

十年前,几乎只有要否定海德格尔思想价值的作家们才持有这样的看法,即海德格尔的思想与他的人生是分不开的。海德格尔本人则在要摆脱"追捕"的心情中说过"我的一生是完全无趣的"一类的话。于是,许多对他思想感兴趣的人就随之宣扬海德格尔是"一个没有传记或个人经历的人",关于他唯一值得写的便是其"哲学传记"。[①] 这种"遮蔽"策略对于海德格尔本人而言还可以说是一种生存需要,对于研究者来讲则是有问题的,因为海德格尔的政治问题或30年代的"历史缘在"与他早期的思想发展息息相关,对其后期思想影响甚深,想避开它既不可能,亦不明智。但是,说他的思想与人生不可分并不等于说他的思想与他具体的纳粹党员身份及他1933年对学生讲话中喊的"嗨!希特勒!"是一回事。那身份是一个指标,指示出他的思想与西方近现代正统模式的差距。然而,真正的事实是:他的思想要比纳粹意识形态更深刻得多地远离那个模式。但这一点只有在深入研究海德格尔的思想与他的人生经历,特别是1933年那段经历的关系之后才能被显明。因此,无论从哪个角度看,对海德格尔的研究必须全方位地"开展"(Erschlossenheit),以揭示出一个完整的、立体的、活生生的海德格尔形象(Gestalt),以减少两方面的误

① T.席汉(Sheehan):"海德格尔的早年:片断的哲学传记",载《作为一个人和一位思想者的海德格尔》(*Heidegger: The Man and the Thinker*), ed. T. Sheehan, Chicago: Precedent, 1981年,第3页。

解。而且，也只有这种研究方式才能超出一切要等待“档案中的海德格尔形象”来定案，也就是思想研究被历史研究和新闻媒介左右的被动局面。一个人的具体行为有这样那样的偶然性、任意性，但其基本思想方式与其人生基本势态的相互构成则必有一定之规。

海德格尔思想与纳粹思想同属于笼统的“反现代主义”，即不满于自文艺复兴、启蒙运动以来以现成的“个人”为出发点的各种原则，比如经济上的自由市场制、政治上的代议制、法律上对于个人自由的保护机制，等等。它在哲学中表现为“主体主义”，在知识范围则更具体地表现为分门别类的“科学”，以实证的和观念的真为理想。然而，还有许多流派对这一整套主流模式也持批评态度，比如天主教保守主义、黑格尔主义、马克思主义、(某种意义上的)浪漫主义、社团主义等等。但海德格尔与纳粹意识形态还有一个共同点，就是推崇一种原本的活力以及与之相配的东西：土地、生存空间、农人的生活形态。希特勒表达于《我的奋斗》中的纳粹思想可以被简括为：(1)民族(Volk)主义。国家只是实现民族意志的工具。(2)种族主义。亚利安人(德国人、荷兰人、斯堪的纳维亚人和英国人)至上，因为它是有文化原创力的种族。犹太人和黑人为文化的破坏者。伟大文化的毁灭是由于原来有创造力的民族血液中毒(与低等民族通婚)而引起。(3)反犹太主义。认为犹太人对于亚利安至高无上的地位和实现德国民族使命是最不共戴天的敌人。(4)领袖学说。优秀种族的组织原则是自上而下的，它们必须由天然领袖来统治。(5)生存空间。任何民族最重要的资产是生存空间，只有有充裕的生存空间，才能保证食物供给，特别是保证城市人口和健壮农民之间的适当比例。农民是最多产的，而且可以抵御社会骚动。生存空间对于纵深防御也必不可少。(6)扩张主义。它首先意味着“扩大祖国本身的区域”，以赢得生存空间，而不只是抢夺经济上有利的殖民地。纳粹主义与墨索里尼的法西斯主义的不同在于它强烈的种族主义和“特别的农民气味”，表现在“血与土”这一短语里。[①] 我们已看到海德格尔早年以天主教保守主义表达出了这种对于“原始、清新……”的崇敬。在他的思想形成期，又深受尼采、狄尔泰生命(生活)主义和克尔恺郭尔的生存主义的影响，坚信一切有真实意义者只能从原发的“实际生活(生命)经验”中来。然而，海德格尔的原本活力论有它的独特性，即视此原发生命力为在一切观念区别、主客区别之先的意义的构成，绝对不能被任何一种现成的存在者代替。因此，它只能是人的原初生活的实际状态，或人的一气混成、充满艰难的“在世界之中”的生存状态。所以，不能用任何普遍化的、现成化的“什么”来言说它，而只能用形式显示这种非概念、前对象化的方式来“凭空”(依据纯关系姿态和境域势态)表达它。正是由于这样一个解释学化了的现象学存在观，使得海德格尔的反现代主义和原本活力论与其他的学说，包括纳粹的学说从根本的方法论上区别开来，引出了一系列后果。

比如，海德格尔确有民族主义倾向，但它是一种语言的、精神的、有开放性的民族自豪感和使命感，完全没有现成化为种族主义，更不用说理论上的反犹太主义。纳粹的理论家们不满意海德格尔“私人牌号的国家社会主义”的最主要原因就是他“不讲种族”。而且，就是批评海德格尔的人，只要他取严肃的态度，一般也都不认为海德格尔的理论本身有种族主义因素。其实，这是海德格尔根深蒂固的非现成的存在观所决定的。在这种存在观的视域中，不可能有现成的优秀者，只有在历史(时机化)生存中实现出来的天命承载者；当然更不会有现成化的劣等民族。不过，处于具体政治环境中的海德格尔使

---

① 参见E. M. 伯恩斯(Burns)的《当代世界政治理论》，曾炳钧译，商务印书馆，1983年，第210—215页。

用一些"并非真正切身的"反犹语言完全可能,他本人的行为也受到"人们"的影响(比如1933年之后不登雅斯贝尔斯的家门)。但他的著作本身并无反犹主义,对人的基本态度也不是反犹主义的。由此亦可知,他思想方式中没有个人崇拜的地位。领袖应是做出真正切身决断的、向历史生存充分敞开的人,他的特异之处正在于超出了个人而完全融入时代本身的内在趋向构成之中。对这种领袖的赞扬从根子上讲也就意味着投入生活之涌流中。但必须承认,在具体动荡的政治局势中,很难处处分清作为个人的元首(独裁者)与作为历史潮流趋向替身的领导者。从各方面的材料看来,海德格尔在1933年前后的一段时间内尽管与纳粹党的理论家们格格不入,但仍然相信希特勒或对他抱有希望;[①]并不只像他在《明镜》访问录中所说的"[必须]做出妥协"。1938年之后,海德格尔对纳粹主义的技术化本质有了更鲜明的认识和批判,这反映在他那年所写的"现代世界图像通过形而上学的奠基"(1950年收入《丛林路》时题目改为"世界图像的时代")一文之中。[②] 希特勒和纳粹主义强调生存空间的重要。从表面上看,海德格尔前后期思想中也都讲生存空间,但他对"生存"与"空间"的理解与纳粹的解释极为不同。后者完全是现成的、存在者层次上的,表现为农耕的土地和纵深防御的回旋空间。对于海德格尔,如前面一再指出的,"生存"是人的实际生活本身的"形式(境域)显示",在"去存在"的趋向中投射和维持着的原初领会状态,它本身含有解释学的或意义构成的空间,比如在"用得称手的"、"因缘关联"、"揭蔽"、"牵挂"、"决断"中开启的、"逸出"的空-时间,绝对不能被完全现成化为物理的空间。反之,农耕的空间、防御的空间等等只

---

① K.勒维特(Loewith):"我与海德格尔1936年的最后会面",《批判性读本》,第142页。

② 见中文本《海德格尔选集》,第885页以下。

有通过解释学－现象学的存在论空－时间才能获得其原本含义。所以，从海德格尔的“生存空间”观推不出希特勒的“扩张主义”结论，因为这“空间”在真实意义上的赢得与否在于人的生存方式，而不在于或不首先在于对物理空间的攫夺。

概而言之，由于当时德国的精神氛围，海德格尔的思想与纳粹主义确有表面上的一些共同关注点和共同用语，但细究之下可知，纳粹主义完全没有他思想中那个至关重要的、作为方法论灵魂的解释学化的现象学的构成(而非现成的)存在观。所以，在1933年前后的海德格尔看来，只有在这个运动中植入这关键的“根本”(Wesen，本性、本质)，它才能在历史的土壤中生根，为西方文明带来复兴的希望。然而，我们已看到，海德格尔“校长职位的失败”就在于这打算注定行不通。纳粹主义、希特勒拒绝任何实质性的“改造”，无种族主义、扩张主义及隐含的技术崇拜的国社党就不再是真正的纳粹了。相反，纳粹倒要让海德格尔这位纳粹党员的校长就范，按照纳粹的原则去行为和思想；这当然令有自家思想命脉的、有志做“王者师”的海德格尔无法忍受。于是只有辞职一路可走，去在讲堂和著作中表达和深化自己的救世观。不弄清这样一个大背景，海德格尔与纳粹的合作及分手，以及他后来的许多作品就很难理解。

下面让我们分析一下海德格尔1933年5月27日就任弗莱堡大学校长时的演说“德国大学的自我主张”，它应被看作他的重要著作之一，特别是“转向”阶段的一篇有分量的论文，任何海德格尔的选集都应选入它。

无疑，这篇演讲是海德格尔与纳粹有关的文献中最重要者，又是其中最少纳粹味道的，相当真实地表达出了海德格尔在那个时期的基本看法。它有两大特点：首先，它将纳粹主张的、他本人在别处也讲过的东西，比如“一体化”、“知识服务于现实”、“领导者的关键作用”、“对力量的意愿”、“斗争”、“血与土”等，乃至荣格尔讲的“总动员”、“工作者（工人）”，转化或深化为非现成的和现象学存在论的。其次，它极鲜明地表现出了海德格尔早期“实际生活本身的形式显示”或《存在与时间》中的“生存”存在观的思路，也就是他的那种思想在涉及德国的历史实际状态时的体现。

演说一开始，海德格尔宣称，担任此校长职位就意味着投入从精神上领导高等学府（或学业）的事业。这种精神使命植根于德国大学的本性或意愿（wollen）此本性。一般认为此本性为自我治理，但真正的自我治理建立在自我反思的基础之上。自我反思又只有依靠德国大学的自我主张（Selbstbehauptung）的力量方可能。此自我主张的关键就是认识到作为高等学府事业的科学（Wissenschaft）本性，并意愿（投入、获得）此本性。“科学和德国命运必须在对力量的本性的意愿（Wesenswillen zur Macht）中同时到来。”①请注意，海德格尔这里讲的“对力量的本性的意愿”就出自尼采的“对力量的意愿”（Willen zur Macht，一般译作“权力意志”）一语，但强调其“（生存）本性”并将它与“对科学本性的意愿”（近代西方一直有认“知识就是力量”的传统）联系起来考虑，表明他既极重视荣格尔“总动员”思想所体现出的尼采的“力量意愿”形而上学，但又以自己的方式化解之，使之脱开形而上学，成为境域的缘发力而非主体的权力意志力。

在1945年写的“事实与思想”中，海德格尔讲到荣格尔的著作在30年代初如何引发了他本人对于西方命运和现实历史进程的看法。他写道：

---

① 海德格尔：《德国大学的自我主张；1933—1934年校长任职》（*Die Selbstbehauptung der Deutschen Universitaet; Das Rektorat 1933—1934*），Frankfurt：Klostermann，1990年，第10页。英文译文参见《问题与回答》，第6页。

一个情况可以说明我在那时已如何看待历史的局面。1930年,恩斯特·荣格尔的文章“总动员”(Die Totale Mobilmachung)发表了,此文显示出他1932年发表的《工人》(*Der Arbeiter*)一书的基本特点。在一个小范围内,我与我的助手布赫克讨论这些文字,并且试图去表明它们如何表达出了一种尼采形而上学式的根本(wesentlich)理解,因为它们是在此形而上学的视域(Horizont)中来看待和预见西方的历史和现状的。以这些文字,或更根本地说是以这些文字的基础为思想引线,我们思考那正在来临者,也就是说,我们寻求就在这种说明中遭遇到这正在来临者。其他许多人那时也读到这些文字,但他们将它们与其他读到的有趣东西一起置于一边,并不能把握住其深意。1939—1940年的冬天,我再一次在同事中讨论荣格尔《工人》一书的某些部分,并由此而得知,甚至到那时这些想法对人们来说也是奇怪难懂的,而且一直这么奇怪下去,直到它们被“事实”所证实。恩斯特·荣格尔在其关于工人的主宰与形象(Herrschaft und Gestalt)的想法中所思考者、通过这些思考所看到者就是在行星(全球)历史中力量意愿(Willen zur Macht)的普遍主宰。今天,一切都处于这个现实之中,不管把它叫做共产主义、法西斯主义或是世界的民主制。①

恩斯特·荣格尔(Ernst Juenger, 1895—1998)是第一次世界大战后

---

① 海德格尔:《德国大学的自我主张;1933—1934年校长任职》(*Die Selbstbehauptung der Deutschen Universitaet; Das Rektorat* 1933—1934),Frankfurt: Klostermann, 1990年,第24—25页。英文本第17—18页。2004年出版的《海德格尔全集》(Frankfurt am Main: Klostermann)第90卷题为《论恩斯特·荣格尔》(*Zu Ernst Juenger*),收集了海德格尔1934年至1954年期间关于荣格尔所写的大量手稿和阅读《工人》一书的页边批语。此注释中关于《海德格尔全集》第90卷情况为本书第二版新增。

对德国的民族主义(保守的革命论)运动最有影响的作家之一,以他对一次大战的描写和对人类战争和人类境况的全新局面的分析著名。他从一次大战的"前线体验"中看到,人类战争已成了"一个巨大的工作程序"(Arbertsprozess),其胜负已不取决于个人的英雄主义,而取决于"钢铁的洪流"或参战国能"全面总动员"起来的力量。[①] 德国失败的主要原因就是未认清此时代的大形势,将自己限于部分动员。在这样一个"工作时代来临"之际,在全面战争(即无"和平"与"战时"的根本区分)的洪炉面前,那些不能动员起全部工作力量的后进社会制度,首先是君主制注定被淘汰,俄国、德国等国的革命应从这样一种生存方式的调整上得到理解。因此,当今最有战斗力、生存力的国家并不就是"军事国家",而是那些体制上"进步的"、能够进行总动员的国家。[②] 总动员并非意味着对技术的依赖,而是指达到技术和动员的根底,即一种透入最深骨髓和最细神经的准备好被动员起来的势态,一体化地受控于一块控制板,能在最短时间内将巨大的、分枝繁多的现代生活能量汇集为一股巨大的物质能量的洪流。[③] 这样的局面将"每个个人的生活变为一点不假的工[作]人生活。因此,在骑士、国王、公民的战争形态之后,我们现在有了**工人们**的战争"。[④]

《海德格尔争端:批判性读本》一书编者认为海德格尔在这个阶段完全信从荣格尔和斯宾格勒(O. Spengler)解释的"力量意愿",尊崇技术化的力量。这一情况直到30年代后期才得以改变,海德格尔到那时才能够去批判尼采和世界的技术化。[⑤] 从以上这段引文,特

---

① 荣格尔:"总动员",载《批判性读本》,第126页以下。

② 同上书,第130页。

③ 同上书,第129页,第126—127页。

④ 同上书,第128页。

⑤ 同上书,第121页。

别是就职演说看来，情况并非如此。海德格尔所重视者并非就代表他本人最深的看法，这种情况曾一再出现，他对亚里士多德、胡塞尔、康德、尼采等都是这个态度。如上面已叙述过的，早在他1920年关于雅斯贝尔斯《世界观心理学》的书评中就批评了尼采和克尔恺郭尔将形式显示的“生存”视为“当下个体性的生活”的观点。[①] 在1929年写的“形而上学是什么?”之中，他认为按研究领域分开的并由大学的技术组织维持着的科学的根子“在其根本处已死去了”。[②] 1930年的“论真理的本性”演讲的第8节则批评了斯宾格勒的“哲学”文化观。他之所以重视尼采和荣格尔，乃是因为他们以“力量意愿”解释西方的历史与现实，比通常通过事实材料和精神观念(包括“上帝”观念)所解释者更切中要害，更接近(而非真正达到了)对于人的历史生存的非对象与非概念式的整体解释。然而，在海德格尔看来，通过“工人形象”(Gestalt)和“技术构架”来理解的力量仍是一种形而上学，因为它从根子上仍是“从一个‘静的存在’出发”来表象那变化的、运动的和被动员的，[③]没有真正地化身于生活实际状态的涌流之中。所以，这“形象是‘形而上学的力量’(《工人》，第113、124、146页)”。[④] 对于海德格尔，这历史现实确是被一种统一的(相互关联着、构成着的)、全面动员起来的力量意愿(体现为广义的“工人”和“运行工作”的强力)所塑成；通过这样一个相当彻底的而不是传统的经验论或唯理论视野，才能更真切地理解德国与西方正在发生和到来的事情。然而，只限于这样一个视域，就看不到任何从根本上改变这种以技术运作实现人的力量意愿的局面的可能，因为这些“力量”

---

① 海德格尔:《路标》，第11页;《海德格尔的〈存在与时间〉的起源》，第140页。

② 《路标》，第104页;又参见“事实与思想”，载《德国大学的自我主张》，第22页。

③ 海德格尔:“面向存在问题”，中文本《海德格尔选集》，第618页。

④ 同上。

及它们之间的“斗争”(Kampf)没有在其本性处，也就是他以前所讲的“生活本身的形式显示”和后来常讲的“技艺”(Techne)和“缘发生”(Ereignis)处得到领会和转化。而他讲的“对力量的本性的意愿”中的“本性”，就恰是拯救力之所在。他的整篇校长就职演讲词都在呼唤这本性，特别是通过对“科学的本性”的呼唤而揭示它。

这样，就在全德国的纳粹“一体化”进行之际，在海德格尔也附和的“工作服务”、“军事服务”的喧嚣声中，海德格尔最要讲的却是“德国大学的自我主张”和对“科学本性”的揭示与意愿。下面马上可以看到，这科学的本性从根底处是向涌动的生活实际状态开放的，完全不能被现成化或意识形态化。

“科学是在不断遮蔽着的(verbergenden)存在者全体之中保持发问的立场(das fragende Standhalten)”;或者，“我们将科学的本性作为在存在者全体的不确定之中的发问的、不被遮盖住的持立。”[①] 简言之，科学的本性乃是彻底的、不屈不挠的发问或质疑(das Fragen)。这就是古希腊人原发的和令人惊畏的坚韧所在，即不顾一切地向被遮蔽和不确定状态的完全无保留的暴露。这种向被遮蔽的、不确定的实际状态的最充分暴露不会导致虚无主义吗？海德格尔对这个问题的解答(消解)既不是传统的，也不是尼采的，因为对于他，“发问不再仅仅是一个初级阶段，可在‘知道了’的回答中被克服；相反，这**发问本身就是知识最高的构成形态**”。[②] 不能被任何关于“**什么**”的回答所停止的**发问本身**怎么能成为知的最高构成形态呢？这正是海德格尔不为当时乃至今天的绝大多数人所理解的一个重要原因。他的思想不能在任何落实处得到领会和表达，但又自称向最不

---

① 海德格尔:《德国大学的自我主张;1933—1934 年校长任职》,第 12、14 页;英文本(见《问题与回答》),第 8、9 页。

② 同上书,第 13 页;英文本,第 8 页。

确定的、最危险的、最忧苦(Bekuemmerung)的人生实际缘在开放。从本传记以上的介绍中可知,这正是海德格尔思想的独家特色,也就是他在"实际生活经验本身的形式显示"这个至关重要的解释学化的现象学方法论中所阐释者。实际生活的涌流、不确定、忧苦不能被任何概念框架和此框架规定的对象域限制住,它本身的趋向势态只能通过似乎凭空而行的关系(或境域)姿态的际会被表达。这里讲的"发问本身"(das Fragen selbst)就意味着这种关系-境域的构成势态;它绝不能被任何"什么"答案满足,但又并不空洞散漫,而是就以自身的发问趋向来构成、生成那活在历史实际状态中的"知"。"于是,这发问展开其最本己的力量来开启一切事物的本性状态(Wesentlichen)。此发问就这样迫使我们的目光变得极端简朴,从而投向那不可避免者。"[①]因此,由这种发问引发和构成的知晓已不是关于任何"什么(存在者)"的、外在意义上的"科学知识",而是那原本的、被纯势态维持着的"存在方式",只有它才能使我们领会那在历史涌流中形成(gestalted)者,决定一个民族和世界的命运者。

我们亦可以在《存在与时间》中看到这种通过人的纯生存的形式显示来"发问"或理解发问的原本构成本性。那本大作的导论第二节题为"关于存在问题的**形式**(formale)结构",其中首先就讨论此问题(Frage)的"发问"(das Fragen),即它的形式显示结构,因为真切的、不是任何存在者回答得了的发问与存在意义在海德格尔那里不可分。任何真切的发问都被它所寻找者或所问者(Gefragtes)所引导着。这种引导不可能是现成的、可对象化的,那样的话就不用发问了;但又不可能完全不被所问者先导着,否则就不知要问什么了。所

① 海德格尔:《德国大学的自我主张;1933—1934年校长任职》,第13页;英文本,第8—9页。

以发问现象本身就是一种无法被概念对象化的、恍兮惚兮的、纯趋向势态的意义显示。而且,这里所问者是"存在本身",而非任何存在者的含义,这就更使得这种发问现象被火上浇油,将一切现成者都蒸腾掉。这蒸腾并不导致干瘪的虚无,而是在问与所问之间维持住原本的语境领会或在场领会。所以,如海德格尔所写:"我们**不知道**'存在'说出了什么。但当我们发问:'什么是"存在"?'之时,我们就处在了对这个'是'的一种领会状态中,尽管还不能从概念上确定这'是'意指什么。"[①]而且,在发问中还有"被问本身"(Erfragte),这是真正的意图所在,其中有"存在独自的特点"。[②] 这"被问本身"就是"存在的意义"(der Sinn von Sein),它要求着一种独特的把握方式。[③] 当然,这种独特的把握方式就是《存在与时间》中提及但未充分明言的"形式显示"的方式。这里讲的"被问本身是存在的意义"有两种理解的可能,头一种是表面的,即这里我们所要追问的是"存在的意义";或者,这里提出的是一个关于"存在的意义"的问题。第二种则更深邃,它所说的是:这发问中的被问本身**就是**存在的意义;即由发问、被问当场打开的、不受概念规定的缘发境域。从上面讲的被问本身是真正的意图所在,并且是存在的独自特点的话来看,第二种理解也是成立的。海德格尔善做这种模棱两可、自身缠绕的语言游戏,因为这种说与被说、问与被问的相互粘连与相互当场维持正是对"存在的意义"的一种形式显示。任何终极意义的开显只能在这种游戏空间(Spielraum)或解释学的形势中进行。而这恰是最难被人理解者。

由此可见,"德国大学的自我主张"的**主旨**而非它的表面色彩正是海德格尔自1919年起一贯持有的思想在实际历史形势中的体现。

---

① 海德格尔:《存在与时间》,第5页。

② 同上。

③ 同上书,第6页。

它以“发问本身”这个知的最高构成形式和科学本性为方法论灵魂，来看待德国和西方的令人不满的知识现状和应该采取的补救措施。对于他来讲，如果我们真的**意愿**这种科学的本性，那“就会为我们的人民(Volk)创造它的最内在的和最极端的危险，也就是它的**精神**的世界。‘精神’不是空洞的机敏，也不是置身事外的才智游戏和无边际漂浮的理智分析，更不是世界理性；精神乃是被原本调准了的(具有情绪的)、心中有数的向存在本性的决断开启(Entschlossenheit)”。[①] 在这种理解中，人民的精神世界就并不是什么文化的上层建筑，充满了有用的信息和价值，而是“那最深沉地保存住了人民的土与血的元气(Kraefte)的力量。它最深最广地唤起和震动了他们的缘在”。[②] 在这种对科学本性的意愿中，大学的教师和学生就要投身到不可现定的历史激流中，他们需要的领导者们(die Fuehrer)就是那能将他们明白无误地带入其中的真理状态的人。[③]

因此，德国大学不需要那久被颂扬的“学术自由”，因为它不是在生活的深沉激荡的实际状态中的真自由，而只是否定性的，主要意味着不操心、不介入、任意和无限制。[其结果就是：拱手将知识的领导权让与不称职者。]大学的真正自由就体现在德国学生的自觉投入和服务之中。首先是工作服务(Arbeitsdienst)，其次是国防服务(Wehrdienst)，第三则是**知识服务**(Wissensdienst)。知识服务不是为了猎取好职业的训练；相反，职业只是为了实现人民的整体缘在的最高

---

① 《德国大学的自我主张》，第14页；英文本，第9页。

② 同上。

③ 请注意这里“领导者”(Fuehrer)在原文中是复数。这或许有助于减少一些(常常出现的)不必要的联想，即将这里讲的“领导者”相等于希特勒个人。关于这一点，可参见P. David的文章“反对海德格尔的新十字军：对哲学文本的施暴”(“New Crusades Against Heidegger: On Riding Roughshod over Philosophical Texts”)，《海德格尔研究》(*Heidegger Studies*)，第13卷，1997年，第82页。

知识的手段。这知识只能被理解为“处于存在者超力之中的缘在的最剧烈的受威胁状态”。[1] 这三种服务同样本源；但从整篇文字看来，知识服务无疑是最关键的。

当然，这种服务要体现出其本性，需要长期、严格、刻苦的努力。教师与学生对于科学本性的意愿、领导者与被领导者之间要通过[赫拉克利特意义上的]“斗争”(Kampf)维持一种生发的构成张力。只有这样，才能达到真实意义上的自我治理、自我反思和自我约束着的自我主张。在演讲最后，海德格尔说道：

> 然而，我们能够完全理解这次觉醒(Aufbruch)的壮丽与伟大，只有当我们在自身中携有着那给予古希腊智慧以如下表达的深远思虑：
>
> “一切伟大都站立在风暴之中……
>
> (柏拉图：《理想国》497d.9)”[2]

总结：

海德格尔在那个时代卷入纳粹运动，绝非偶然，有其深刻的思想原因。但是，这思想本身却**不是**纳粹主义的，而是在最原发的、不受种族和现成力量规定的生活实际状态中获得“土与血的元气”的思想，通过“形式－境域显示”而被充满当场构成张力地表达出来。他曾相信过纳粹运动具有拯救西方文明的“内在真理和伟大”，但很快就看出这只是他本人思想所追求的真理与伟大，而纳粹主义仍然属于“世界的技术图像”，在那里科学的本性是以形而上学的主客分立

---

① 《德国大学的自我主张》，第16页；英文本，第11页。

② 同上书，第19页；英文本，第13页。

为前提的“研究”,[1]而非“发问本身”。所以,他自辞去校长职位后,在教学与写作中不断深思这造成了西方当代命运的形而上学与技术的本性,以及拯救的途径。这拯救来自技术的源头——技艺(techne),以及在各种技艺(语言、诗、“风车式的”技术、艺术……)中开启出的缘发生(Ereignis)境域。老子的诗性之“道”在海德格尔看来就是中国的缘发生源泉,不能被转译为西方的任何传统概念。

从海德格尔1945年写的“事实与思想”与他1966年回答《明镜》记者问题的谈话记录中可见,他深深感到他的“德国大学的自我主张”不被任何人所理解,只是在当时马上引起了纳粹教育部长的警觉和批评。从某个方面看来,这种不理解应归于海德格尔本人的表达。他当时出版的所有著作都没有讲清楚其方法论的关键——实际生活经验本身的形式(境域)显示——的确切意义,以致在20年代初使得与他思想比较接近的雅斯贝尔斯亦表困惑,也就难怪他的《存在与时间》、《康德书》及“德国大学的自我主张”遭人误解了。但是,从更广的角度看来,这种“不理解”、“误解”有着深刻的文化蕴意。他的思想在很重要的意义上已挣脱了西方形而上学传统,尽管当时能引起学界人士的兴趣,但很难说得上有什么深彻的理解;而在学界之外就更无缘觅知音了。这种窘境到他1945年受审查并继而被停止教学时就更令他困苦(Bekuemmerung)不堪。他与中国“道”的进一步接近也就发生在那时及其后来的十几年间。简言之,“校长职位的失败”使他对西方形而上学传统和现存的各种政治力量持有更激烈的批判态度,并促使他在某段时间内将眼光投向非西方的,特别是中国的思想世界。

---

① 《海德格尔选集》(中文本),第895页。

十五、缘构发生与语言

自1930年的“论真理的本性”开始，特别是1934年辞去弗莱堡大学校长之后，海德格尔的思想“转向”了它的后期形态。尽管这转向不像一些研究者所断言的那样，意味着根本思想方式的改变，但它确实带来了一些重要变化。新的问题、新的语词、新的表达风格为海德格尔的后期著作带来了新的面貌。30年代后期，他写了一大组以“Ereignis”（“缘构发生”）为重点，既阐发前期或《存在与时间》中的词语含义，又引出了后期的不少思路的文字。海德格尔之弟弗里茨在打字机上将它们打印出五份，分藏于各处以防遗失。此后，海德格尔在这打印稿上又做了一些修改。这些稿子于海德格尔出生百周年之际（1989年）作为《海德格尔全集》65卷出版，题为《哲学论文集（论Ereignis）》。此书出版后，受到不少海德格尔研究者的高度重视，其中一个理由就是它使人能够较清楚地看到海德格尔前后期思想的内在关联。30年代至40年代，海德格尔在讲课中对于尼采做了大量评释，后来作为《全集》的第43、44、47、48、50等卷出版。这些评释当然与他对荣格尔的著作、对时代问题及其思想本性（形而上学）的高度关注有关。用海德格尔自己的话讲则是：“所有那些能够倾听的人都听到了，这是与国家社会主义[纳粹]的对抗。”[①]此外，从30年代开始，他不断在讲课和写作中解释荷尔德林的诗篇并讨论语言的本性、艺术的本性、当代技术问题和人类的处境。自40年代起，他关于

① “《明镜》访问录”，见《问题与回答》，第51页。

中国“道”的解释和引述也参与到这些讨论中来。

1. 自身的缘构发生(Ereignis)——存在的真义

从1934年开始,“Ereignis”这个词经常出现于海德格尔的写作之中。从50年代开始,这个词就越来越频繁地出现于他的出版物之中。《哲学论文集(论自身的缘构发生)》更是表明,海德格尔自30年代中期开始,就已经将“Ereignis”视为他思想的中枢和本源。“存在”的真实意义可通过它而得到理解,但它本身则比“任何可能的对存在的形而上学规定”要更丰富。[①] “Ereignis”在德文中的意思是:“发生的事件”;它的动词“ereignen”的意义为“发生”。但是,海德格尔要在更深的和更缘构的意义上使用它。与处理“缘-在”的方式相同,他将这个词视为由两部分组成的,即“er-”和“eignen”。“eignen”的意思为“(为……所)特有”、“适合于……”。而且,如上面已提到的,“eignen”与形容词“eigen”(意为“自己的”、“特有的”)有词源关系,并因此而与“eigentlich”(“真正的”、“真正切身的”、“真态的”)相关。所以,通过这个词根,这个词与《存在与时间》中讨论的缘在获得自身的问题和真理问题内在相连。它的前缀“er”具有“去开始一个行为”和“使(对方尤其是自己)受到此行为的影响而产生相应结果”的含义。总括以上所说的,这个词就有“在行为的来回发生过程中获得自身”的意思。海德格尔还追究过它的词源义“看”。他在“同一的原理”(1957年)一文中写道:“‘Ereignis’这个词取自一个从出的语

---

① 海德格尔:《在通向语言的道路上》(*Unterwegs zur Sprache*),Pfullingen: G. Neske, 1986年,第260页注释。

言用法。'Er-eignen'原本意味着:'er-aeugen',即'去看'或'使……被看到'(er-blicken),以便在这种看(Blicken)中召唤和占有(an-eignen)自身。"[①]里查森将这种"看"理解为"相互对看",[②]也是很有见地的看法。此外,这个"看"或"互看"与胡塞尔现象学之"看"也不是没有关联。

总之,海德格尔要用这个词表达这样一个思想:任何"自身"或存在者的存在性从根本上都不是现成的,而只能在一种相互牵引、来回交荡的缘构态中被发生出来。所以,这个词可以被译为"自身的缘构成",或含糊一些地译为"缘构发生"、"缘发生"。

可以看出,"自身的缘构成"所表达的意思与《存在与时间》中从缘在到时间性的这条基本思路是一致的。所以,在《哲学论文集(论自身的缘构发生)》之中,海德格尔常常要凭借深究《存在与时间》中的"缘在"、"存在"、"决断"等词的含义来展示自身的缘发生的意义。海德格尔在后期并没有放弃"缘－在"这条关键性的思路。"自身的缘构成"的特色只在于它特别强调和突出了这种构成中的**相互**缘构性和"居**中**"(Zwischen)性,或"正在其中"的纯发生性。[③] 通过以上两节的探讨,我们可知这种强调来自他"单向递进策略"的失败和"相互引发"的新策略的形成。他想通过这个词捕捉那最具有缘构性的、最不会被形而上学败坏的存在精蕴,以回答存在的终极意义的问题。因此,在他正面阐释"自身的缘构成"的段落中,几乎都要涉及某个对子,比如"人与存在"、"时间与存在"、"世界(开启)与大地(隐藏)"、"人与神"等等,为的是获得一个"参两"(张载语)显中的相互引发

---

① 海德格尔:《同一与区别》(*Identitaet und Differenz*),Pfullingen: Neske, 1957年,第24—25页。

② 里查森:《海德格尔:通过现象学到思想》,第612—614页。

③ 海德格尔:《哲学论文集(论Ereignis)》,第26页。

机制。

这样一种与形而上学超越性不同的“在缘构之中”就必表现为**域性的**发生。自身缘构必是一切现成者、相互对立者被消融、转化和形成于其中的缘构境域。海德格尔这样写道:“这个自身的缘构成是这样一个自身摆动着的域,通过它,人和存在在其本性中相互达到对方,并通过脱开形而上学加给它们的那些特性而赢得它们的本性。……我们就居住在此自身的缘构成之中。”[①]所谓“域”,不是物理学中讲的“场”,而是指两方充分地相互引发、激活和构成着原本意境的状态。所以这域是“自身摆动(震荡)着的”。因此,如前两章所讲,缘在与世界打交道的原初方式也是域状的(“用得称手的”、“寻视的”、“有空间和方向的”等等)而非线性的或主体对客体的;缘在的“根身”——牵挂和时间性——的三个相度也因此是缠结域型的而非前后相序的。

2. 语言与诗

当海德格尔在1953年左右会见一位日本客人时,他申明这样一个事实,即通过“(神学)解释学”,语言与存在的关系从一开始就是他最关心的问题和思想的源头。[②] 不过,就公开出版物中反映的情况看来,从30年代中期开始,“语言”才越来越取代“时间性”而成为缘在最根本的世缘。

如果人被视为主体,如果存在论和认识论的根本局面被设想为主体面对客体,那么语言就只不过是主体间交流的手段而已。它的

---

① 《同一与区别》,第26页。

② 《在通向语言的道路上》,第95—96页。

功能与任何人工符号系统一样,都只是传送现成的观念和意义。语言本身没有意义,其意义只在于表征语言之外的现成东西,不管是心理的还是物理的。然而,如果这存在论的局面发生了转变,人不再被看作独立的主体,而是那只在缘构成中获得自身的缘在,语言的地位就大不一样了。语言恰恰是这缘在得到自身存在的缘(Da)。当然,如果这转变不够彻底,比如认这缘分为"社会关系"、"效果历史"一类因素的总合,那么语言充其量只能是包含和表达这些因素的解释学中介,绝不足以成为海德格尔讲的"存在之屋"或"存在的家园"(das Haus des Seins)。[①] 作为存在之屋,"语言将存在者作为一个存在者而首次带入**开启之域**。"[②]这里说的让存在者"首次"显现的开启之域,与"揭蔽真理"是一个意思。它既不意味着语言可以创造对象,也不只是说存在者必须通过语言这个必不可少的中介而被给予我们;而是讲:只有在语言这个缘构成的域之中,存在者才**作为**存在者显现出来,人和世界才同样原初地成为其自身。这就是"缘"或"(存在论意义上的)构成"的真切含义。它既不是实体论,又不是相对主义,而总是维持在最生动、最缘发,也因此是最极致的顶尖处和"居中处",正是赫拉克利特讲的那团"永恒的活火"。所以,海德格尔写道:"这条[到语言的]道路是自身缘构着的。"[③]

与"时间性"相比,这种"语言"对于海德格尔的缘构思想的阐述有什么更多的帮助呢?首先应该指出,时间性和语言在海德格尔那里从本性上是相通的;它们都是缘在(和世界)去成为自身的缘构境域。但是,我们已看到,时间性如果脱离了缘在的在世形态和生死之间的境遇,就只是缘构的形式而非那居中的缘构本身。在这一方面,

---

① 《在通向语言的道路上》,第111、166、267页。

② 海德格尔:《丛林路》(*Holzweg*),第59页。

③ 《在通向语言的道路上》,第261页。

语言就有它的长处。语言比时间性离缘在的在世更近。在《存在与时间》中，关于语言的话题就出现在第一分部，即缘在的"在世界之中"里。语言与缘在的具体生存方式密不可分。原本意义上的语言总是构成着缘境，并天然地充满了当场发生的意义。它总是居中，即居于缘构之中。根本就不存在一个如何反过来用语言为缘在的在世诸形态定位的问题。所以海德格尔讲："语言乃是最精巧的，也是最易受感染的摆动。它将一切保持在这个自身缘构的悬荡之中。就我们的本性是在这个悬荡着的构造中所造成的而言，我们就居住在此自身的缘构成之中。"[①]

根据这样一个思路，语言本身就不被认为是完全空洞的；相反，它承载着原初的、域性的意义与消息（但不是"信息"）。它收拢着、滋养着和保存着我们的生存世界。它是开启之域，又是隐藏之域，海德格尔称之为"敞亮着、隐藏着和释放着的呈献"。[②] 这种呈献并不完全靠语音和文字，而是出自缘构域的本性。因此，语言是一种根本上的"让……显现或到场"。"**语言的本性就是此作为显现之说**。它的显现（Zeigen）并不基于任何一种符号或信号（Zeichen）；相反，一切符号都自某个显现而生出。在这个显现的域（Rereich）中并且出于这个显现的意图，这些符号才是符号。"[③]因此，从存在论上讲，并不是我们说语言，而是由于我们"能听"到空廓宏大的"语言[的]言说"（"Die Sprache spricht"），或处在语言的缘构开启域之中，我们才能开口讲话和思想。"语言比我们更有力，也因此更有分量。"[④]这个语言本身的缘构之说让我们想起《存在与时间》中缘在所"听到"的牵挂

① 《同一与区别》，第 30 页。

② 《在通向语言的道路上》，第 214 页。

③ 同上书，第 254 页。

④ 同上书，第 124 页。

境域本身的“良知呼唤”。两者说出的都是缘境本身所蕴含的生存势态和与天地相通的消息。而语言的“让……显现或到场”的本性也与逻各斯的“让某物从它自身,即讲话所在处被看到”[①]及“现象学”的含义毫无二致。由此也可见,海德格尔后期的表达策略是将最本源的缘构成拉回到《存在与时间》中“前时间性”的缘在生存境域中,并加以发挥。

所以,按照海德格尔的理解,语言之“说”的最纯粹形态不是“陈述”这个传统语言观的宠儿,而是最有缘构性的“诗”(Dichtung)。“语言本身是原本意义上的诗。”[②]这“原本意义”意味着,这诗不只是或主要不是“表达情感”的或“言志”的诗,而是究天人之际的缘构,即“真理的促成”(馈赠、引发、创生)和“让……出现”。[③] 由于吸取了时间性问题上的教训,海德格尔特别强调诗的“居中”发生性。他写道:“这投射着的说(Sagen)就是诗;即世界与大地的说,出自它争斗的回旋空间(Spielraum)中的说,并因此也是出自众神所有的临近和远去的场所的说。”[④]可见诗乃是一种在两极之间或“间隙”中的纯发生,格式塔缺口处的跃迁。[⑤] 真正的诗不止于诗人个人灵感的结晶,也绝不止于传统意义上的语言的艺术。它要宏大浩荡得多!乃是天地神人、过去未来相交相缘所放射出的最灿烂的光明。“在这样的[诗的]语言之中,一个民族就历史性地领会了它的世界;而且,此作

---

① 《存在与时间》,第 32 页。

② 《丛林路》,第 60 页。

③ 同上书,第 61、58 页。

④ 同上书,第 60 页。

⑤ “格式塔”(Gestalt,完形)代表完形心理学(1912 年左右出现)的中心思路,即人的感觉、学习和思维都在动态中趋向于达到某个完整结构,并因而具有自动地补足结构中的缺口或间隙的能力。海德格尔则突出了这结构中的“间隙”的引发和维持住一个构成态的功能,用来说明他关于几微的思想。参见《丛林路》,第 50 页。

为被锁藏着的大地也被保存起来。"①

尽管海德格尔的语言观和诗论与他的基本思路一脉相通、风波相荡，但他对于诗境的如此推崇也有一些特殊的原因。首先，可归于他后期表达策略的改变。上两节讨论了这种改变的一种方式，即在"真与不真"关系中的"相互引发"的表达方式，以及这种改变所达到的"自身的缘构发生"的识度。这种转向不能不说是很必要的，也是极有见地的。但是，这种新的表达方式缺少《存在与时间》前一大半所具有的那种生动的显现机制，也就是缘在的诸在世形态和切身形态。因此所说的仍不免有"理论"之嫌，并非最上乘的存在论现象学的表现。这个问题在他重新解释历史上的哲学形态、说"语言是存在的家园"时也还是存在。但是，谈到"诗"，局面便不同了。这是一种十分具体的、能引发生动的意境和思路的语言现象。而且，有那么多伟大诗篇所提供的气象万千、光彩夺目的语言境界可供他去翻江倒海。所以，海德格尔的诗论绝不止于理论上的或美学上的，他是要借诗境或入诗境以彰显纯思想的缘构境域。因此，他写过不少篇通过分析诗作而开示思想的论文。并以此带动和激活他的其余那些更有理论色彩的文章。而且，诗是海德格尔的那种让语言本身跳舞的表达风格的最充分表现。海德格尔的作品如果细加品味，许多都很有诗意。而且，他本人也情不自禁地要写思想诗。

再者，"诗"(Dichtung)的动词形式"dichten"意味着"写作、创作"和"编造、虚构"。"Dichtung"本身除了"诗"之外，还有"文学创作"和"虚构"的意思。海德格尔特别张大了这个词所隐含的"构成"、"引发"的意义。作为"真理的促成"，诗就是那促成缘构域开启的

① 《丛林路》，第60页。

“(让)投射”(Entwurf,草图、构思、筹划)和格式塔的“间隙”(Riss)。[①] 通过这些说法,海德格尔要表明诗是一种具有微妙的引发机制的活动。它不只是一种“什么”,比如文学的一种形式,而是一种出自人的本性的纯构成方式。通过追究它在古希腊文中的一个对应词“poiēsis”所具有的“招引”、“带上前来”(Her-vor-bringen)的含义,海德格尔将诗与关于“技艺”、“技术”的讨论联系了起来。这样,诗以及语言所具有的引发意义和在场境域的机制就可以代替《存在与时间》中牵挂与时间性的三相缘构机制的存在论功能。

第三,海德格尔心目中有一位“塑成了诗化思想之境域”的真正诗人——弗里德里希·荷尔德林(F. Hoelderlin, 1770—1843)。第一章已讲到,高中时的海德格尔就已经被荷尔德林的诗所吸引。这位诗人曾是黑格尔青年时代的好友,两人都向往古希腊文化的神境。但他的一生既有黑格尔所没有的灵性的光辉,也有黑格尔所未遭到的黑暗命运。他于1793年毕业于神学院,因不愿当牧师,靠做家庭教师谋生,同时写诗和小说。他早期(1788至1794年)的诗受席勒影响。后期尤其是1800年之后写的挽歌体诗和自由节奏诗“有着令人神往的美”。[②] 但这位接受了“过多的[古希腊神性]光明”的诗人在1802年终被“驱入黑暗”,[③]精神失常。1806年被送入图宾根精神病院。在19世纪,他的诗被认为过于主观和内向,并不受到评论家的特别注意。20世纪以来,他的一些遗稿被发现,加上时代的变化,使得人们越来越多地了解到这些诗所“开启”的纯真、深刻的意境。

海德格尔在他的文章“荷尔德林和诗的本性”(1936年)的开头

① 《丛林路》,第58页。

② 《中国大百科全书》,外国文学卷I,第418页,“荷尔德林”词条,杨业治撰写。

③ 海德格尔:《荷尔德林诗歌解释》(*Erlaeuterungen zu Hoelderlins Dichtung*),Frankfurt: V. Klostermann, 1981年,第44页。

提了这样一个问题:“为什么选择荷尔德林来显示诗的本性?为何不是荷马或索福克里斯,不是维尔吉尔或但丁,不是莎士比亚或歌德?”他的回答是:“因为荷尔德林的诗负荷着诗的天职,专为写出诗的本性而来。”所以,“在一个突出的意义上,荷尔德林对我们而言是**诗人的诗人**。”[①]荷尔德林不是用诗来表达他的灵感,而是站在天与地、神与人**之间**(Zwischen),让这天地神人相交荡而生的、从将来来临的时代灵感通过他的弱质一身而被“说”出来、投射出来。这样,他命中注定地向语言的缘构本性敞开他的生命和灵魂。因此,语言对他而言是“最危险的财富”。[②] 世界的神性光辉在其中,而使人疯狂的过多的光亮(黑暗)也在其中。荷尔德林的生命是最鲜明的“缘在”,完全被其缘所构成。“这缘在在其根基处就是‘诗化的’(dichterisch,诗性的、诗意的)——这也就是说:作为被创构(被建立)者,它并不是报应,而是赠品。”[③]说缘在的生存状态是“赠品”,并非说它的存在是由某个在上的神所决定的;它要讲的是:它的缘构本性超出了任何基于主体的“报应”式的算计,浑然天成,从我收到者那里已经辨认不出我所为之的痕迹了。“诗化”就意味着那样一种被抛投出的、“居中”的缘构态。从《哲学论文集(论自身的缘构发生)》和“艺术作品的起源”(1935—1936年)开始,海德格尔的作品中大量使用荷尔德林诗中的词汇、形象和表达法。当然,他也解释过R.M.里尔克(Rilke,1875—1926)、G.特拉克尔(Trakl)等人的诗,但只有荷尔德林的诗被认为是“关于诗的本性的最纯粹的诗”。[④]

---

① 海德格尔:《荷尔德林诗歌解释》,Frankfurt: V. Klostermann,1981年,第34页。

② 同上书,第35页。

③ 同上书,第42页。

④ 同上书,第44页。

十六、技艺与现代技术

这一章与上一章所谈者有密切关系，它们都是关于存在的缘构域（在场）的引发和保持的问题。当30年代之后的海德格尔分析艺术与技术问题时，他都用“techne”（技艺、几微）这个词作为一个关键的引子，并提示两者之间的内在联系。“Techne”是一个古希腊词，亚里士多德在《尼各马科伦理学》第六卷中曾专门讨论过它。按照词典，它的意思是“艺术”和“技巧”。所以，手艺人和艺术家在古希腊都被称为“technites”。但是，海德格尔认为只这样解释是不够的和失偏的，因为它只例举出了它的外在指称对象而未达及它的原本含义。按照他，“techne”在古希腊更主要的是指一种认知的方式，其本性就在于揭去遮蔽（alētheia），让存在者显现出来。[①] 所以，海德格尔写道：“就希腊人所经历的认知而言，‘techne’是指将存在者带到跟前，即特地将在场者作为在场者从隐蔽状态带出来，以便将其带**入到**它在其中显现的去蔽状态的**跟前**来。‘techne’从来不是指一种制造的行为。”[②]简言之，“techne”的原本含义就是“带上前来”（Hervorbringen）或“让其显现”（Erscheinenlassen）。[③] 由此可见，这个词对于海德格尔具有与《存在与时间》中讲的“逻各斯”、“真理”及上面讨论的“语言”、“诗”几乎一样的意思。只是，由于其词源特点，以它为引子

---

① 海德格尔：《丛林路》，Frankfurt：Klostermann，1980年，第42页。

② 同上书，第45页。

③ 海德格尔：《演讲与论文集》（*Vortraege und Aufsaetze*），Pfullingen：Neske，1978年，第154页。

可以更顺当、更有语词牵挂力地阐发技术和艺术的问题。在本书中，就将它译为“技艺”或“几微”。

由于它与“技术”和“艺术”的天然联系，“技艺”与“间隙”、“草图”、“格式塔构形”以及“构架”都有内在的关联。海德格尔从20年代起就一直在讲“让……显现”这个与缘在之缘、逻各斯、真理相关的思路。但是，对于这“让显现”的具体机制的**形象化**的描述却不是很多。在《康德书》中，他讨论了并大大深化了康德提出的“纯象”或“几象”的存在论意义。但这种几象被首先理解为“时间”。到了30年代中期，当他论述艺术的本性、语言和诗的时候，他已经不常用缘在诸生存形态来说明这种“让显现”的机制，而转用世界与大地、敞亮与遮藏相交相争这类语言了。于是，他感到有必要更形象化地、更有空间意味地说明这个机制。“技艺”所代表的一组新词和思路的引入满足了这个要求，而且非常贴切地引导到关于技术本质的讨论上去。

技艺被认为是艺术作品中使真理形成（Werden）和出现（Geschehen）的机制。而真理又与作为隐藏的不真状态本质相关。所以真理本身亦需在争斗中形成和构成。“真理是原本的争斗。……只有当真理在通过它自身开启的争斗和空隙中建立起自身时，它才出现。”[①]在这段与“自身”缠绕的话中，“争斗”与“空隙”并提。这里的“空隙”（Spielraum）在德文中还有“回旋余地”、“游戏空间”的含义。海德格尔在《康德书》中就用这个词来刻画任何对象被给予人这样的有限存在者所依据的存在论域。[②] 现在，这种居于两者（在《康德书》中是“直观”和“知性范畴”）之间的存在论域的含义并没有变，只是被更加“间隙”化和“激斗”化了。而且，在30年代以后，当海德格尔要

---

① 《丛林路》，第47页。

② 《康德书》，第84页。

表达这种引发缘构成的“空隙”时，他更经常使用的是另一个词：“Riss”，意为“间隙”、“缝隙”、“撕裂”、“草图”。[①] 与之相关的有一大组词，比如，从词根上有联系的有“reissen”（拉扯、扯破）、“Aufriss”（轮廓、突出的缝隙）、“umreissen”（拆毁、勾描）、“Grundriss”（平面图、基本的纹理）等等；从意思上有联系的有“Fuge”（缝、接缝）、“fuegen”（使接合、使配合）、“Mass”（尺度、适度）、“Gestalt”（格式塔构象）、“Gestell”（构架、构设）等等。

“间隙”这类词代表一种界限，一种像缘在之缘、几象那样能引起两极争斗、缘发构成的界限。通过这种间隙与争斗，隐藏开显为敞亮，敞亮亦保留在隐藏之中。同时，使用“间隙”也是为了表现这争斗的微妙居中，以及它与“（形）象”、“草图”（即画出最基本的界限和缝隙）、“投射”（投影）、“构架”（由缝隙组成的结构）的关联。海德格尔这样说：“这争斗不是光秃裂缝的开裂那样的缝隙；它乃是此争斗者相互属于的亲密之处。”[②]可以说，这种缝隙是引发两方（天地、神人、存在与时间）相争相激，脱开现成性，当场缘生出一个意义境域的微妙机制。在这个意义上，“技艺”（techne）这个词也可以被译为“几微”。“几”在古文里除了有“介于无和有之间的发生和预兆机制”的含义之外，还与“机”（天机、机理、机械、机器、机心等等）有词源联系。当然，就如同《康德书》中讲的“几象”不是概念一样，这间隙也不是人心中先天的纹理、范畴和理式，而只能被理解为缘在之缘。

艺术作品、语言和诗之所以能使真理出现，就是因为它们所具有的精巧几微和间隙引发了缘构的状态，打开了一个新的境界。而且，这种几微和间隙可以转化为格式塔构形和设置（Stellen）构架（Ge-

---

① 注意这个词与《存在与时间》中“Entwurf”（草图、筹划、投射、构意）的词义关联。

② 《丛林路》，第 49 页。

stell,或译“构设”),[①]并因而引出了对于**现代技术**本质的讨论。海德格尔写道:

> 这个被带到缝隙之中的、被保留在大地之中的,并因此而被确立和突出出来的争斗就是**格式塔的构象**(*die Gestalt*)。作品的被创作的存在就意味着:将真理确立于格式塔构象之中。这格式塔构象是由缝隙调适成(sich fuegt)的缝隙结构(Gefuege)。这种被调适的缝隙就是真理[凭之]显现的接缝处(Fuge)。这里被称为格式塔构象的东西总是凭借**某个**设置(Stellen)和构设(Ge-stell,构架)而被思考的。就作品设立(auf-stellen)和提交(her-stellen)自身而言,此**作品**就是作为这种设置和构设而活动并存在着的。[②]

这段话表明了艺术、语言、诗与技术的深刻关联。它们都是作为缘在之人通过“间隙”(发生的边界)而进入揭蔽的真理状态的方式,都是一种“带上前来”(Hervorbringen)。海德格尔在“追问技术”一文中还用一个希腊词“poiēsis”来表达这种揭蔽的“带上前来”或“产生”。而这个词又有“诗”(德文为“Poesie”,英文为“poetry”)的含义。由此他想暗示技术中深藏着的原本诗性。

作为技术本质的“构架”也是一种“让……显现”,即“让……上前来进入作为边界(peras)轮廓(Umriss)的间隙之中”,而且就“聚拢”(Versammlung)在那里。[③] 但是,我们仍能感到作为艺术几微的间

① 这里和下文中的几个译名(“设置”、“构设”、“逼索”等)取自王炜的“海德格尔关于技术的本质之思”一文,见《学人》第三辑,第485—509页。

② 《丛林路》,第50页。

③ 同上书,第69页。

隙与作为技术机制的间隙的某种区别。艺术型的间隙虽然也往往通过艺术"形象"或"构象"出现,但这种构象是纯缘构的,不能脱开整个语境或缘境的。在诗中特别是这样。技术型的间隙或格式塔构象则有了某种固定的形式。另外,艺术家的活动产生艺术作品,手工技术活动则产生用具。两者都是"被带上前来者"。"但艺术作品的被创造的存在与其他任何'被带上前来'的不同在于,这种存在[在被创造出来时]也被一同创造进了它的被创造状态之中。"[①]因此,这种被创造的存在一旦被创造出来,就不再依靠创造它的艺术家。它凭借自身的几微而独自打开和维持着自己的真理状态。所以,海德格尔认为,在艺术作品中这被创造的存在以独特的或切合自身的方式(eigens)凸现出来并被保持住。但由技术活动产生的用具就不具备这种凸现出的独立存在。它的存在"消失在其有用性之中。一件用具越是用得称手,它就越不引人注目,就好像一柄锤子那样;于是这件用具也就越是无例外地将自身保持于它的工具存在之中。"[②]

这种艺术作品与手工技术作品的不同在一定程度上对应于《存在与时间》中缘在的真正切身的生存形态与在世形态,特别是"用得称手"(zuhanden)的形态的区别;或原本时间与亚里士多德的时间观的区别。下面的讨论还将表明,**现代**技术就其结果而言,对应的是"现成的"(vorhanden)的存在方式和庸俗时间观。不过,技术的本性则绝不是现成的。

"技术"(Technik, technology)这个词从希腊词源上看也是出自"techne"或"技艺几微"。[③] 所以也是一种揭蔽和"带上前来"的缘构方式,而不仅仅是人类达到自己目的的制造手段和行为,就如同语

---

① 《丛林路》,第51页。

② 同上书,第51—52页。

③ 《演讲与论文集》,第16页。

言不仅仅是一种交流手段一样。技术是存在论意义上的现象，从本质上比作为主体的人更有缘构性，也因此更有力、更深刻地参与塑成人的历史缘在境域。有历史眼光的思想家(比如黑格尔、马克思、法兰克福学派)都看到了这一点，但海德格尔则探测到了技术与技艺及艺术(诗)的内在关联。而且，这种探测不是牵强和偶然的，而是出自他缘构域型的基本思想方式。因此，他不但能更充分地看出技术带来的危险，而且对于如何化解技术的束缚也有独到的见地。

技术有手工技术和以动力机械为特征的现代技术之分。人的历史缘在也因之而有前工业化的由手工技术(包括农耕)揭示的生存形态和现代工业化社会形态之分。正是现代技术造成了所谓“技术问题”，即技术与人的异化，以及技术对于人的控制。其实，任何技艺从来都超出了人的主体性。但只是到了现代技术，这种超出才被硬化、形式化和构架(Ge-stell)化了。正如前文中已经提到的，现代技术的本性就是“构架”或“构设”，它与引发争斗的间隙和格式塔构象有关。海德格尔之所以用这个有“框架”、“托架”含义的词，一方面是要显示它与“几微”、“间隙”(框架中总有间隙隔开的空间)这条思路的内在联系，另一方面是表明这种构架的强制性和事先规范性。所以，这种构架意味着：按着某种规格设置(stellen)架隔，并向这架隔中放置(stellen)某种预订(bestellen)的现成存放物(Bestand)。[①] 因此，这种框架的揭蔽方式是“引发－逼索”或“挑战”(Herausforderung)式的。这个词的通常意思是“向……挑战”、“挑起”、“引起”。它的前一半“heraus”，意为“从……出来”，与技艺几微的“带上前来”(Hervor-bringen)的前一半遥相呼应。它后一半“fordern”的意思是“要求”、“索取”、“挑战”。海德格尔仍然是在一种“居中”的意义上使用它。

① 《演讲与论文集》，第23页。

一方面，它是一种揭蔽方式和存在论意义上的构成方式，将存在者（能量、材料、动植物）从大地和自然的隐藏之中带“出来”、释放出来，并造就出它的存在者身份；另一方面，这种揭蔽不是艺术型的，也不是手艺（手工技术）型的，而是强索的或“按图索骥”式的。

康德“人为自然立法”的说法就是这种技术揭蔽方式的鲜明哲学表达。人为自然“设立”法度或先天框架，就说明这种“法”与自然的关系不是缘构域型的或相互缘发的，而是掺进了某种硬性的形式（直观形式、知性范畴、先验统觉），具有“你（自然）必须依从这些形式而被给予我”的含义。但是，另一方面，这并非简单的唯我论，因为这类形式不是可以随意设立的，也不能仅仅根据形式逻辑的先天推理样式确立；而是必须与经验直观相耦合，以取得这立法的资格。也就是说，对这种立法本身的合法性的追究必然表现为追究这些先天形式**如何能**取得切合自身的经验直观的问题；或者，如果将直观的形式也看作一种先天形式的话，这些形式之间如何能相互契合的问题，即所谓“演绎”的问题。然而，正是通过“演绎”，这些先天形式找到了它们的缘构根子，即由先验的想象力构成的几象，相应于海德格尔在讨论艺术与技术问题时讲的“技艺几微”。所以，技术构架的“为自然立法”确有“逼索”之意，但它之所以**能**逼出它索要者，却是因为它的根子在几微之中、在缘在的域构成之中。在这个意义上，现代技术的本性——构架化——本身并非技术性的，而是缘构成的、引发争斗的和揭示性的。[①]

因此，现代技术的构架化不应被理解为像书架那样的死板框架，而是一个正在构造着的调控和保持机制。比如，它体现为将自然中隐藏的能（煤、石油、铀）开发出来、转形加工、储存、传送以及各种不

---

① 《演讲与论文集》，第24页。

断翻新的转换。这都是揭蔽的具体方式。这种构架化既不会停止，也不会失效。它总能在多层反馈互锁的路径或间隙中不断地解决新问题，调控和维持住自身，通过前一步的设置就为下一步的动作设置了前提。因此，在它里面处处是无例外的和安全的。它是一个建立在揭蔽基础上的自构、自控和自身复制的系统。它的产品因而是规格化的、现成的、可存放的，与艺术作品和手艺制品都不同。对于现代技术，能量也可被现成化或储存起来，而一架风车利用自然、揭示自然的方式却是境域式的和当前化的。

这种技术系统的构架化本性在现代物理学中得到了最精密的智力体现。它的方法论特点可上溯到古老的数学，[①]而其思想根源甚至可以在古希腊的通过“当前化”和“在场”来揭示实在的哲学中找到，因为这种在场揭蔽或“带上前来”有一种沉沦为现成的在场者的倾向，并因而发生存在与存在者的二元分离。这种二元性贯穿了从巴门尼德斯开始，经过柏拉图、康德到尼采的整个西方哲学。[②] 技术构架与缘构境域的分离就是这种存在者与存在的分离、概念对象与语言言说本身的分离的历史体现。因此，这技术系统具有极为深厚的构造活力和自维持、自断定的功能。这也正是其危险所在，或对人的威胁所在。处在它里边，你找不到它的边界和局限，似乎天底下没有它不能计划、计算和解决的问题。“人工智能”集中地体现了这种魔力。今天不能解决，将来一定能解决。它永远现实，永远合理；逻辑和概念真理也永远站在它的一边。环境保护主义、文化保护主义的主张也似乎只能通过使用更聪明的技术来实现。所以，这技术世界就活动在一个普遍化、无限化了也平板化了的(庸俗)时间形态中；

---

① 《演讲与论文集》，第25页。

② 海德格尔：《什么叫做思想?》(*Was Heisst Denken*?)，Tuebingen: Max Niemeyer，1954年，第174页。

从根子上就排斥别的(可能是更微妙的)揭蔽方式。一个被现代技术构架塑成的人是有效率的,在他的专业领域中可能还具有创造性。但是,语言对他成了交流的工具,爱情、艺术、诗、冒险成了放松神经、满足欲望、点缀生活和寻求刺激的玩意儿。最重要、最根本、最真实的只是去完成这个巨大高效的技术构架所交代的任务。一句话,这个技术构架将一切都平板化、现成化,只是除了它自身。

这样,人的缘在就受到了限制和扭曲。当他只通过构架来揭蔽,来让存在者显现时,他在根本处却遮蔽了自己的本性,因为这本性是纯缘构的,再活跃的构架揭蔽活动对它而言也是比较呆板的,更不用说只作为这种构架活动的现成产品的生活形态了。因此,在现代工业化、商业化和信息化了的社会中,在极其活跃、创新、自由和有能力的外表下,我们看到的是缺少灵性的和构架化了的人。这种生存形态与《存在与时间》分析的那种沉沦于世的、与"人们"同在的缘在形态都是"不真正切身的",但是它更加平板化和计量化。而且,对缘在的侵犯必然是对于这个与缘在共缘起的世界的侵犯,以及对于作为原在(physis)的自然的威胁。这种威胁巨大而深重;而且,按照海德格尔的理解,它是西方乃至全人类的历史命运。

就在这似乎无望的地方,海德格尔引用了荷尔德林的一句话:

> 但是何处有危险,
> 何处也就生成着拯救。[①]

技术化世界的最大危险并非来自技术本身,比如制造原子弹的技术、会污染环境的技术,而在于技术的构架化本性。然而,这本性却是与

① 《演讲与论文集》,第32页。

人的缘在本性内在相通的，就相当于《存在与时间》中所讲的不切身的缘在生存形态与真正切身的形态内在相通一样。人的基本生存状态，即不具备现成的本质，而只能在缘构中得到自身的缘发状态就是“危险的”。而这两种危险却正是意义境域的来源。所以，海德格尔认为：“在技术的本性中根植着和成长着拯救。”技术与艺术都是揭蔽的几微，返归这几微的技艺本性就是拯救之所在。[①] 更具体地讲，就是将技术的本性（Wesen）不再理解为柏拉图意义上的永远持续不变（Fortwaehrende）的那样一种持存（Waehrende），比如理式（eidos）；而是理解为一种“允许”（持存）或“让”（持存）（Gewaehrende）。从词的前缀上看，并结合前面关于技术本性的讨论，我们可知，从柏拉图的“持续不变”（Fort-waehrende）到海德格尔讲的“允让”（Ge-waehrende）是一种对待持存（Waehrende）者的基本态度的转变，即从“索要”、“挑战”、“立法”的**技术**理性的态度转变为“允让”、“任凭”（Gelassenheit）、[②]“让渡”的**技艺**理性的态度；或从形式规范的刚性态度转为引发自身的柔性态度。究其实，这种“引发自身”也就是《存在与时间》中讲的“现象学”的含义：“让那自身显现者以自身显现的方式来从自己本身被看到。”[③]它的最直接的表达就在“自身的缘构发生”（Ereignis ）之中。在“同一的原理”中，海德格尔不仅像他在别处所做的那样将两者结合起来阐释，而且涉及到中国的“道”。

---

① 《演讲与论文集》，第38—39页。

② 参见海德格尔：《任其而为》（*Gelassenheit*），Pfullingen：G. Neske，1979年。

③ 《存在与时间》，第34页。

十七、通过《老子》第11章来理解存在、时间与荷尔德林

2000年出版的《海德格尔全集》第75卷[①]中有一篇写于1943年的文章，题为“诗人的独特性”，探讨荷尔德林诗作的独一无二的思想意义，涉及海德格尔前后期著作中的一些重要话题。就在这篇文章中，海德格尔引用了《老子》第11章全文，以阐发他最关心的一些核心思路，比如存在论的区别、时间、历史、诗性和缘构发生。以这种方式，海德格尔视野中的老子与荷尔德林产生了交融，鸣发出深沉的思想谐音。而且，就海德格尔研究，特别是就海德格尔与中国古代道家关系的研究而言，此文献也有特殊的意义。它是迄今为止**被正式出版的**海德格尔谈及道家的材料中，最早的一篇（早于其他材料至少14年之久），而且它直接涉及的具体问题与另外的那些材料[②]有所不同。所以，指出这个珍贵文献的存在、提供它的中文译文、分析它与其他有关材料的关系，并揭示它的微妙思想蕴意，是本章的主旨所在。

一、问题所在

海德格尔这篇文章的题目已经点出了它的问题：诗人的独特性

---

① 海德格尔：《关于荷尔德林；希腊之旅》（*Zu Hoelderlin*；*Griechenlandreisen*），《全集》第75卷（*Gesamtausgabe*，Band 75），Frankfurt am Main：Vittorio Klostermann，2000年。

② 关于这些材料的出处，可参见张祥龙《海德格尔思想与中国天道》（北京：三联书店，1986年）附录，或本书第19—20章。

何在？但我们后边会看到，这实际上是一个引出更深更多的问题的引导性的发问。在评论家们看来，要回答这个问题，就需要对比历史上的诗人们，从中找到最出色的和最有诗味的。在理论家们看来，关键还是找到诗歌的本质或标准（Mass），按照它来找到诗人的独特之处以及最独特的诗人。海德格尔则认为这两种主张都不足以回答这个问题，因为它们都脱离了使诗人成为诗人、诗成为诗的原初形成过程。

"但作诗（Dichten）意味着什么呢？诗（Dichtung）的本性与高于（ueber）历史的那些东西无关，而只能源自历史，并被历史性地决定。"[①]要理解这段话，就须明了海德格尔在《存在与时间》中对于"现实历史"（Historie）和"[原本的]历史"（Geschichte）的区分，它对应着"[流俗化的]物理时间"和"[现象学化－缘在化的]生存时间"的区别。现实历史是由物理时空里的事件序列组成、由史学观念串讲起来、服从因果律的历史。[原本]历史或历时则是由人类的缘在（Dasein）的生存时间化行为所生成，先于任何对象化的关系与观察。[②]比如，一位诗人写诗的活生生的体验过程是历史或历时，而他写诗的

---

① 海德格尔：《全集》第 75 卷，第 36 页。

② 如前所及，由于缘在"总在缘中"（Da-sein，ist sein Da）的本性，从来就已经与世界缘发式地"共同存在"（Mitsein）了。所以，说缘在的活动生成了历史，并不是说人类的主体创造出了人类历史，而意味着人与世界的互动互补的"共同在缘"（Mit-Da-sein），及其时间化的印迹。这样讲来，历史实际上来自"共同在缘"这样一个更宏大和生动的过程，因此在人类缘在的深刻感受中，历史（Geschichte）就并不只出自人类自身，而是以切合人类缘在的那种"顾后瞻前"的方式"被发送"（geschickt）来的，因而包含了缘在的"命运"（Geschick）和对于这种命运的领会可能、前知可能。[请注意这三个德文词——"历史"、"被发送"与"命运"（及"天意"[Schickung，原发送]）——的相似。这种词与词之间的相互映衬与隐喻是海德格尔表达重要思想时最常用的手法，以使思想获得韵脚，当场舞动起来，生成自身。]

由于"Geschichte"（历史）这个词具有这些比一般人心目中的"历史"更原本的含义，我们也可以考虑将它译作"历事"或"历时"。

这个事实及其对象化的后果（比如一本被写出的诗集），则形成现实的历史。可以说，历史的根扎在缘在的时间－时机化本性之中，而现实历史的根又扎在历史之中，表现在物理的、宇宙的时间里。因此，“源自历史，并被历史性地决定”的说法意味着，真正的诗性只能在诗人这个缘在的时间化（Zeitigung）生存活动中被构成，别无他途。

“诗人自身说出诗是什么；他总是按照他所诗化的东西的本性来言说。”[①]这就是诗人的独特的时间化的生存方式或诗化的方式：他要按照他所诗化的东西来言说，可是他所诗化的东西还正要在这言说中被生成。这不仅涉及海德格尔讲的“解释学的循环”，而且更与这种循环的条件，即缘在的生存**时间**相关。这种时间**在**过去与将来的**相互交织中构成**，所以能够为那种有发生力的而非干瘪的“循环”提供可能。于是就有这样一段话：

> 如果一个诗人必须特意诗化这诗的本性，而且是将这诗的本性当作历史性的东西，或正在来临者（Kommendes），那么，这诗人就时间而言的被诗化状态（das Gedichtete dieses Dichters hinsichtlich der Zeit）就被凸显出来，以至于这位诗人的独特性直接地进入了光明。[②]

这里的关键是那“正在来临者”，是它使得诗人的被诗化状态和诗人的独特性可能。它实际上就是海德格尔在《存在与时间》中讲的时间性三向度中“将来”（Zu-kunft）这一向度，海德格尔最看重它，以便突

① 海德格尔：《全集》第 75 卷，第 36 页。此后半句话的原文是：“er sagt es je nach dem Wesen dessen, was er dichtet”。“诗化”（dichten）这个词的原意是“创作”、“写诗”、“虚构”。

② 同上书，第 36—37 页。

出缘在时间的非现成的、不可被测量的、纯生成的本性。当然，它与“过去”（已存在）和“现在”（当下在场）内在交织，相互成就；在相互过渡与出离自身中构成生存时间、赢得自身。所以，如果通过这正在来临的，并与过去交织的时间来看待诗人的活动，他的言说就既是“先说”（Vorsagen），又是“后说”或“照着说”（Nach-sagen），当然不是照着现成的东西说，而是“照着存在之语来说着的先说”（das dem Wort des Seyns nach-sagende Vorsagen），[①]也可以被看作是“还没有被［当作传送现成信息的手段而］言表出的说”（die noch ungesprochene Sage），在其中也就会保存着“一个民族的语言”。

“这样一位独特的诗人就是荷尔德林。”因为他的诗不是出于他的主体性，而出自“那正在来临着的时间［或时代］”（die kommende Zeit），并由此而诗化出了或创作出了“诗人的使命”和“真理”。他的独特性因此是由“发送源”或“天意”（Schickung）发送来（geschickt）的，他的诗是“照着存在发出的呼唤来说着的先说”，而“这存在是纯发生的，只在缘发生中得其命运，并［因此而］被称作历史或历时”（das Seyn sich ereignet und nur im Ereignis geschicktes und das heisst Geschichte）。[②] 所以这位独特的诗人在题为《面包与葡萄酒》的诗（第一稿）中要这样写道：

先于时间！这是神圣歌手的使命，
因此他们服侍并转变巨大的命运。[③]

---

① 海德格尔:《全集》第75卷，第37页。

② 同上书，第36—37页。以上所引者皆出于此页。

③ 同上书，第37页。这里“先于时间”（Vor der Zeit!）意味着先于那种被现成化的物理时间，而进入纯发生的、源自将来的、与过去交织着的、充满命运感的存在时间。

而且，荷尔德林和海德格尔都感到，这先于物理时间的来临时间或生存时间，虽然不可被当作对象加以测量，却包含着一种自身构成着的尺度(Mass)、分寸、韵律与命运，即一种“测度着的并且自身也被测度的尺度”(messenden und selbst gemessenen Mass)。上帝可以全知全能，但却缺少这种生存时间中才有的尺度，此之谓“上帝的缺失”。[①] 人们只有深刻体验到这种缺失，才有可能开始理解生存与存在本身的含义。

现在有一个关键的问题，即我们如何才能感受到、**注意到**(*achten*)这种诗人的独特性，或者说是感受到被这诗人的诗化言说所揭示的时代真际，即那“正在来临着的时间”呢？海德格尔写道：“独特的问题倒是：我们是否未注意到那总在原本来临着的时间？或者说，我们是否学会了这种注意或留心(die Achtsamkeit)，并且由它而能够原发地思念(das urspruengliche Andenken)那去思索者(das zu Bedenkende，去馈赠者)。”[②]只有注意到了这生存着的时间，我们才不会将荷尔德林的诗作当作自言自语的呓语，而是从中感受到一个来临着的时代，也就是能够原发地思－念到、“纪－念”起那个被遗忘的存在本身的真理。

“这样思念着，我们转向一种纪念(Gedaechtnis)，它纪念那在诗化及思化之道说(dichtenden-denkenden Sage)中向人诉说的和被遗赠(vermacht ist)给人的东西。在这样的纪念中，对于人的本性的最高规定成为现实，因为这规定是从存在本身(Seyn selbst)的深处被奉献给这纪念的。”[③]人们可能会感到困惑，像海德格尔这样一位重视“将来”或“来临着的时间”的人为什么在这里和不少后期作品

---

① 海德格尔：《全集》第75卷，第38页。

② 同上书，第42页。

③ 同上。

中，要大讲那朝向过去的“思念”（Andenken）和“纪念”？其实这正是生存时间的特点决定的，因为，这种时间是以“正在来临的曾经存在（保持着的发生 - 发生着的保持）”或“过去、当前与将来的交织”为特点的。此外，“思念”与“纪念”的德文表述中都有“思想”这个海德格尔喜欢的词根。①

可是问题在于：“我们这些数百年以来就处于不注意状态之中的人们如何**学会**这种注意呢？”②从笛卡儿以来，就认为人的本性是绝对的意识主体，与时间，尤其是“正在来临的时间”毫无关系。而且，自柏拉图以来的西方形而上学传统，基本上也都看不出存在的真理本身与时间有什么内在瓜葛。基督教的上帝则只是将时间当作他创世的一种形式，它在人类堕落之后才进入现实历史，并作为上帝救世计划的框架，因而这位至高无上的神不可能关注诗与思、诗人与来临时间的生死攸关的联系，于是就有上面提到的那个“上帝的缺失”。荷尔德林表现出了诗人的独特性，但他的诗作却长期被埋没，他 73 年的生命里起码有 36 年在疯癫中度过。而且，即便在 20 世纪初他的诗作被重新发现之后，能否合适地理解它们也还是大成问题的。在这种让人绝望的情况下，如何才能学会这至关重要的“注意”或“尊重”呢？这确实是摆在所有西方人（包括海德格尔本人）和受西方影响的人们面前的挑战性问题。就在这里，海德格尔转向了东方的、古代中国的老子，寻求一个关键性的帮助。

---

① “思想”是“denken”，“思念”（或“怀念”）可读作“An-denken”，“纪念”（Gedaechtnis）则可视为是“denken”的过去分词“gedacht”的间接名词化。而且，“denken”与“dichten”（诗化、创作）虽然词源不同，但对于海德格尔而言很可能也有某种隐蔽的牵连。

② 海德格尔：《全集》第 75 卷，第 42 页。

二、对《老子》的征引与解释

就“如何才能学会这种注意?”的问题,海德格尔接着写道:

> 我们通过观看那不显眼的简朴(Einfache),越来越原发地获得(aneignen)它,并且**在**它**面前**变得越来越羞怯,而学会这种注意。
>
> 那些简朴事物的不显眼的简朴使我们靠近了那种状态,依循古老的思想习惯,我们就将这种状态称之为存在(das Sein),并与存在者(Seienden)区别开来。
>
> 老子在他的《道德经》的第11首箴言诗中称道了在**这个**区别之中的存在(das Sein in *diesem* Unterschied)。[①]

这里,海德格尔认为老子《道德经》第11章与他本人在《存在与时间》中提出的著名的“存在论的区别”——必须将“存在”与“存在者”区别开来——直接相关,也就是说,老子在那里所讲的正是在这个区别之中的存在本身!这实在是一个极为新鲜而又极为重要的断言。不过,海德格尔也并非突然就把他讲的“存在”与《老子》拉在一起,而是利用了一个含义颇深的中间环节,即“那不显眼的简朴”。“简朴”(Einfache)这个词在海德格尔后期著作中经常出现,往往与他对荷尔德林的解释、对语言本性的探讨,以及对当代盛行的那个太不简朴的技术文化的批判有关。这里用它来暗示老子的思想,实在是非常合适、合理,因为《老子》尚“朴”,比如其第19、28章等,而且海

① 海德格尔:《全集》第75卷,第42—43页。

德格尔能读到的德文《老子》的译者基本上都将“朴”或“素”译作“Einfachheit”或“Einfalt”，[①]并将老子与其他古代思想家相对比，突出其思想的“素朴”性，或在“多重性”或“二重性”中的“一”(Einheit)。[②] 而且这“朴”、“素”、“一”与“[诗人的]独特性”(Einzigkeit)对于海德格尔而言也有词源与思想上的联系。海德格尔相信，通过直接地、越来越原发地体验到这种“不显眼的简朴”，并在它面前变得越来越羞怯(这“羞怯”可比于老子讲的“损之又损”、“不敢”、“柔弱”，或舍勒讲的“羞感”)，就可能学会那关键性的对于生存时间的注意。而且，这种“简朴事物(einfachen Dinge，可比于老子讲的‘道之为物’之‘物’)的不显眼的简朴”会将我们带到领会存在本身——而非仅仅存在者——的近邻处。就这样，凭借对于“简朴”的观看，海德格尔将读者引到了“《道德经》的第 11 首箴言诗(Spruch)”的面前。他是这样用德文来表达它的：

> 这首箴言诗曰：
>
> 三十根辐条相遇于车毂[三十辐共一毂]，
>
> 但正是它们之间的空处(das Leere zwischen ihnen)提供了(gewaehrt，允许了)这辆车的存在[当其无，有车之用]。

---

① 比如斯特劳斯(Victor von Strauss)的译本 *Lao-tse*：*Tao Te King*，Conzett & Huber：Manesse，1959 年(此译本第一版于 1870 年在德国的莱比锡[Leipzig]出版，是第一个德语《老子》译本，影响深远)，第 79 页。

又比如威廉(Richard Wilhelm)的译本 *Laotse*：*Tao Te King—Das Buch vom Sinn und Leben*，Duesseldorf，Koeln：Eugen Diederichs，1978 年(此译本第一版出版于 1911 年，德国耶拿[Jena])，第 59 页。

乌拉(Alexander Ular)的译本 *Die Bahn und der Rechte Weg des Lao-Tse*，Leipzig：Insel，1921 年，第 34 页。

② 如威廉译本，第 34—36 页，第 164 页。

器皿出自(ent-stehen)陶土[埏埴以为器],

但正是它们中间的空处提供了这器皿的存在[当其无,有器之用]。

墙与门窗合成了屋室[凿户牖以为室],

但正是它们之间的空处提供了这屋室的存在[当其无,有室之用]。

存在者给出了可用性(Brauchbarkeit)[故有之以为利],

非存在者(das Nicht-Seiende)则提供了存在[无之以为用]。①

德文译文与这一章的中文原文[在中国读者眼中可能有的]的差异,有的出自两种语言和文化的"不可公度性",有的来自海德格尔所依据的德文《老子》译本,有的则是海德格尔本人的有意为之。

通过比较多个德文《老子》译本,可以看出,海德格尔这段译文与乌拉(Alexander Ular)的德文《老子》译本最相近。② 考虑到海德格

---

① 海德格尔:《全集》第 75 卷,第 43 页。正文是对海德格尔文章中《老子》第 11 章德文译文的中译,方括弧里面是此章的中文原文。

② 海德格尔提供的译文是:"Dreissig Speichen treffen die Nabe, /Aber das Leere zwischen ihnen gewaehrt das Sein des Rades. //Aus dem Ton ent-stehen die Gefaesse, /Aber das Leere in ihnen gewaehrt das Sein des Gefaesses. //Mauern und Fenster und Tueren stellen das Haus dar, /Aber das Leere zwischen ihnen gewaehrt das Sein des Hauses. //Das Seiende ergibt die Brauchbarkeit, /Das Nicht-Seiende gewaehrt das Sein."同上页。

乌拉的译文是:"Dreissig Speichen treffen die Nabe, /aber das Leere zwischen ihnen erwirkt das Wesen des Rades; /Aus Ton entstehen Toepfe, /aber das Leere in ihnen wirkt das Wesen des Topfes; /Mauern mit Fenstern und Tueren bilden das Haus, /aber das Leere in ihnen erwirkt das Wesen des Hauses. /Grundsaetzlich: /Das Stoffliche birgt Nutzbarkeit; /Das Unstofflich wirkt Wesenheit." (Alexander Ular: *Die Bahn und der Rechte Weg des Lao-Tse*, S.17)

尔本人不懂中文的事实，而且他写这篇文章时值 1943 年，早于他与萧师毅的合作，可以推测，他在写出这段译文时的主要依据是乌拉的本子，当然也可能参照其他可用的译本，比如斯特劳斯本和威廉本。

对比海德格尔提供的译文与《老子》第 11 章的原文，最大的不同是：(1)海德格尔将这一章中出现四次的"用"字译为"存在"(Sein)，而其他的德文译本，除了乌拉的，都没有这么译(斯特劳斯本译为"Gebrauch"[使用]，威廉本译作"Werk"[运作])。乌拉译为"Wesen"(本性)，与"存在"的过去分词"gewesen"有呼应。(2)海德格尔追随乌拉，将"无"译为"Leere"(空处)。其他译本都只译为"Nichts"(无)或"Nicht-sein"(非存在)。(3)"在……之间"(zwischen)这个介词在海德格尔的译文中出现了两次，而在乌拉译本中只出现一次，在其他译本中则没有出现。由此既能看出海德格尔依据乌拉译本的理由，也能感到他理解老子的某种特别倾向。这些倾向表现在他接下来的解释中，也表现在他后期的术语与思路之中。[①]

现在我们来看海德格尔对《老子》第 11 章的解释：

> 这个引文包含着这样一个意思：那处于一切**之间**者(das Zwischen alles)，当它就在其自身中被刚刚打开时，并且在留逗(或片刻)与境域的展伸中得其伸展时(weitet in die Weite der Weile und der Gegend)，它多半会被我们太轻易和经常地当作

---

① 比如海德格尔的《物》一文就明显受这段译文的直接影响。他在那里就从"空处"(Leere)来理解"容器"(Gefass)或"壶罐"(Krug)的"容纳能力"(Fassende)和"物性"(Dinghafte，实存性)，并由此而探讨"四相"(天、地、神、人)的缘发生型的"素朴"(Einfalt，一体)。这些都与他对现代技术文化的批判和对荷尔德林的阐释(壶罐倾注出葡萄酒，而"这倾注的馈赠中逗留着四相之素朴")内在相关。参见海德格尔：《全集》第 7 卷，第 170 页(Martin Heidegger：*Gesamtausgabe*，Band 7，Frankfurt am Main：V. Klostermann，2000 年，S.170)以下。

> 无意义的东西(das Nichtige)。……而**在其间**(Indessen)则是这样一种聚集(Versammlung),它本身在瞬间与时间(Augenblick und Zeit)中汇集着和伸张着(sammelt und ausbreitet)。①

这样的解释可能会令不少人感到意外,因为海德格尔既没有一上来就谈论“无”或“空处”,也没有朝着“存在”而发言,而是首先关注“那处于一切之间者”,实际上是将这“之间”(das Zwischen)当作了无(空处)与有(存在)的源头,尤其是当作了领会现象学时间的一个微妙视角,即**注意**那刚刚过去与正在来临**之间**、生成着的各个片刻留逗**之间**,即所谓“在其间”(Indessen)。这样,对于海德格尔,老子说的器室之空无处就不像不少注释者们所认为的,**只**意味着一个有用的空间,而是被赋予了现象学的视域(Horizont)或境域(Gegend)的特点,尤其是海德格尔讲的**生存时间**的缘发生结构和境域性。它是那么动态,那么不可被现成化、对象化为任何一种可直说的存在者,但绝又不离开这变化的过程而另觅超越的居所,所以只能以纯过渡性的而又纯发生性的“之间”表现出来。这才是活的“无”,让那些只注意它产生的结果而不注意它本身的展现与伸展的人们总是遗漏掉它。

通过这样一个“之间”,海德格尔将他对《老子》的读解与他前期讲的生存时间及后期的一系列思路(如技艺[techne]和语言所具有的引发人的生存领悟的“间隙”[Riss]、四相[天、地、神、人]之间的缘构发生[Ereignis]、“转向”或“互补”的存在论含义、“道-路”的“永在开道之中”的深义等)联系了起来,同时也与他在此文前面讲到的,

---

① 海德格尔:《全集》第75卷,第36页。译文中的黑体是译者所加,为了使读者留意海德格尔所强调的那些过渡环节。

诗人独特性只在诗化之中，而非任何外在关系中才能得到理解的观点相关联，也与他讲的诗化只能在诗人的言说与倾听之间生成的思路挂钩。总之，这是一个纯生成式的**方法论**切入"点"（活点），是一个极有助于理解海德格尔前后期思想神髓的"[正在发生]之间"，而这正是他从老子的"当其无"中解读出来的。于是，他接着写道：

> 这些留逗或片刻作为逗留着的境域（die verweilende Gegend）而存在。源自这些对立着的留逗**之间**（das Zwischen der gegnenden Weile），所有的**在之间**（Inzwischen）就获得了其本性以及这样一种区别的可能性，即将**在某某之间**（*Inmitten*）意义上的所谓"在之间"与**在其间**（*Indessen*）意义上的**在之间**加以区别的可能性。**在某某之间**是其本身处于地点与空间里面的聚集，而**在其间**则是这样一种聚集，它本身在瞬间与时间中汇集着和伸张着。[①]

"逗留着的"（verweilende）意味着对立而又互补互成，因而只能通过发生而维持着的。所以任何真正"逗留着的"不会是任何现成者、可对象化者，不管它是主体还是客体，而只能是发生现象学意义上的"境域"，或者表现为交织着的、正在来临着的生存时间，或者表现为纯发生的"空"间。而且，这境域不可被概念化为[例如]物理学、心理学中讲的"场"，也不可概念化为宇宙论意义上的原始材料。比如"元气"，而只能作为"对立着的留逗**之间**"而理解：在正在过去与来临之间、彼此之间、阴阳之间。如那位深刻影响过胡塞尔的现象学时

① 海德格尔：《全集》第 75 卷，第 36 页。译文中的黑体是译者所加，为了使读者留意海德格尔所强调的那些过渡环节。

间观的威廉·詹姆士所说:“任何要对这些[意识流的]例子做反思分析的企图,实际上就好像是要凭借抓住一个旋转着的陀螺来把握它的运动,或者是,要尽快地点燃煤气灯,以便能看见黑暗是个什么样儿。”[①]而且,他还认为,这种“之间”一点也不神秘,而是处处存在于我们的生活体验之中:“我们听到的雷声并不是纯粹的雷声,而是那‘打破安静的并与安静对立着的雷声’(thunder-breaking-upon-silence-and-contrasting-with-it)。”[②]

以此“之间”为源头,海德格尔区别了“在某某之间”和“在其间”,前者是存在者们的存在方式,也就是那些注意不到**原发之间**的人们看待**之间**的方式,即一种物理空间化的方式,如“椅子在天花板与地板之间”;后者则是生存时间化的或历时的看待**之间**的方式,先于一切“在某某之间”,为一切存在者开启存在的可能,因而是提供生存尺度的、构成人生命运的真正的**在之间**。这个区别是海德格尔的“存在论的区别”的另一种表述。海德格尔写道:

> 在这种[真正的]**在之间**里,人居留着或居住着(wohnt),如果他的居留就是那思念(Andenken)的话。这种思念在正保留着的状态中被留住(im Bleibenden verbleibt),而这正保留着的状态就在对真理[或保持-状态]而言的存在遗赠中被保持下来(welches Bleibende verwahrt ist im Vermaechtnis des Seyns an die Wahr-heit)。[③]

---

① William James: *The Principles of Psychology*, Harvard University Press, 1983, p.237.

② 同上书,第234页。请注意,这段引文最后一个短语的形成方式表明,詹姆士先于海德格尔,早就有了在词之间加小横线的习惯,以表达那正在构成之中的、非对象化的状态。

③ 海德格尔:《全集》第75卷,第43页。

海德格尔的这段话不仅将他针对《老子》第 11 章讲的与他前面关于诗人独特性所讲的进一步牵连了起来，比如通过“思念”、“真理”、“遗赠”、“保留”、“存在”这些词所表示的，而且有进一步的扩展，涉及对于人的本性的看法。“在这种**在之间**里，人居留着。”按这个看法，人的本性或将人与其他存在者区别开的特性就不是任何可现成化者，比如那已经预设了主客体存在的“反思理性”、“自我意识”、“爱”、“意愿(或意志)”等，而只是那原发生着的**在之间**。人居留在天地之间、过去与将来之间、光明与黑暗之间、主体与客体之间，作为这**在之间**保持自身的根本尺度而存在。用他描述“时间”的话讲就是：“在自身之中并且为了自身地‘在自身之外’”。① 在上边引文的最后一句话里，海德格尔在“真理”这个德文词“Wahrheit”的中间用一小横线间隔开，写为“Wahr-heit”；它前一半的动词化形态“wahren”的意思就是“保持”，再加以元音变化则成为“waehren”，意为“持续”或“存在”，与海氏译文中的“提供”(gewaehren，允许)的意思打通。通过这种方式，海德格尔显示真理是有生存时间性的，不只是光明或去蔽，还需要隐藏或保留的护持。人就居留于这种保留着的开显之中或之间，即“正在保留着”(Bleibende)或“正在生成着的保留”之中。

于是海德格尔以下面这一段结束了这篇文章：

> **在之间**—对立着的留逗—纪念—纪念中包含的、在遗赠的展幅中对反着的逗留就是所谓“内在状态”—人的“空处”(“das Leere”des Menschen)；源自此空处，那些精神、灵魂、生活的维度，及它们的(由形而上学表象出来的)统一才首次获得其本性。②

---

① 海德格尔：《存在与时间》，第 329 页。以下关于此书的注释将只给出此通行本的页码(《全集》本的边页码)。

② 海德格尔：《全集》第 75 卷，第 43—44 页。

用小横线间隔开的文字，实际上都是有根本联系的语词与思路，前面的阐述已涉及其中的大部分。海德格尔在这里讲到“人的‘空处’”，其“空处”就是取《老子》第 11 章之义，而“人的‘空处’”也就是指这**在之间**或对立着的留逗等。它是海德格尔心目中的人的本性，不同于西方传统中对于人的本质的一切看法及其形而上学的表象。海德格尔后来在《论人道主义的信》等文章中表达的人性观在这里已有了一个充满“在其间”的张力的开端。通过它，“诗人的独特性”的问题也得到了进一步的回答。

总之，这种不可被现成化的“在其间”就是那“不显眼的简朴”，通过感受它，我们才能注意到那正在来临着的时间或时代，由此而能知晓诗人的独特性所在，并理解存在本身的含义。

三、海德格尔引释《老子》第 11 章的独特性所在

在发现以上这个材料之前，我们所知道的事实是，海德格尔在公开出版的著作中引用老子、庄子，或直接讨论老子之道的文字有**四处**，全都来自他 1957 年至 1960 年期间写的论文和演讲稿，[①]涉及他后期关心的几乎所有重大问题，即现代技术的本性、它对人类的威胁、克服它的途径，以及语言的本性、自身的缘发生、东西方思想的关系等。但它们都没有直接讨论海德格尔的前期思想，也就是以《存在与时间》(1927 年)为代表的思想及其主导词。不少学者认为海德格尔对哲学的贡献主要来自《存在与时间》，视他的后期著作为“诗性的”或“非哲学的”，因而忽视之。由此，也就认为海德格尔对道家的

① 见本书第十九、二十章。

关注只是后期“非哲学化”异举的伴生物，缺乏纯哲理的意义。不管这些看法多么站不住，但它产生的实际影响是相当大的。所以，迄今为止，西方哲学界严肃关注海德格尔与道家关系的研究者很少，厚厚的海德格尔传记也几乎完全漠视这层关系。

这个新材料的出现可以大大改变这种现状。它的写作比那些材料起码早了 14 年，而且，它明白无误地表明，海德格尔对老庄的兴趣**与他的《存在与时间》的核心思路是直接相关的**：既与“存在论的区分”及“存在本身的含义”相关，也与“时间”的原本意义相关。他写道：“老子在他的《道德经》的第 11 首箴言诗中称道了在**这个**[存在论的]区别之中的存在”。[①] 而且，从以上分析可以看出，他在数个德文《老子》译本中特意选择乌拉译本，[②]一个重要理由就是这个本子有利于他将老子讲的“用”，译为“存在”(Sein)，使之反复出现四次，并在末尾以“存在者给出了可用性[**故有之以为利**]，非存在者则提供了存在[**无之以为用**]”这种“一锤定音”的方式将他的“存在论的区分”与对“存在”的理解与老子的思路及话语耦合了起来，表现出了相当强烈的与《老子》对话和进入《老子》语境的冲动。他认为是“非存在者”或老子讲的“无”为我们提供了领会“存在”的契机，也就是那使我们可以“注意到”那“正在来临的时间”的契机。

但是，“非存在者”或“无”有何德能，以致能够使我们注意到生存时间这个“可以理解存在的视域”[③]呢？这里的关键就是海德格尔对于这“无”的一种微妙解释：即“之间”(das Zwischen)或“在之间”

① 海德格尔：《全集》第 75 卷，第 43 页。强调符是海德格尔自己加的。

② 有证据表明海德格尔在 1943 年之前早已读过不止一个《老子》译本，比如他 1930 年《论真理的本性》手稿中引用的《老子》第 28 章的“知其白，守其黑”的译文，可以判定出自斯特劳斯本(“Wer sein Helle kennt, sich in sein Dunkel huellt”)。有关事实可见本书第十二章末。

③ 海德格尔：《存在与时间》扉页。

(Inzwischen)。无并不是一片虚无，纯否定，而只是对一切现成之物的否定(因而“非存在者”也可写为“非现成者”)，所以它总处于似乎对立着的存在者“之间”，比如前与后之间、左与右之间、主与客之间等，既不可还原为这些存在者，又不脱离它们，就如海德格尔的《老子》第11章译文所说，“三十根辐条相遇于车毂[**三十辐共一毂**]，但正是它们之间的空处，提供了这辆车的存在[**当其无，有车之用**]。”可见，这“之间的空处”乃是存在者们之所以可能的根据。而这“之间”，如果被生动理解的话，就会引我们到生存时间上来，因为这种时间乃是它最切近的活灵活现。“**在其间**则是这样一种聚集，它本身在瞬间与时间(Augenblick und Zeit)中汇集着和伸张着。”[①]以前的西方哲学家们总是将时间理解为“现在的延伸”，但是，如果我们深思之，就会发现问题：哪里有任何现成的“现在”呢？一切现在，哪怕是一瞬，也只能是对“刚刚过去”的保留和对“马上就要到来”的预期的**交织**。也就是说，总是**存在于**过去与将来**之间**。这“之间”明显地超出了一切现成者(哪怕是“过去”与“将来”本身)，但它又是那么直接地可领会、可体验，所以它既能助人摆脱形而上学，又能使人不陷入虚无主义和相对主义。它就是源头，正是它“提供了存在”，或提供了理解存在本身和人本身的契机。通过这个与老子对话而体会到的“之间”，海德格尔试图更深入地理解他前期最关心的问题，即缘在(人的生存形态)、时间与存在。

而且，这种对于生存时间的“之间”式的解释，比起《存在与时间》中的“出[神]式”的(ekstatische)或“凭借出离自身而进入自身”[②]的

---

① 海德格尔：《全集》第75卷，第43页。

② 海德格尔：《存在与时间》，“**时间性就是这种在其自身和为了自身[自在自为]的‘出离自身’**”(*Zeitlichkeit ist das urspruengliche “Ausser-sich” an und fuer sich selbst*)。(德文版第329页)

解释,要更简洁,也更切中要害,是海德格尔后期“自身的缘发生”(Ereignis)的思路之魂。

通过仔细的审查还可以发现,海德格尔这里对《老子》的解释与他后期的主要思路确也有着内在的联系。“在这种[真正的]**在之间**里,人居住着(wohnt)。”这**在之间**超出一切现成者,所以人原本的居所或人的本性并不在可对象化的“有用”之处,而在海德格尔后来引用《庄子》时讲的“无用之大用”里。由此,他这里的讨论与他后期对现代技术的批判挂钩。而海德格尔眼中《老子》第 11 章讲的车、屋、器皿,作为古代技艺的“简朴”表现,无疑是与现代技术的架构化(Gestell)的对比。而通过将老子之道与荷尔德林的诗化相联,这“道”也就潜藏着作为“语言本身的言说”的“道言”,因而与语言的本性的问题相关。当然,直到 1946 年他试图与中国学者萧师毅合作翻译《老子》之后,他才能从文字学上完全确认“道”确有“道言”或“道说”(Sagen)之意,因而才敢于在后来的文章中直接说“道”里边隐含着语言的“全部秘密之所在”。

总之,海德格尔在这篇 1943 年《诗人的独特性》中的《老子》阐释,处于他的前期与后期思想之间,是他与老庄长期独自对话的一个结果,因而有不可替代的思想价值。

四、海德格尔视野中的荷尔德林与老子

海德格尔一生评论过许多哲学家和思想家,但他只对荷尔德林与老子给予了无保留的欣赏和最高的推崇,因为只有他们才是他心目中真正的诗性思想者。因此,《诗人的独特性》一文将这两者放到一起来讨论,就具有“独特的”意义。

海德格尔终生着迷于荷尔德林的原因可能有不少,但以上第一

节所涉及者——诗人的正在来临的时间本性、这本性与历史性及“一个民族的语言”的关系、与存在论区别的关系等——恐怕是思想上的重要原因。而海德格尔之所以要到老子那里去寻求理解或“注意到”荷尔德林独特性的契机，也颇能说明问题。他认为“道”的“在之间”的发生性最能揭示他的《存在与时间》的奥秘，也因此可以打开理解荷尔德林之门，说明在他心目中，这三者(老子、荷尔德林与他自己的思想)有极为内在的关联，而这种关联正是解决他当时最关心的现代技术本性问题以及相关的语言本性问题所亟需的。海德格尔后来在引用《老子》第 28 章的“知其白，守其黑”来批评当代技术文化时，也同时引用了“真正知晓古老智慧的荷尔德林”的诗句：“然而，它递给我/一只散发着芬芳的酒杯，/里边盛满了黑暗的光明。”(《怀念》第三节)[①]它呼应的是道家的黑白相交、阴阳相生的思路，也同样是对现代技术体制的“致死光明”的纠正。由此看来，海德格尔对荷尔德林的热衷，并不像有些美英学者所说的，只是出于对古希腊和德意志特殊关系的强调，或出于反理性的浪漫精神，[②]而更是来自转变思想方式的需要，即从那种单向的概念化、对象化理性的追求方式转变为双向互补相生的(“之间”式的)自然理性的追求方式，从西方中心转向东西方的对话。简言之，即一种缘发生式的返璞归真。这却是不少当时和现在热衷于荷尔德林的人们所忽视的。

荷尔德林自 1802 年起就开始精神失常，1807 年病情加重，由一位善心的木匠收留，一直生活在图宾根(即他青年时与谢林、黑格尔一起度过大学时光的地方)内卡河畔的一座塔楼里，直到 1843 年去

---

① 海德格尔：“思想的基本原则”(“Grundsaetze des Denkens”)，《全集》第 79 卷(*Gesamtausgabe*, Band 79), Frankfurt am Main: V. Klostermann, 1994 年，第 93 页。

② 例如美国史学家盖依(Peter Gay)：《魏玛文化》(*Weimar Culture: The Outsider as Inside*), New York & London: W. W. Norton, 2001 年，第 59、81、viii 页。

世。他这期间写的诗被后人收集为《塔楼之诗》(*Turmgedichte*)。[①]由于是诗人“发疯”之后的作品,所以少为评论家关注。我们今天读到它们,却会感觉扑面而来的道家韵味。诗人脱却了人世的牵挂与痛苦,摆脱了那种“毫无希望的与命运的抗争……美丽的感伤……黑暗的忧郁”,[②]几乎完全专注于春秋四季的自然,其宁静、清澈和内在的欣喜,哪像一位精神上的躁狂者所为!而收入了《诗人的独特性》一文的《海德格尔全集》第75卷中居然也有一篇评论此晚年诗作的短文。略加分析亦可以加深对于“海-荷-道”三者关系的认识。

此文就以所评论的荷尔德林小诗《秋[之二]》的第一行诗句命名,即“自然的光辉是更高的显象”。它写于1970年之后,正是海德格尔(1889—1976年)的晚年。海德格尔首先全文引述了该诗:

秋

自然的光辉是更高的显象,
那里收结了多少快乐的时光,
它就是这壮丽圆满的年华,
那里硕果化入喜悦的辉煌。

世界穿上了盛装,飘过空阔
田野的声音只轻轻鸣响,阳光
晒暖了和煦的秋日,田野静立

① 此诗集已有中文本,即《塔楼之诗》,先刚译,上海:同济大学出版社,2004年。
② 同上书,第83—84页。

如一片伸展的远望，微风吹荡

树梢枝条，伴着欢快沙沙声响
这时的田野已经变得空旷，
明朗景象的全部意义都活着
如一幅图像，四周飘浮着金色的盛况。①

海德格尔告诉我们，此诗是荷尔德林死前一年写成，而一位诗评家则认为荷尔德林的这些晚年诗作体现了"语言的'清澈与尊贵'"。② 但海德格尔马上指出，几乎还没有人注意到"自然的光辉是更高的显象"这一句，特别是其中的"自然的光辉"(Das Glaenzen der Natur)的深意。在他看来，这种"光辉"来自"多重"(Vielfalt)融入"一重"(Einfalt，简朴)的自然景象。"当晚风吹起时，/自然就特别简朴[或'一重']"。③ 它尤其来自**时间**中或**季节**(Jahreszeiten，年岁之时)中的一、多融合。海德格尔写道：

出自年时(或季节)多重的景象之多重被这年岁(Jahr)的一重完全支配。自然的光辉让这年时的进程显现。这自然的光辉

---

① 海德格尔：《全集》第75卷，第205页。此诗的中译文参照并部分采用了先刚的译文(《塔楼之诗》，第34页)，但根据德文原文做了改动。此诗的德文原文是："Das Glaenzen der Natur ist hoeheres Erscheinen，/ Wo sich der Tag mit vielen Freuden endet，/ Es ist das Jahr，das sich mit Pracht vollendet，/ Wo Fruechte sich mit frohem Glanz vereinen.// Das Erdenrund ist so geschmuekt，und selten laermet/ Der Schall durchs offne Feld，die Sonne waermet/ Den Tag des Herbstes mild，die Felder stehen/ Al seine Aussicht weit，die Lueffte wehen// Die Zweig' und Aeste durch mit frohem Rauschen/ Wenn schon mit Leere sich die Felder dann vertauschen，/ Der ganze Sinn des hellen Bildes lebet/ Als wie ein Bild，das golden Pracht umschwebet."

② 海德格尔：《全集》第75卷，第205页。

③ 海德格尔引自荷尔德林诗"欢快的生活"，同上书，第206页。

> 并不是现成状态(Zustand),而是一种发生事件(Geschehen)。在年时的进程中,年岁完成了自身。[1] 这个进程并不只存在于时间的干巴巴的顺序中,而是显现在每个年时里,它们在先行于和返回到另一个年时中推移,因而彼此相互交融。自然的光辉就是这样一种显现,在其中整个年岁都已经完整地显现了,并因此而先于所有个别的时间而不断地来临了。以这种方式,这光辉显象的"更高处"显示了自身,自然的特性也显示了自身。[2]

这样的解释呼应了以上阐述的《诗人的独特性》一文中的一些重要话题,虽然这两篇文章的写作相隔至少27年。"自然的一重或简朴"正是海德格尔在那篇文章中从荷尔德林过渡到老子的引线,人要通过它才可能留意到那"正在来临的时间",并接近"存在本身",将它与现成的存在者们区别开来。而"正在来临的时间",在这里就表现为"先于所有个别的时间而不断地来临"的整个年岁,也就是"自然的光辉"所在。此外年时或季节的"相互交融",或自然光辉的"发生"性,与老子之道的"在其间"的本性也是呼应着的。而且,荷尔德林这首诗中的"[田野的]空旷"(Leere)也与海德格尔的《老子》第11章中对"无"的翻译是同一个词等等。所有这些都让我们感到,海德格尔对荷尔德林的解释与他对老子的解释,以及与他自己最关心的思想,都是息息相通的。

海德格尔还进一步探讨这"光辉"(Glaenzen,放出光辉)的"完整"(Gaenze)的含义。[3] 他写道:

---

① 海德格尔这里的解释主要呼应《秋》诗第一节,特别是其中的"圆满的年华"。

② 海德格尔:《全集》第75卷,第207页。

③ 请注意这两个词之间的,以及它们与下面提到的"使之完整"(Er-gaenzen)之间的词形相似。这些相似对于海德格尔都有去构造诗意思想的呼应勾连的功能。本文通过括弧给出的德文词,其中有不少就是为了提示这种功能。当然,由于海德格尔时常做这类诗意思想的词语游戏,这些提示还远不是完全的。

> “光辉”与“金色的”(golden)是荷尔德林在表达中经常使用的和特别喜爱的词。这“金色状态”是指最高的和最丰富的光辉、最明亮和最纯净的外观(Scheinen,光线)。[①] 这金色的光辉飘浮在整体(Ganze)四周,构成着它的完整状态(Gaenze),[因而]就是“使之完整”(das Er-gaenzen)。[②]

> [然而,]这“使之完整”却不是事后的补充[以使之完整]。[因为]正是它才使得那整体的完整状态之圆(Rund)得以出现。[③] 这完整状态飘浮在一切东西的周围,并且就像一个发光的花环“环绕着”或“装饰着”所有的正在显象者。而那“更高的显象”就在这使之完整的光辉中生成。这[光辉]**就是**自然,让自然作为其自身而逗留着(verweilen)。由于它,自然是“神性的”。[④]

这两段话与《秋》诗中的最后两行,即“明朗景象的全部意义都活着/如一幅图像,四周飘浮着金色的盛况”,直接相关。而且,这“使之完整”的“金色状态”立刻令我们想到胡塞尔现象学中最受后人关注的“视域”(Horizont)思想,比如胡塞尔在《经验与判断》中讲的“每个

---

① 请注意这“外观”或“光线”与上面讨论的荷尔德林“秋”诗第一行中“显象”(Erscheinen)的词形、词源与词义的联系。

② 海德格尔:《全集》第 75 卷,第 207 页。在一般的用法中,“ergaenzen”意味着“补充”或“补足”,但如下段引文所说,海德格尔要将这个词意深化为“发生”意义上“使之完整”,所以他在这个词中加入了小横线。

③ 请注意这“圆”与“秋”诗中“壮丽圆满的年华”之“圆”、“世界”(Erdenrund)之“圆”的意思上和词形上的联系。

④ 海德格尔:《全集》第 75 卷,第 208 页。

经验都有它自己的视域”或“可能性的游戏空间”,[①]它环绕着那正在显现者,为一切存在者的出现提供了可能。内在时间就是这种视域的一个原本体现,它的朝后的和朝前的视域围绕着“原初印象”而出现与融合。海德格尔深化了胡塞尔的这个思想,使之不再受制于先验的主体性和原初印象,而具有最根本的地位,于是有了《存在与时间》。此外,这里讲的“金色光辉”与海德格尔讲的作为“澄明”(Lichtung)或“去蔽”的真理也很有关系,只是在这里,他强调它是飘浮在一切周围的“使之完整”或“使之出现”的生成可能,因而更突出了它的存在论意义上的缘构发生性。而且,由于这光辉就是自然,因而一定是阴阳(黑白、明暗)相交的,也就是荷尔德林在《怀念》一诗中讲的,在“一只散发着芬芳的酒杯”的空无处所盛满的“黑暗的光明”。再者,这引文中的“逗留”也出现在上述海德格尔对《老子》第 11 章的解释中,特别是对于原发生的和原本时间的“之间”的解释中。应该说,这两个“逗留”有着思路上的内在联系。

---

① 胡塞尔:《经验与判断》(*Erfahrung und Urteil*),Hamburg:F. Meiner,1985 年,第 27 页。

十八、接受审查和被禁止教学

1944年夏，希特勒统治下的第三帝国处于风雨飘摇之中。盟军正从西部战线逼近。按照海德格尔本人的回忆，他就在这时被纳粹当局视为是“完全多余的”，并“被命令到莱茵河对岸不远处（即凯撒斯图尔）挖战壕”。[①] 这次劳役结束后，海德格尔想在1944—1945年的冬季学期开一门名为“诗与思”（Dichten und Denken）课，作为关于尼采的读书课的继续，但开讲后的第二堂课他就又被征召入民团（Volkssturm），而且是被征召教师中年纪最大的（他那时已55岁）。[②] 这次征召历时不长，从11月8日至12月中旬。那时局势已颇为纷乱。11月27日，弗莱堡遭到英军和美军飞机的“灾难性”的轰炸，整个城市的正常生活完全中止，大学被迫关门，对当地人心有巨大震撼力。海德格尔在那不久就似乎解脱了民团服役，急急回到家乡梅镇，将自己的手稿（很多已经其弟弗里茨之手重新打印）运往离梅镇不远的毕廷根（Bietingen）的教堂塔顶中，[③]同时，他自梅镇给弗莱堡大学校长写了一封信，希望能暂时告假而留在家乡。这要求马上获准。弗莱堡这时正是一片混乱，人心惶惶，一些人提出要迁校到更安全之处。哲学系在这方面特别积极，几经讨论，最后在1945年3月底之前决定全系迁往多瑙河上游河谷地带的威尔登斯坦（Wildenstein）城堡去避难，只在弗莱堡留一个前哨点而已。不久，

① 《问题与回答》，第53页。

② 同上。

③ 奥特：《马丁·海德格尔：政治生活》，第299—300、371页。

整个哲学系就来到了这片海德格尔祖辈生活于其中的地区。古老的威尔登斯坦城堡屹立于危岩之上，融自然景色与军事艺术为一体。这一地区也正是荷尔德林写作“伊斯特尔”诗篇时所想到的自然环境。海德格尔很快与他的同事们会合。按奥特的猜想，退避到威尔登斯坦城堡很可能就是海德格尔出的主意。[①]

四月下旬，法军占领了这片地区，并未特别注意这群费希特、黑格尔的后裔。避难中的哲人们过着田园诗一般的生活，在五六月间帮助当地农民割草晒干。6月2日（星期日），他们在城堡举行了告别晚会；三天后，在下面的山谷中，确切地说是在萨克森－梅宁根的伯恩哈德（Bernhand）伯爵和他的太太的林屋里（海德格尔那一段时间在他们那里作客和避难），举行了钢琴演奏会，并由海德格尔作一个演讲。“这是一个正式的严肃场合，这些在最近的割草中晒黑了的听众们听到了海德格尔在弗莱堡大学作为一名哲学系的在职正教授所发表的最后一次演说。”[②]他的讲话来自荷尔德林的话（关于它的真实性，专家们有争议）：“我们的所有思想都关注着心灵之物。我们已变得贫穷，却可能因此而富足。”

1945年6月底或7月初，海德格尔回到弗莱堡。马上面对法国占领军当局和弗莱堡大学的新领导发动的“清除纳粹”的运动。他的房子（Roetebuck街47号）和私人图书馆正处于被征用和被没收的危险之中，他的教学和公开学术活动被停止，他本人则必须在7月23日及其后的一段时间内坐在清除纳粹委员会面前，接受类似于审讯的关于他的纳粹问题的盘问。[③] 在这种生路断绝的威胁和政治高压下，他于1945年底病倒了，经过数周治疗方恢复过来。就在这段

① 奥特:《马丁·海德格尔:政治生活》,第303页。
② 同上书,第305页。
③ 同上书,第318页。

时间，为了回答委员会的调查，他写了“1933—1934年的校长任职：事实与思想”。1945年9月，学校的委员会提交了一个比较温和中性的报告。它将海德格尔描写和定性为一个孤独的改革者，一度想借助纳粹实现自己改革科学与学术的理想，但不久就遭到教员和纳粹两方面的反对，因而被迫辞职。其后受到了纳粹的监视和压制。1934年以后，他就不再是任何意义上的纳粹党员了。最后，此报告提出对海德格尔的处理办法：让他退休，享有名誉教授（emeritus status）和待遇；可以有限制地教书，但不能积极参与学校的重要活动，比如考试和对教员资格的审查。[①] 不过，此报告末尾说明，委员会中有一个持不同意见者，他要求对海德格尔给予更严厉的处罚。

之后，这位持不同意见的委员和另两位当时在学校中有影响的教授（W. Eucken与F. Boehm）联名向校长写信，表示：如果就这么让海德格尔这位当年纳粹在大学中的主要代言人之一，并且现在还不公开悔罪的人滑过去，那么大学中就再无他人可能有问题了。正所谓“是可忍，孰不可忍？”其后形势越来越不利。于是，海德格尔1945年12月15日又写信给委员会主席C. v. 笛策（Dietze），将自己的各种辩护理由做了一个总结性阐述。其中有一段话值得注意：

> 在1933—1934年，我也同样反对国家社会主义[纳粹]的意识形态和学说；但那时我相信这运动可被引导到一个不同的理智方向上去，而且我认为这样一种[重新定向的]努力是符合这个运动的社会的和更广意义上的政治的走向的。我相信在1933年执掌了整个国家权力的希特勒现在会超出[纳粹]党及其学说，使得所有的人一起找到一个复兴和联合的坚实基础，以

① 奥特：《马丁·海德格尔：政治生活》，第324—327页。

> 实现我们对于西方世界的责任。我从6月30日的事件[①]中明白了,这样一种相信是错误的。在1933—1934年间,事情的经过使我处于这样一个"居中"的位置上:一方面,我接受这个运动的社会的与国家的(而不是国家社会主义的)因素,但拒绝它表达于党的学说中的生物种族主义的理智和形而上学基础,因为我那时认为这社会与国家(或民族)的因素与那生物种族主义的意识形态学说没有必然的联系。[②]

在这困难的时候,海德格尔转向两位旧友求助,一位是雅斯贝尔斯,另一位则是他的恩人格约伯神父。他与前者的关系自30年代中期以来已冷淡了;与后者的关系则由于1919年拒绝天主教意识形态的举动而疏远了。格约伯神父对他依然友好,为他说话。雅斯贝尔斯这时声誉正高,因为他在纳粹统治期间奋不顾身地保护了自己的犹太妻子。(不过,1933年时他是完全支持海德格尔出任弗莱堡大学校长的。)海德格尔除了自己写信给雅斯贝尔斯请他出来做证外,还建议委员会征询雅斯贝尔斯对于自己的看法。委员会同意了,派一名也是雅斯贝尔斯朋友的委员约尔克斯(Oehlkers)教授与住在海德堡的雅斯贝尔斯联系,收到海德格尔和约尔克斯12月15日的信后,雅斯贝尔斯犹豫再三,最后于1945年12月22日给约尔克斯回信,正式表达了自己对海德格尔与纳粹意识形态(比如反犹太人倾向)的关系及其思想特点的看法,并提出了他个人对于处理海德格尔的具体意见。从表面上看,此信既说了一些不利于海德格尔的话,又说了

---

① 1934年6月30日,希特勒在手下人戈培尔和希姆莱的怂恿下,同时出于安抚陆军,以便在兴登堡逝世后继任总统的需要,派党卫队杀死了罗姆等一大批冲锋队领导人及一些政敌。

② 奥特:《马丁·海德格尔:政治生活》,第333页。

一些有利于他的话，但总的效果是极不利于身处困境中的海德格尔的。它提及1933年后海德格尔不再造访他家这个隐含着反犹太倾向的事实，以及鲜为他人所知的另一件似乎更明显的反犹太事实，即本书十三章述及的海德格尔关于鲍姆加腾的报告。海德格尔在此报告中举出鲍姆加腾与犹太人法朗克尔建立了密切关系的事，并以之为不利于鲍姆加腾的理由。在1945年的审查气氛中，这一事实对于证明海德格尔具有反犹太倾向是极有分量的。此外，雅斯贝尔斯这位“存在主义的大师”对海德格尔思想的评论充分表现出当时西方知识界对于海德格尔思想和写作风格的不理解，甚至可以说是厌恶和恐惧。雅斯贝尔斯写道：

> 他[海德格尔]具有哲学头脑，其洞察力无疑是有趣的；但依我看来，他超乎寻常地缺少批判能力，远离任何真实意义和“科学”。他有时达到最极端的虚无主义者和引人入密教者及魔术师的混合状态。当他的讨论充分展开时，他偶尔能够以最神秘和惊人的方式触到哲学事业的神经。在这方面，就我所知，他可能是当代德国哲学家中无与伦比者。
>
> ……
>
> ……在我看来，海德格尔的思想方式从根本上就是不自由、独裁的和不交流的。它会在目前的学生那里产生极为破坏性的影响。我觉得思想方式本身比政治判断的实际内容要更重要，后者的侵略性可以容易地引导到其他方向上去。①

按照这样的判断，雅斯贝尔斯提出处理海德格尔的意见：“给他个人

① 奥特：《马丁·海德格尔：政治生活》，第338—339页。

以年金，以使他能够继续从事哲学研究和发表著作”，但是“他应在数年内停止教学；在这之后再根据他后来发表的著作和那时的学术环境来做一个重新估计。”[①]后来当局给海德格尔的处理基本上就是这样的。1946 年 1 月 19 日，大学评议会做出决议：允许海德格尔作为名誉教授退休，禁止他教学，并否决大学清除纳粹委员会比较有利于海德格尔的一项决议，即在一段时间后重议此问题。而且，要求“海德格尔教授在公共事务和大学活动中保持一个低姿态”。[②] 哲学系同情海德格尔，对评议会的决议表示不满。然而，后来事态向更糟糕的方向发展。听命于法国军政府的当地清除纳粹委员会（1946 年初成立）于 1946 年 12 月 28 日做出了关于海德格尔问题的最后决定。巴登州教育部于 1947 年 3 月 11 日将它通告海德格尔：禁止你的教学和所有与大学有关的活动；此禁令马上生效。到 1947 年年底，所有工资将停发。[③] 但“停发工资”这一条，于 1947 年 5 月被军政府取消，发给海德格尔退休金。但名誉退休教授的身份是不可能的了。这是一个相当严厉的处罚，除了经济上对海德格尔还留有余地，实际上禁止了他的一切公开学术活动。它给海德格尔精神上的打击想必是极为沉重的。于是，他越来越多地退居于托特瑙山间的小屋中。

直到 1950 年，经过海德格尔本人、马克斯·缪勒和弗莱堡大学哲学系的努力，又从一些有关名人（高第尼、雅斯贝尔斯、海森堡、哈特曼……）那里征集来意见信，几经周折和谈判，终于与校长达成一个有限的为海德格尔恢复名誉的决定，即：立即取消教学禁令，让他正式退休，并保证将给他一个名誉退休教授的身份。海德格尔勉强接受了这个低调的名誉恢复举措。并于 1950—1951 年的冬季学期

---

① 奥特：《马丁·海德格尔：政治生活》，第 340 页。

② 同上书，第 345 页。

③ 同上书，第 348 页。

以退休教授的身份开了第二次世界大战后的第一次课。

然而，海德格尔的影响却是禁令禁不住的。与他在弗莱堡的境况相反，海德格尔在国际上的影响日渐增长。比如，就在处理他的最后决定形成的1946年年底，他给法国友人的“关于人道主义的信”已在路上了。在法国，海德格尔思想产生了巨大的影响，历经几十年而不衰。1952年夏季学期，当海德格尔在解除禁令后做第二次公开讲座时，潮涌而来的学生们挤破了演讲厅的门，就是为了听一听这位小个子教授讲解“思想意味着什么？”1953年“在技术时代中的艺术”一课最为成功。比采特回忆道：“当海德格尔以现在已著名了的命题‘发问乃是思想的虔诚’结束讲课时，从一千个喉咙里爆发出了经久不息的暴风雨般的喝彩。我感到那围绕着这位大师和我的朋友的不信任和恶意之环终被打碎。这可能是他最伟大的公开胜利凯旋。”[①] 1959年，在他70诞辰之际，家乡梅镇授予他荣誉市民称号。1960年，巴登-符腾堡政府授予他荣誉很高的赫伯尔奖。他居住的托特瑙山成了被他思想吸引之人的朝圣地。

① 奥特：《马丁·海德格尔：政治生活》，第366页。

十九、翻译《老子》及其有关问题

前面第十二章末尾所提供的事实已经确切无疑地表明，自 1930 年起，海德格尔已对中国“道”有了强烈的兴趣和关注。他在演讲稿中引用《老子》第 28 章来说明自己思想的“转向”的特点，而且在学术讨论会的“当场”随机引用《庄子》“秋水”末尾的“濠上观鱼”的故事来说明缘在与缘在之间、缘在与世界之间的原本关联。1943 年，他写了“诗人的独特性”，引用《老子》第 11 章来阐释一些重要思路。不过，此文至 2000 年才公开发表。海德格尔生前在公开出版物中讨论“道”并引用老庄，差不多都是 50 年代和 60 年代的事情。为什么会出现这种情况呢？有两个因素在这里起作用。第一，海德格尔从来就是一个要在“实际的语言体验”中达到思想的境域领会的人。尽管他在 20 年代末、30 年代初就被老庄吸引，但由于不懂中文而只能通过德文译本来阅读老庄，因而总有些未能登堂入室而惴惴不安之感。因此，尽管有时情不自禁地引用老庄，但一涉及正式出版就退缩了。第二，由于 1945 年开始受到政治审查，陷入孤立状态，他更深地返回到托特瑙山的“自然”和内在精神世界中去，并在这时巧遇了中国学者萧师毅（他那时已将《老子》译成了意大利文）。如果我们相信萧师毅所讲的，那么通过这次没有产生直接结果的合作，海德格尔在一定程度上进入了中文的老子世界，对于“道”有了某种实际的语言体验。这样，他在 50 年代才敢于在公开出版物中谈及道和引用老庄。所以，与萧师毅的合作在海德格尔与中国道的关系史上起着很重要的作用。不过，从掌握海德格尔遗稿的海德格尔的次子赫尔曼·海德格尔(Hermann Heidegger)那里也传来一种说法,即海德格尔并没有要求萧与他共译《道德经》(《老子》),是萧本人想这样做而找到海德格尔的。两人并未一起正式从事《道德经》的翻译,萧对这件事的叙述有许多是编造。[①] 于是,我们就又面对另一个海德格尔传记中的"问题",即他与萧师毅共译《道德经》一事的真实性的问题。本章将首先介绍萧师毅所讲的这次合作的前因、过程与结束方式,并提供一些海德格尔与中国"道"发生关联的事实;然后来分析一下这桩学术公案,看看争论双方的论据以及最可能的事实真相。

按照萧师毅的说法,1946 年春,他与正在接受占领军当局审查的海德格尔在弗莱堡的木材集市广场相遇,由此引发了两者之间的这样一段对话:

> "萧先生,如果人们从你所写的同一段文字得出两种截然相反的结论,你会有何感想呢?"海德格尔以这样一个突兀而又有些刺激性的问题使我吃了一惊。"你看这是怎么搞的,纳粹挑出我的《存在与时间》中的一段话,说道:'海德格尔先生,从你书中这一段话看来,你不是一个雅利安人。'但现在,你们的盟友法国人在我面前指出同一段话,说:'海德格尔先生,从你在书中写的这一段话看来,你是一个纳粹。'你看,萧先生,同一本书的同一段落居然能够产生如此不同的结果。你对此有何评论?"
>
> ……
>
> 在有些不知所措之中,孟子(孔子之后的最伟大儒者)所说的一些话出现于我心中。"海德格尔教授,您问我对纳粹和盟军

① 这个说法的直接来源是本传记作者 1997 年 10 月 12 日在海德格尔的家乡梅镇对于赫尔曼·海德格尔的采访。不过,通过其他渠道,他的这种说法早已为人所知。

这些断论的看法，我只能给您一个中国式的回答。我感到他们那些肯定有问题的解释说明的是一件事情，即人们今后必须更用心地研究您的哲学。如果能够得到适当的解释，您的哲学对未来将起相当大的作用。孟子说过：'天将降大任于斯人也，必先苦其心志，劳其筋骨，饿其体肤，空乏其身，行拂乱其所为，所以动心忍性，曾益其所不能。……然后知生于忧患而死于安乐也。'"

海德格尔显然被这段话深深打动了。从那以后，我们再也没有谈及这个问题。也就是在这次相遇中，他提出由我们一起合作来翻译《老子》。我高兴地接受了这个提议。①

在这段叙述中，海德格尔的那种"被夹在两者之中"的状态以一种令他本人苦恼的形式表现了出来。但是，他却没有或无法到基督教教会或任何一种西方的意识形态中去得到最需要的支持，反倒是被一个东方哲人的话"深深打动了"。他的思想的特点、这种思想的命运以及他本人对东方的亲近感，于此可见一斑。而且，他当下主动提出的建议是翻译萧师毅那天并未提及的《老子》。这样一个严肃的、要消耗大量时间和劳作的愿望也绝不可能出于一时冲动，而应是多年宿愿的及时"开启"(Erschlossenheit)和"显现"。

海德格尔与萧师毅合作翻译《老子》的过程和结尾也是富于含义的。1946 年夏季学期一结束，每个星期六，萧师毅就到海德格尔的山间小屋去进行这项工作。很可能是在海德格尔的提议下，他们并不参照其他人的翻译，而是直接与《老子》的原文打交道。而且，他们

① 《海德格尔与亚洲思想》(*Heidegger and Asian Thought*)，ed. G. Parkes, Honolulu：University of Hawaii Press, 1987 年，第 94—96 页。

也并不严格按照此书的顺序进行翻译,而是先着手于那些涉及"道"的章节。海德格尔不只是要从文字上翻译出《老子》,他更要与这本书的中文文本进行直接的对话,并首先获得对于"道"的语言体验。由此看来,他多年阅读德文本的老庄的经验已在他心中聚集了要直接理解中国"道"的要求。海德格尔进行这项合作的具体方式更是说明了这一点。萧师毅写道:"海德格尔实质上是在考察,深入地、不知疲倦地、无情地询问。他追究原文中的符号关系,这些关系之间的隐秘的相互引发(interplay),以及在这种相互引发中产生的每一种可想象得出的意义的上下文。只有各种意义的完全整合到位才使他敢于去决定一个思想形式的轮廓,并由此去将中文原文的多层含义清楚地、和谐地转化为西方的语言。"[①]可以想见,这种研究式的或海德格尔式的"翻译"不会进行得很快。到整个夏天结束时,他们只搞了8章。萧先生虽然意识到这个合作的成果会带来轰动性效应,但是,正如他所说的,"我必须承认,在我们的工作中我无法摆脱掉一种轻微的焦虑,那就是海德格尔的笔记已超出了翻译的范围,这种倾向使我这个翻译者和中间人感到不安。"[②]

萧师毅的"不安"确有道理。很明显,海德格尔的目的和做法不只是一般意义上的翻译,即按照萧师毅告诉他的意思用德文相应地写出《老子》的译文。他最需要的乃是一种摆动于两个语言之间的思想上的实际交流。通过这种没完没了的"自身缘起发生式的"(ereignend)询问,海德格尔想获得对于"道"的直接语言经验。不过,这并不是说海德格尔是在打着"合作翻译"的幌子而利用他人。海德格尔的一生中似乎没有出版过什么翻译作品,尽管他精通不少种外文。

---

① 《海德格尔与亚洲思想》,第96页。

② 同上书,第98页。

因此，在这次空前绝后的翻译工作中他几乎完全是个新手。很自然地，他是在用他平日读书、写作、教学的风格来从事这项工作的，而这却会令萧师毅感到“焦虑”，因为他只习惯于一般意义上的翻译方式。终于，按萧师毅的说法，他决定不再继续这项合作了。直至60年代，当萧师毅再次携友访问海德格尔时，后者还不无遗憾地提及萧师毅的退出。① 确实，思想的分量毕竟比单纯的翻译沉重不知多少倍！

尽管这次合作没有取得翻译成果，却深远地影响了海德格尔，形成他与道家关系中的最大一段因缘。从1947年的《出于思想的经历》和《关于人道主义的信》开始，海德格尔的作品中的语言有了越来越多的道家痕迹。更重要的是，通过这次合作所提供的“中文经历”，海德格对于自己的“道性”信心大增，以致在50年代和60年代初几次在正式出版的著作中言及“道”和老庄，形成了他与“道”相沟通的高潮期。

在他讨论人性观的名篇“关于人道主义的信”中可以辨认出某种道家的气象。这封信写于1946年11月，恰值他与萧师毅合作翻译《老子》之后三个月。它的基本趋向，即批评基于概念形而上学的“人道主义”，并揭示一种由境域发生的存在观引导的人性观，与道家乃至中国主流天道观看待人性问题的基本方式非常接近。除了上面已讨论过的一些论点之外，我们在这封信中还可发现几处具体的说法似乎受到了《庄子》的直接影响。比如，他这样写道：

> 在对于思想的技术解释中，作为思想元基的存在被放弃了。从智者们和柏拉图开始，“逻辑”就认可了这种解释。人们按照一种不适合于思想的尺度来判断思想。这种判断相当于这样一

① 《海德格尔与亚洲思想》，第98页。

种做法：为了估价鱼的本性和能力，去观察它能在陆地的干涸状态中生存多久。在一个很长的，而且是太长的时间中，思想就处于这种干涸状态之中。人们能否尽力去将思想再次引回到它的元基或所谓的“非理性主义”之中呢？[①]

这段话与《庄子》中数次出现的“泉涸，鱼相与处于陆……不如相忘于江湖”、“鱼相忘于江湖，人相忘于道术”[②]的讲法极为相似。它们都是在用鱼在水中和陆地上的境况来说明有境与无境的人生和思想的不同。考虑到海德格尔在别处几乎没有用过这样的比喻方式，这段话极有可能来自他阅读《庄子》的体会。此外，此信中关于思想和语言“为于无为”的特性的论述[③]也似乎与老庄有关。

在公开出版的海德格尔的著作中，已发现四处与道家直接有关的文字。两处说到和讨论“道”的含义，两处引用《老子》和《庄子》的原话来阐发自己的思想。本书的下一章将讨论它们的含义，这里只做一个先行的说明。

在“同一的原理”(1957 年)中，海德格尔将“中国的主导词‘道’(Tao)”与古希腊的“逻各斯”以及他自己思想中的主导词“自身的缘构发生”(Ereignis)相提并论，认为它们所显示的乃是思想最原发的体验境域，因而都是“难于[被现成的概念词汇]翻译”的。这些思想的充分实现将导致技术机制的消解，即从它当今的统治地位回转到在一个缘构发生的境域中的服务。在这样一个生动的、和谐的、充满

---

① 海德格尔：《路标》，第 312—313 页。

② 《庄子·大宗师》。在海德格尔熟悉的布伯的庄子译本中，确实有这一段话的翻译。见布伯译《庄子的言论与寓言》(Leipzig：Insel，1922)，第 34 页。

③ 《路标》，第 357—358 页。

原初意义的境域中,人将更真态地赢得自身的缘发本性。[①]“语言的本性(Wesen)”这篇文章出自海德格尔1957年12月和1958年2月在弗莱堡大学做的演讲,收入《在通向语言的道路上》这本书中。在那里,海德格尔直接讨论“老子的诗化思想”中的“道”的含义。从中可以看出,中国的道在海德格尔心目中代表了最本源的一条思想道路,与他本人最深切关注的问题——语言的“全部秘密之所在”、技术对人的统治、作为存在本义的“自身的缘构发生”等等——以及思考这些问题的基本思想方式息息相关。

在1958年发表的“思想的根本原则”一文中,海德格尔引用了《老子》第28章中的“知其白,守其黑”。[②] 又在1962年做的“流传的语言和技术的语言”的演讲文章中援引了《庄子》“逍遥游”末尾关于“无用大树”的一段话。[③] 这两处直接讨论的都是技术问题。在海德格尔看来,现代技术与西方形而上学有着重要的思想关联。它只去追求揭蔽状态的光明和有用,以致产生出了原子弹爆炸时“比一千个太阳还亮”的致命的光明,并将一切,包括人生形态按照单一的有用标准“冲压”成型。它看不到,“黑暗”的、“无用”的维度对于人生的极端重要性。一个清新真实的人生和世界一定是那能够巧妙地发生于这两者之间,并维持住“黑暗的光明”和“无用之大用”的缘构境域。这“发生”和“维持”,却都与“技艺几微”(techne)和“诗意的构成”(Dichtung)有关了。

在出版物中,还有一些被别人报道出来的有关海德格尔与道的关系的事实。比如,据萧师毅和另外一些人的回忆,海德格尔的书房

---

① 《同一与区别》,第24—26页。

② 海德格尔:《全集》第79卷,第93页。

③ 海德格尔:《流传的语言和技术的语言》(*Ueberlieferte Sprache und Technische Sprache*),Erker, Herausgegeben von Hermann Heidegger,1989年,第7—8页。

中挂着他请萧师毅写的一对条幅，上书《老子》第 15 章中的两句话："孰能浊以止，静之徐清？孰能安以久，动之徐生？"萧师毅并在中间加一横批："天道"。[①] 萧师毅在其回忆中又提到，海德格尔在弗莱堡的保鲁教堂所做的"技术与转向"的演讲中讲到："如果你要用任何传统的，比如本体论的、宇宙论的、目的论的、伦理学的等等方式证明上帝的存在，你就贬低了他；因为上帝就像道那样是不可被言说的。"[②]波格勒则报道海德格尔在 1960 年于不来梅做的题为"象与词"的演讲中，使用《庄子》"达生第 19 章"中的"梓庆为鐻"的故事来拒绝在美学讨论中流行的质料与形式的二元区别，[③]等等。

从 50 年代初到 70 年代，海德格尔还在出版物和一些场合讲过他对"东西方思想"的"交汇"的看法。他 50 年代的言论是比较积极的，希望"使欧州和西方的说(Sprache)与东方的说进入对话，以便在此对话中有某些东西从一个共同的本源中涌流出来、被歌唱出来。"到 70 年代就变得比较谨慎了。下面这段话说出了他的愿望和遇到的困难之所在："对于我，与那些相对于我们来说是东方世界的思想家们进行对话是一桩一再显得急迫的事情。在这个事业中的最大的困难，就我所见，来自这样一个事实，即在欧洲或在美国，除了很少几个例外，几乎没有什么[思想家能]通晓东方的语言。另一方面，将东方的语言翻译为英文，就如任何一种译作一样只是一种权宜之计。"[④]对于海德格尔，与东方思想的对话是"一桩一再显得急迫的事情"。但困难来自这样一个事实：他和大多数西方哲学家无法阅读用

---

① 《海德格尔与亚洲思想》，第 100 页。

② 同上书，第 98 页。

③ 同上书，第 55—56 页。

④ 海德格尔 1970 年写给在夏威夷召开的"海德格尔与东方思想"的会议的信。见《东西方哲学》(*Philosophy East & West*)杂志，第 20 卷，第 30 期，1970 年 7 月。

东方语言写成的原文。结合前一段的引文，可以看出，“语言”、“说话”在海德格尔与东方思想的对话中是一个最令他牵挂或烦心(Sorge)的问题。这也正可说明他与萧师毅合作的前因、进程和后果。他的思想需要直接的语言环境就像鸟需要空气、鱼需要水一样。

有了这样一番疏通，我们就可知道，当海德格尔于 1966 年《明镜》记者访问时讲“只有一个上帝能救我们”和“思想的转变只能通过同源同种的思想”[①]时，他并非要完全否认东西方实质交流的可能，而只是在否认那种达不到源头——原本意义上的“语言”或“说”——的概念式的东西方思想的比较和搬弄。而他心中的“上帝(神)”和“逻各斯”，如前面所提到的，乃是与“道”有着深切关联的思想的本源。顺便说一句，海德格尔从未对“道”说过任何迟疑性的话。而且，读了本书以上章节的人会看出，海德格尔对于中国道的长久、深刻的兴趣不只与他的学术思想相关，在更深切的意义上是来自他天性中质朴自然而又充满诗境的那个维度，也与他在田野道路上和多特瑙山间的原初体验大有干系。因此，他的乡土意识并不妨碍他与万里之遥、千载之上的一个异国思想的沟通，并可以用“施瓦本地区和阿雷曼族的方言用法”来解释“道”的开路本性。而他心目中的古希腊和基督教的“神”，也竟可以与中国的“天道”发生合乎时机的对话。

由于海德格尔的次子及另外一些人的质疑，我们应该检讨一下萧师毅所说的他与海德格尔于 1946 年夏共同翻译《道德经》之事的真实性。否认萧师毅的故事的人的最大论据是：到目前为止，没有人找到萧所说的他与海德格尔翻译出的《道德经》中 8 章的德文译文(海德格尔的手迹)。但这并不能证明萧所说的是假的，因为这几页

---

① 《作为一个人和一位思想者的海德格尔》(*Heidegger: The Man and the Thinker*), ed. T. Sheehan, Chicago: Precedent Publication, 1981 年，第 62 页。

纸可能丢失，后来被毁掉、还未找到或（出于某种原因）还未公布。萧一方拿不出德文译文是合情理的，因为译文应该在海德格尔那一边。然而，萧手上有一封海德格尔于1947年10月9日给他的信（原件已刊登在《海德格尔与亚洲思想》第102页上），其中这样写道：

萧先生：

我常想到你，并且希望我们能够尽快再次进行我们的那些谈话。我思索你为我写下的引文（Spruch，或译为箴言）：

"谁能宁静下来并通过和出自这宁静将某些东西导向（bewegen）道，

以使它放出光明？"

谁能通过成就宁静而使某些东西进入存在？

天道。

向你衷心致意

你的，

马丁·海德格尔

写自［托特瑙山］小屋，1947年10月9日

这封信的真实性无可怀疑。它起码表明在1947年10月之前，海德格尔与萧之间有过多次"谈话"（原文为复数），并且内容涉及《老子》。而从海德格尔的为人为学的风格上看，除非他对某人、某思想已有较多较深的了解，一般不会轻易与人去讲关于某一段原文的德文译文这样专门的问题。从译文的风格上看，它应出自于海德格尔之手。中文原文是："孰能浊以止，静之徐清？孰能安以久，动之

徐生?”[①]若让萧译,断乎不会如此绕弯。[②] 且译文中有“导向(be*wegen*)道(Weg)”这样的典型的海德格尔式的文字和语言游戏,有“使……进入存在”(ins Sein zu bringen)这样的海氏语言。所以,可以肯定,这译文出自海德格尔。而这样一位著名思想家会费心去亲自翻译《老子》中的话,并写给萧,似乎要征询其看法,说明他以前与萧之间发生过不寻常的关于《老子》的交流,而且这种交流很可能与翻译《老子》有关。由此信亦可间接支持萧的说法,即海德格尔书房中的条幅乃萧所写的《老子》的这两句话,并由他在中间加一“天道”的横批。《老子》原文中并无“天道”这两字。情况很可能是,海德格尔在1947年10月9日前收到此条幅后,时时念及它上面老子语的含义,故写此信给萧师毅。而他之所以想并且能够将这两句话亲自译为德文,并寄予萧看,是因为他与萧有过这方面的合作经历(按萧的讲法是于一年前的1946年夏季)。这封信使我们能够断定:海德格尔与萧师毅之间发生过不寻常的关于《道德经》或《老子》的多次交流。至于它是萧讲的那个样子还是另外的什么情况,就有待于进一步的佐证了。但这可以肯定的一点已足以解释海德格尔50年代数次谈道的勇气和热情,也充分表明在他一生最困难最孤独的时候,他在山林小屋中“时常……思索”中国的“天道”。

此外,从其他的证据,并按照基本的情理推断,萧师毅讲的故事起码在大情节上是真实的。海德格尔最晚自30年代初就开始对老庄感兴趣;到了40年代中后期,在被西方的多种政治和文化势力排斥并深感苦痛之时,他萌生深入研究一下中国“道”的念头是很自然的,而与萧师毅共译《老子》无疑是实现这种愿望的最有效、最方便的

---

① 王弼本无头一句中的“止”字。

② 萧师毅对这两句话的德文译文见于他的“我们相遇在木材市场”一文,《回忆海德格尔》,第127页。

一个途径。况且他那时已被禁止教学和进行公开学术活动，有充裕时间来“静以止，安以久，动之徐生”。而且，只有他以某种方式与中文中的老庄思想进行了交流，他才会在50年代开始公开谈道。而这种“中文‘道’的体验”在当时似乎只能以“共译《老子》”这样的方式实现。波格勒在1991年8月1日给友人曹街京(Kah-Kyung Cho)教授的信中反驳了那些否认海德格尔与萧共译《老子》的人。他写道：“在我看来，海德格尔给雅斯贝尔斯的那封信可以证明，他已经在这行动中寻求去共同翻译《老子》，但它很快失败了，而海德格尔也承认了它的失败。”波格勒所说的应该是海德格尔于1949年夏秋之际给雅斯贝尔斯的信。雅斯贝尔斯在当年8月6日给海德格尔的信中先是感谢后者送给他的三篇论文：“什么是形而上学？”“论真理的本性”和“关于人道主义的信”。然后说道：“许多问题在我心中出现。我还未能握其中枢。在这方面，想到亚洲的观念倒提供了某种帮助。我对这些亚洲观念已感兴趣数年，很知道自己对之还缺少透彻的理解，但却已感受到了自那个方向而来的极好的激发。……我似乎[在你这些论文所谈及者中]知觉到了某种亚洲的东西。”海德格尔则在回信中写道：“你关于亚洲观念所说者令人兴奋。在1943—1944年间曾参加我关于赫拉克利特和巴曼尼德斯讲座的一位中国人[即萧师毅]也发现[我所讲者]与东方思想有相通之处。在我不熟悉其语言之处，我总是保持怀疑的态度。**而当这位搞基督教神学和哲学的中国人与我一起翻译了老子的一些诗节之后**，我就更是怀疑了。通过发问，我知道了这种语言的本性[与西方语言]是何等地完全不同。尽管如此，这里边有某种令人非常兴奋的东西，在我看来也正是对于未来有着根本意义的东西。”[①]这段话明白无误地表明了，是萧师毅

① 译自《海德格尔的隐藏着的思想来源：东亚对于他的影响》(*Heidegger's Hidden Sources*: *East Asian Influences on his Work*, R. May著，G. Parkes英译，London & New York: Routledge, 1996年)，第101—102页。粗体加强符为引者所加。

而非海德格尔之子的说法符合于历史的真实。波格勒在这封信中还说明了某些人(比如海德格尔的次子赫尔曼)要否认萧师毅的讲法的一个重要动机,即由于萧师毅在文章"我们相遇在木材市场"(载于《回忆马丁·海德格尔》一书,第122—123页)中提及流传于弗莱堡的一则谣言,即1933年任校长的海德格尔避而不见来求助的斯坦因(Edith Stein,胡塞尔的学生和助手,与海德格尔也相识)。于是,一些人对萧产生了反感,并要尽量否认他与海德格尔的关系,使他在人们眼中成为一个地地道道的撒谎者。[①] 曹街京教授在给本书作者的信中亦写道:"绝对不假的是,我在 1957 年 1 月 28 日与海德格尔谈到了老子和语言的问题,同样不假的是我知道海德格尔的儿子试图使保罗·萧[即萧师毅]名誉扫地的原因……"[②]

海德格尔《全集》和胡塞尔著作的编辑者之一、海德格尔的好友、《海德格尔》(思想传记;德文原本 1973 年出版,商务中文本 1996 年出版)一书作者 W. 比梅尔(Biemel)教授在给本书作者的来信中写道:"海德格尔已经与萧师毅一起开始翻译《老子》,但他不满意于萧的建议,即无须再现文本的原发(urspruenglichen)特点,而是将之置于西方概念中。为此他[海德格尔]很快放弃了此项工作。这是他亲口告诉我的。(Das hat er mir persoenlich erzaehlt)但这并不意味着他对道家(Taoism)没有兴趣了。相反,我倒要说,他在道家那里找到了同源的亲近者(Verwandtes,亲人、亲属。)"。[③] 总之,有许多极强的理由支持"海德格尔与萧师毅于 1946 年夏合作翻译《老子》"这样一件事,而没有任何有力的根据("还未找到那 8 章译文或笔记"只是一个次级的限制理由)来否证它。除萧之外,还有相当一些德国

---

① 波格勒 1991 年 8 月 1 日和 1996 年 5 月 9 日给曹街京的信。

② 曹街京 1996 年 5 月 28 日给张祥龙的来信。

③ 比梅尔 1997 年 5 月 15 日给张祥龙的来信。该信影印件见本书开头处。

学者、海德格尔的其他亲属回忆他们亲耳听到海德格尔谈道或语及老庄的事情。①

与这个问题有关的是海德格尔与日本学者及日本思想(特别是日本禅宗)的关系。力图否认萧师毅讲话的人往往还怀有另一个动机,即淡化海德格尔与中国道的特殊关系,最后达到突出他与日本禅宗思想及日本学者的关系的目的。②“海德格尔有广泛的兴趣,因而对世界上许多文化和思想都可能发表某些议论。”我们听到过类似的似是而非的话。就目前所见到的海德格尔的公开出版物而言,情况绝不是这么混沌一片。在东方的主要思想原则(“主导词”)方面,海德格尔只认真和反复地讨论过中国的或老庄的“道”,既没有印度的“梵-我”,也没有日本禅宗讲的“空”。在“从一次关于语言的对话而来”的长文(1953—1954年)中,除了其他内容外,日本的一位教授手冢富雄与海德格尔共同回忆后者当年的日本学生九鬼周造,并谈及日本人如何理解艺术的本质(“粹”,Iki)、“色”(Iro)-“空”(Ku)、日文中“语言”(Koto ba)的含义等等。这篇“对话”多半不是原始的对

① 有关这些事实,可参见张祥龙编译的“海德格尔与‘道’及东方思想”,见《海德格尔思想与中国天道》,北京三联,1996年,第439页以下。此外,张祥龙在梅镇采访海德格尔长子约格和侄子亨利希时也听到与此有关的回忆。比如,约格提及其父在60年代曾在与一位东方和尚的电视对谈中提及老子。这一点可在多处找到证据,比如在《海德格尔的隐藏着的思想来源:东亚对于他的影响》一书中,我们读到:“在1969年9月与一位曼谷来的佛教和尚的对话中,海德格尔说:‘他本人想常常关注老子,但他只能以德语译文,比如里查德·威廉(R. Wilhelm)的译文为中介来了解他。’”(第3页)

May的书还提及:“海德格尔在一封给恩斯特·荣格尔的信中(Petzet在其书《与马丁·海德格尔的相遇与对话》一书的第182页(英文译本)/第191页(德文原本)提供了此事实)引用了Jan Ulenbrook翻译的《老子》第47章中的一大部分。”等等。

② 本文作者在与赫尔曼·海德格尔的对谈中深深感到这一点。此外,曹街京教授给本文作者来信中也曾写道:“太多的日本哲学家已论及[日本]禅与海德格尔,太少的能系统阐述海德格尔接近道家的著作传诸于世。”(1993年12月3日来信)

话记录，而是海德格尔再创造的产物。[①] 它对于了解海德格尔在中西交流问题上的思路和他早期思想的发展非常重要，但完全不能证明他对于日本禅宗的思想有何特殊的热情。在此对话中，谈到日本名词之处，都是由手冢提起的话头，海德格尔跟着询问一下这些词在日文中的含义。海德格尔坦率承认："那时候[指九鬼师从他的时候，大约是20年代初]，日本的语言精神对我是完全闭锁的，而且今天也还是这样。"[②]更值得注意的是，属于京都学派、尊崇九鬼和西田几多郎的手冢富雄认为："我们日本人不得不求助于美学"，"以形而上学方式来规定'粹'"。又说："我们的语言缺少一种规范力量，不能在一种明确的秩序中把相关的对象表象为相互包涵和隶属的对象"。这些看法都令海德格尔不舒服，一再以礼貌和委婉的方式来引导这位东方人走出西方中心论。而且，海德格尔回忆道：当年与九鬼的谈话中已"预感到这种危险"，即：无视语言塑成人的存在境域的力量(即"语言乃存在之屋")，而相信西方形而上学的和美学的语言可以帮助东方人弄清他们文化、艺术和思想的"本质"。[③] 经过长时间的引导，这位日本教授终于逐渐跟上了海德格尔的思路，说道："此间我总是越来越困惑不解，何以九鬼伯爵会产生一个想法，认为他可以指望您的思想道路来帮助他展开他的美学尝试。因为您的道路把形而上学抛在后面了，同时也把建立在形而上学基础上的美学抛在后面了。"[④]从这时开始，谈话才慢慢顺畅起来。接着谈到了日文中"语

---

① 关于这篇"对话"在一般意义上的真实性问题，可参见《海德格尔的隐藏着的思想来源：东亚对于他的影响》一书中所附的手冢富雄"与海德格尔共度的一小时"一文。但是，这篇对话中"日本人"的观点毕竟代表了海德格尔心目中的日本当代学者的基本思路。

② 引自《海德格尔选集》(中文)，第1008页。原文在《在通向语言的道路上》单行本或《全集》第12卷。

③ 同上书，第1008页以下。

④ 同上书，第1046页。

言”(Koko)的含义;海德格尔按自己的思路将之解释为“优美的、开光见亮的消息之缘构发生”(das Ereignis der lichtenden Botschaft der Anmut)。很明显,这是海德格尔在对话中用自己思路来诠释“语言”的非形而上学的缘发生含义,并不意味着他对日本的禅或思想主导词有什么特殊兴趣。实际上,这篇对话根本就没有提及日本禅宗及其思想原则。这与海德格尔自己主动地、在几十年间数度(在某个阶段甚至是不断地)探索“道之意义”并引用老庄来支持自己的见解的做法完全属于两个层次。[①] 从以上和下一章的讨论可以看出,“道”对于海德格尔有着与古希腊前柏拉图的“逻各斯”和他自己所讲的“缘构发生”那样的最原发的思想意义,是泉源和活的终极。因此,他才会对 H.A.费舍-巴尼克尔(Fischer-Barnicol)等人说,虽然他二三十年代(当萨特还是个年轻教师时)就与日本学者有了交往,但他“**在此期间还是从中国[古人]那里学到了更多的东西**”。[②] 很可理解,海德格尔这位最重“源头”的大师一定要到远东文化和思想的真正源头——中国的阴阳开合之“道”——中去寻求那微妙的,而绝非“形而上学的”缘发生境界。这境界对他而言在 1930 年就已不是“锁闭着的”了;1946 年之后,它的“语言精神”亦对他有所开启。

---

① 受到以上所讲的力图突出海德格尔与日本思想关系的倾向影响,P. Parkes 在《海德格尔的隐藏着的思想来源:东亚对于他的影响》一书的译者前言中认为海德格尔与手冢富雄的“关于语言的对话”是“(到目前为止)海德格尔讨论东亚观念的仅有例子”,因此“这篇著作具有独一无二的重要性”。(第 ix 页)这**明显地**不符合事实,也完全不符合 R. May 这本书所提供的大量事实。海德格尔在“同一的原理”(1957 年)和“语言的本性”(1957—1958 年)等著作中一再讨论了“道”这个“东方观念”,而且,就其视“道”为“缘构发生”(Ereignis)那样的本源“主导词”,并认为“此‘道’能够是那为一切开出道路之道域。……在‘道路’(Weg),即‘道’这个词中隐藏着思想着的说(Sagen)的全部秘密之所在”而言,这些讨论中国道的文字在涉及海德格尔与东方的关系问题上倒确是“具有独一无二的重要性”。

② H.A.费舍-巴尼克尔:“反射与调解”,《回忆海德格尔》,第 102 页。又见《海德格尔与亚洲思想》,第 50 页。黑体来自引者。

因此，这样一个事实不可能被任何后来的人为努力所动摇，即海德格尔在所有东方的和远东的思想中，独对中国的“道”有着不寻常的热情并从中受益良多。思想本身的感觉是最敏锐、最明白的。

二十、海德格尔所理解的“道”

在有重大影响的西方哲学家中,海德格尔几乎是唯一一位与中国的“道”发生了真实交流的思想家。而且,在各种东方思想中,“道”是唯一一个被他公开地、认真地讨论过的“主导词”。更重要的是,他对于道的解释与他自己最基本的思想方式(“开道”和“缘构发生”)相一致,与他当时最关心的问题相配合,反映出这“道”对于他的深远含义。以下就将依据公开发表的海德格尔著作中四次直接涉及道和老庄的文字以及有关的事实来讨论他是如何理解中国道的。

1. “道”的原义是“道路”

按照上一章的分析,情况应该是这样:1946 年夏天,海德格尔与中国学者萧师毅合作,要将《老子》或《道德经》译成德文。此次短暂合作以失败告终,但这场经历使他对“道”的字源义和引申义有了直接的了解,促使这位已倾心于道家多年的思想家在公开出版的著作中讨论“道”的意义。下面是这些论道文字中很重要的一处中的第一部分,出自“语言的本性”(1957—1958 年)。

> “道路”(Weg)很可能是一个语言中古老和原初的词,它向深思着的人发话。在老子的诗化的(dichtenden,诗意的)思想之中,主导的词在原文里是“道”(Tao)。它的“原本的”或“真正切身的”(eigentlich)含义就是“道路”。但是,因为人们将这道

路轻率和肤浅地说成是连接两个地点的路径，他们就仓促地认为我们讲的“道路”不适合于“道”的含义。于是“道”（Tao）就被翻译为“理性”、“精神”、“理智”（Raison）、“意义”或“逻各斯”。[①]

海德格尔在这里认为“道”的原义是“道路”。从词源学角度上看，这种看法无可指摘。但是，后来的绝大多数注释者和翻译者却不在这个原本的含义上，而是在它的各种概念化、抽象化了的引申义上来理解道。比如韩非的“万物之理”、王弼的“无名无形”的“本”（体）。近代人更是常常认道为“最普遍的原则”和“最终的实体”。在西方那一边，翻译家们出于类似的理由而将“道”译为“理性”、“精神”、“[概念化了的]逻各斯”等等。总之，海德格尔和中西哲学家们都知晓“道”是一个意味着“终极实在”或“万物之所由”的主导词；但是，由于他们对终极实在的看法不同，对于“道”的理解也就很不一样。大多数哲学家觉得“道路”这个词的意思太浅近具体，无法表达道的普适性、无限性和终极性。海德格尔则认为他们过于“轻率和肤浅地”看待了“道路”（Weg），将它仅仅视为“连接两个地点的路径”。这样的道路就成为两个现成存在者之间的一种现成的空间关系了。与这些看法相左，对于海德格尔，通过“道路”而理解的道比这种外在的现成关系要深刻得多。道的“原本的”（eigentlich）含义并不只是指这个字的词源义，而是意味着它的“真正切己的”、揭示其本来面目的本源义。紧接着上面引的那一段，他写道：

可是此“道”能够是那为一切开出道路（alles be-weegende）之道域。在它那里，我们才第一次能够思索什么是理性、精神、

① 海德格尔：《在通向语言的道路上》，第198页。

> 意义、逻各斯这些词所真正切身地要说出的东西。很可能，在“道路”(Weg)，即“道”(Tao)这个词中隐藏着思想着的说(Sagen)的全部秘密之所在(das Geheimnis aller Geheimnisse，玄之又玄者)，如果我们让这名称回返到它未被说出的状态，而且使此“让回返”本身可能的话。今天在方法的统治中存在的令人费解的力量可能和正是来自这样一个事实，即这些方法，不管其如何有效，也只是一个隐蔽着的巨大湍流的分枝而已；此湍流驱动并造成一切，并作为此湍急之道(reissenden Weg)为一切开出它们的路径。一切都是道(Weg，道路)。①

这“为一切开出道路之道”就绝不是任何意义上的现成道路，不管它是物理的还是形式的、概念的。它只能被理解为纯构成的、引发着的“湍急之道路”。更关键的是，海德格尔不认为这“道路”之义的深刻化和本源化就意味着理则化和概念精神化。那湍急之道仍然是道路，只不过不再是现成的道路而已。“湍急的”(reissenden)这个词在海德格尔的语汇中也是大有深意的。它与他刻画“技艺”含义时所用的“间隙”(Riss，撕裂、草图)这个词同源，②表示由几微间隙引发的相互争斗又相互属于的缘发构成态，因而是“湍急的”，摆脱掉一切现成状态而发生着的。从初期海德格尔讲的现象学和解释学意义上的“实际生活体验”开始，这湍急和充满了间隙引发力的道路就一直引导着他。如果他没有在“老子的诗化思想”中认出了这湍急的和几微畅然之道，这位开道型的纯思想家能被中国古道吸引数十年吗？

---

① 海德格尔：《在通向语言的道路上》，第198页。

② 海德格尔：《丛林路》，第49页，第56—57页；《在通向语言的道路上》，第27页。

2. "湍急之道"就是缘构(ereignende)的"境域"

这种为一切开出路径的道路在海德格尔看来就是一种存在论意义上的构成域。他写道：

> 对于思想着的思想来说,此道路应被视为一种境域(die Gegend)。打个比喻,作为域化(das Gegnende)的这个域是一块给予着自由的林中空地(Lichtung),在其中那被照亮者与那自身隐藏者一起达到此自由。这个自由的并同时遮蔽着的域的特点就是那个开路的驱动。在这一驱动中,那属于此域的各种路出现了。①

这里,将道路视为域并不主要表示从"线"推广到"面"或"立体空间",而是意味着从现成态跃迁到缘构态,从平板发散的观念表象思维转化到有境域可言的构成思维。湍急之道一定要通过自身的阴阳"间隙"引发出领会境域,在林莽幽深、风雨晦暝的深处开出"一块给予着自由的林中空地或澄明境地"。而且,这种湍急的、充满"间隙"的道境不只是被照亮的揭蔽状态,它同时还保持着黑暗深沉的那一面。也就是说,这境域的自由不是单向的、只知消耗的自由,而是有"回旋余地"的、含有几微机制的自维持着的自由,因而是真正切身的自由。

海德格尔的基本思想方式就是缘构境域式的。他的每个重要思

① 《在通向语言的道路上》,第187页。

路，不管是"实际生活的体验"、"形式指引"、"缘在"、"在世界之中"、"牵挂"、"先行决断"、"时间"、"历史性"、"语言"、"诗"、"自身的缘构发生"等等，无不具有一个回旋互构的趋向势态，并只在这构成势态中而非普遍化和概念化中得到揭示并获得自身的意义。按照这些思路，终极的实在，不管称之为"存在"、"神"，还是"天道"，只能是这缘发境域本身，而非任何脱开境域的实体。可见，海德格尔对于中国道的"开道境域"的理解就出自他最贴己的思路："自身的缘构发生"(Ereignis)。这样，我们就读到他论道的另一处文字：

> 人与存在以相互激发的方式而相互归属。这种相互归属令人震惊地向我们表明人如何被让渡给(vereignet ist)存在，存在也如何被人的本性所占有(zugeeignet ist)这样一个事实。在这个机制中盛行的乃是一种奇特的让渡(Vereignen)和占有(Zueignen)。让我们只去经历这个使得人与存在相互具有(geeignet ist)的构成着的具有(dieses Eignen)；也就是说，去进入那被我们称之为自身[身份]的缘构发生(Ereignis)的事件。"自身的缘构发生"这个词取自一个从出的语言用法。"Ereignen"原本意味着："eraeugen"，即"看到"(er-blicken)，以便在这种看(Blick)之中召唤和占据(an-eignen)自身。出于思想本身的需要，"自身的缘构发生"现在就应该被视为一个服务于思想的主导词而发言。作为这样一个主导词，它就如同希腊的主导词"逻各斯"(logos)和中国的主导词"道"(Tao)一样难于翻译。①

① 海德格尔：《同一与区别》，第24—25页。

在海德格尔那里，“自身的缘构发生”这个词所刻画的是一种将任何问题追究到穷极处时必然出现的终极构成状态。表象的和概念的思维方法从根本上讲是二值的；它探讨任何问题时，总要将其分成两极，然后再寻求两者之间的关系。不先构造出这样一个有形或无形的框架，它就无从下手。认知一定要由主体相对客体讲起；认知对象一定有形式与内容之分；终极存在要么是实体，要么是性质；这实体要么是一，要么是多；人的本性一定要从物质（肉体）和精神（心灵）来考虑；人的认知能力也就要分为感觉直观和理智思想两层；研究的方法则要从分析或综合开始；等等。然而，海德格尔从他早年的思想经历中已体会出，用这种方法永远达不到对终极问题的中肯解答。现象学的“到事情本身之中去”和“范畴直观”的新思路在某种程度上咬开了这种二元化的现成硬壳，因为它要求在一起手处便有双方的相互构成；比如“实际生活体验”中已有非概念化的理性和意义，用不着更高的形式规范来授予。而且，海德格尔发现，即使是极敏感出色的哲学家，比如康德和胡塞尔，当他们自身造成的思想势态（“先验的想象力”、“意向构成”）要求着一种终极突破，即在终极视野中消去二值框架的有效性时，也还是不能跨出这最关键的一步，因为他们确确实实地感到：如果消去了这最根本的大框架，就一切都不可测了。于是，在终极问题的关键处，他们也就只能靠在分叉之间的滑来滑去维持一种不生育的平衡。

作为一位有过千辛万苦的思想探求历程的思想家，海德格尔深知这种“畏”（缩）的某种合理性，离开框架而没有真切的缘发机制就意味着对一切思想成果的放弃，或新的形而上学构架的出现。他提出的这个“自身的缘构发生”就旨在做这最重要又最危险的“画龙点睛”的工作，让思想在终极的尖端、在令康德、胡塞尔、亚里士多德也把持不住的打滑处维持住一个纯发生的平衡。因此，二元框架的效力被消解，范畴“间隔”被转化为引发“争斗”的几微“间隙”。这里没有二值构架的简单抛弃，就像神秘主义者所希望的，而是它的转化、间隙化和势态化。

说这“自身的缘构发生”就像古希腊的逻各斯和中国的道一样“难于翻译”，也是极有深意的。首先，它表明了在海德格尔的心目中，这三者的含义都超出了本质上是分叉的概念名相所能传达者，所以无法被某个现成的词翻译，比如上面提到的被人用来翻译“道”的那些词。但是，这并不意味着它们与语言无关；恰恰相反，这些词义非在纯显现的或“让其显现”的语言经验中被当场引发出来并保持在这语境之中。就在上面这段引文中，可以看出，海德格尔动用了德文的和他自创的一切纯势态的语言手段，去粘黏、影射、牵引、开启和维持住“Er-eignis”这个词的纯缘构的含义，而绝不让它被现成化为任何一种现成观念。这是语言本身、思想本身在终极处吐出的气势磅礴的火花和剑芒，根本无法一一对应地翻译，但可凭语境本身的意义态势而相互领会。这也就意味着，“缘构发生”只能被理解为本身充满意义势态的境域。“这个自身的缘构发生是这样一个自身摆动着的域，通过它，人和存在在其本性中达到对方，并通过脱开形而上学加给它们的那些特性而赢得它们的缘构发生的本性。”①

从以前对老庄之道以及其他天道思想的分析可以看出，海德格尔用“(自身的)缘构发生”来比拟中国道是很有见地的。这天道不是任何意义上的“可道”对象，包括形而上学理论框架赋予的对象，却能以各种(儒、道、兵、法、禅)方式被引发、被充满势态地维持在了真切的终极领会处。这是一切观念达不到的，或“过”或“不及”的至诚时中之处和任势乘化之处。《老子》第40章讲：“反者，道之动”；是因为

① 海德格尔：《同一与区别》，第26页。

这道在根本处是不平静的，它那里没有可供概念把捉者，只有在相反相成的“恍惚”和“混成”中构成的象、物、精、信。所以，老庄和其他天道思想家的言论中到处是“反”语和构境之语。思想的湍急之处，语言的天机必张，在回旋投射中彰显出那“不可被说”者和“难于翻译”者。

3. 道与语言

以上的讨论已表明，终极实在不是缘境之外的实体或意义单位，而就在境域中构成自身。所以，表象的、概念的、传送式的语言手段永远对付不了这样的非现成终极，因为它实在是贴近恍惚得如鬼影附形、与语言本身难分彼此。这种实在的含义只能在语言本身的运作中纯境域地显现出来、道将出来。因此，很明白这层道理的海德格尔在讨论了道路之道的非现成性和构成域性之后，说出了这样一句话：“很可能，在‘道路’，即‘道’这个词中隐藏着思想着的说(Sagen)的全部秘密之所在。”[①]对比了“自身的缘构发生”、“希腊的逻各斯”和“中国道”之后，他这样写道：“将此缘构发生思索为自身的缘发生(Er-eignis)意味着对于这个自身摆动的境域的结构(Bau)进行建构(bauen)。思想从语言得到去建构这种自身悬荡着的结构的工具，因为语言乃是最精巧的，也最易受感染的摆动。它将一切保持在这个自身缘构发生的悬荡着的结构之中。就我们的本性是在这个悬荡着的结构中所造成的而言，我们就居住在此自身缘构发生之中。”[②]如果没有上一节的讨论，海德格尔的这种“道言观”很可能会令一些

① 《在通向语言的道路上》，第198页。

② 《同一与区别》，第26页。

人感到牵强。我们也知道,海德格尔在与萧师毅的合作中曾一再追问"道"在中文中的各种意思。所以,他应该知道"道"这个字所具有的"言说"之义,尽管萧师毅很可能不会向海德格尔建议这个意义与老子的"道"有何重要关系。然而,就凭上面已讲过的学理本身的内在要求,海德格尔就可以达到"'道'这个词中隐藏着思想着的说的全部秘密之所在"的结论。它比任何考据都更重要。海德格尔之所以讲到"老子的诗化思想",不只是由于他知道《道德经》由韵文写成,更因为他认为老子关于道的思想本身就是诗性的,或由语言本身的构成势态"道"出的,而非是作为命题对象被表达出的。此外,揭示出"道"本身的"道言"维度对于复活道的原义是非常关键的一步。

4. 道、技艺与技术

海德格尔谈"道"和引述老庄的四篇文章都以这种或那种方式涉及到"技术"和技术性的"方法"。这与他对道和老庄的理解以及他本人的学说脉络有关。"湍急的道路"意味着道与"间隙"以及"技艺几微"的含义紧密相关;"老子的诗化思想"、"语言的全部秘密之所在"等讲法又点出了道与语言的诗性之思的关联。而且,中国的主导词"道"也与海德格尔的主导词"自身的缘构发生"相提并论。然而,我们知道,技艺、诗、缘构发生的含义都与他讨论的技术问题的思路直接相关。

海德格尔一再提醒,技术和方法有着"令人费解的力量",[①]并"从根本上决定着现实的一切现实性"。[②] 在他看来,通过技术构架

① 《在通向语言的道路上》,第198页。

② 海德格尔:《全集》第79卷,第95页。

去经历实际存在是我们这些在西方文明影响圈中的现代人不可避免的命运，因为这技术就来自人的技艺本性和西方古希腊概念哲学的联手。这种技术和方法威胁到了我们的生存境域，因为它只会以“整齐划一”的方式“冲压”我们的生存形态。“这种[技术]方法，所跟随的实际上是‘道路’的最极端的蜕变和退化的形式。”[①]但是，即便是作为道路的最退化的形式，这技术方法也还是与道和缘构发生有斩不断的关联。所以，技术造成的历史命运不会被“不要技术”的意向和做法所改变；改变只能来自追溯这技术的技艺和“自身缘构发生”的本源；以求在这种回复之中“脱开形而上学加给的那些特性”而返回到人的缘构生存形态之中去。正是在这个追本溯源的转化努力中，海德格尔最强烈地感受到了中国道的思想吸引力。在他看来，这道是“湍急的”，也就是充满了技艺几微（诗、语言）的引发间隙的；走上这种道路的思想就势必脱去观念化的现成思路和价值取向，在由这间隙引发的，而不是范畴割裂的缘构发生的境域中重新赢得自己的本性。因此，在并提“自身的缘构发生”与“中国道”之后，海德格尔马上讨论了这缘构发生之道对于解决技术问题的关键意义：“一个在这样的缘构发生中出现的对于这个[技术]机制的转化——它绝非单靠人的力量可以做成——带来的是一个此技术世界的缘构发生式的回复，即从它的统治地位转回到在一个境域中的服务。通过这样一个境域，人更真态地进入到此缘构发生中。”[②]这种“技术世界的缘构发生式的回复”之所以可能，就是因为人的缘构发生的原初方式不是现代技术而是技艺活动，特别是诗化的活动。人类的唯一希望——这个能“救我们”的神——就是隐藏在技术本质中的诗性几微和境

① 《在通向语言的道路上》，第197页。

② 《同一与区别》，第25页。

域。在这方面,老庄所代表的中国道的“诗化的思想”就有“无用之大用”、“无为之大为”。“此道路即是那将我们移交给我们所属于之处[的力量]。……是那为一切开出道路之道域。在它[‘道’]那里,我们才第一次能够思索什么是理性、精神、意义、逻各斯这些词所真正切身地要说出的东西。”[①]西方的概念“理性”形成了技术本质中的硬性的一面;对于这种理性的非概念前提(湍急的人生生存体验)的开启意味着“思索……这些词所真正切身地要说出的东西”,这也就是从根本上化解技术的“统治地位”,使之转回到服务于人生境域的柔性角色中。以这种方式,这条中国的思想道路“将我们移交给我们所属于之处”。

因此,海德格尔引用老庄原话的那两处都涉及到让技术“回复”到缘发生境域这个当代最重要的问题。在“思想的基本原则”(1958年)中,他这样写道:

> 此[与黑暗相缘生的]光明不再是发散于一片赤裸裸的光亮中的光明或澄明:“比一千个太阳还亮”。困难的倒是去保持此黑暗的清彻;也就是说,去防止那不合宜的光亮的混入,并且去找到那只与此黑暗相匹配的光明。《老子》(第28章,V. v. 斯特劳斯译)讲:“那理解光明者将自己藏在他的黑暗之中[知其白,守其黑]。”这句话向我们揭示了这样一个人人都晓得,但鲜能真正理解的真理:有死之人的思想必须让自身没入深深泉源的黑暗中,以便在白天能看到星星。[②]

---

① 《在通向语言的道路上》,第197—198页。

② 《全集》第79卷,第93页。

对于海德格尔的后期“行话”以及有关问题缺少了解的人无法理解这段话。“光明”、“澄明”意味着揭蔽状态，“黑暗”意味着遮蔽的、隐藏的状态。在海德格尔看来，现代技术是一种构架化的单向开发活动，只知去揭蔽、去开发知识与有用的光明，而不知保持这揭蔽的前提，即隐藏着的境域势态（“大地”、“黑暗”）。这种技术型的揭蔽开光的极端例子和结果就是原子弹的爆炸产生的致死强光：“比一千个太阳还亮”的赤裸裸的光亮。为了改变这种局面，就需要寻到“那只与黑暗相匹配的光明”，也就是与人和生命的境域势态共尺度的光明、知识和可用性。而这也正是老子讲的“知其白，守其黑”中蕴含的智慧。“白”在这里代表阳、动、光亮、乾、有；“黑”则代表阴、静、黑暗、坤、无。而真正理解了光明一面的人一定会“将自己藏在他的黑暗之中”，因为离开了这一面，光明和刚阳就无天势可依，就会干枯为坚强的“死之徒”，或“处于陆”的鱼虾。“有死之人”则意味着人的根本“有限性”①或“缘在”本性。作为缘在，人只能从自己的实际生存缘境中获得意义和生命来源；也就是说，他必须让自身先“没入深深泉源的黑暗中”，取得天然的缘发势态，然后才能与这个已经与自己相缘生的世界发生知识的、实用的、价值的关联。他的真正切身的存在方式就在于不离开这黑暗泉源、境域的势能所在，以致“在白天[也]能看到星星”。生存的智慧就意味着穿透理智和实用的白昼世界而看到神意之星。这“星星”代表黑夜境域本身的“清彻”之处。海德格尔在他《出自思想的体验》的诗中写道：“朝向一颗星星，只此而已。/思想就意味着收敛到一个所思；/就像一颗星星，这思想保持在世界的天空。”②

---

① 海德格尔：《康德书》，第 21 页。

② 海德格尔：《出自思想的体验》，第 7 页。

细细体会“思想的基本原则”中的这一小段话，可以帮助我们看出海德格尔前期思想过渡到后期的契机所在，即以“先行的决断”或“去除遮蔽”为特征的真态生存方式学说为何一定要改变为以开合互构为特征的缘构发生说。此外，海德格尔在《流传的语言和技术的语言》中讨论庄子“逍遥游”末段（论“无用之大用”）的文字也包含类似的思路。只是在那里，“有用”取代了“光明”的地位，“无用”取代了“黑暗”的地位；“此无用者正是通过不让自己依从于人[的标准]而获得了它的自身之大[即‘大树’之‘大’]和决定性的力量。”[①]由此，也可以感受到中国天道的智慧有多么深远的，还隐藏着的思想维度可以开发。通过海德格尔这座宏大的、充满了引发“间隙”的思想桥梁，那被人讲疲殆了的甚至宇宙论化了的“阴阳”学说似乎一下子恢复了它原发的纯思想势态，不但可以与西方哲学中的问题产生“意义的粘黏”，而且势必被牵引到构成人类实际生存的历史运作之中。

发自技艺几微的活动与技术活动的不同就在于前者不是单向的，只知用势和耗势；而是能“知其白，守其黑”，在用势的同时玄妙地蓄势或转化出新的生存势态。这也就是老子和孔子的诗化之思所要开创和回复的天下大化的人生境界。只要还有人生和世界，这智慧就不会过时，如果我们还能领会这“时”的纯势态的和纯机缘的道境含义的话。

---

① 海德格尔：《流传的语言和技术的语言》（*Ueberlieferte Sprache und Technische Sprache*），Erker，Herausgegeben von Hermann Heidegger，1989 年，第 8 页。

二十一、魂归乡土

60年代和70年代前一半的时间内，海德格尔的生活中似乎再没有大的起伏动荡。值得一提的一件事是：1966年9月23日，他接受了西德《明镜》杂志记者的采访，回答了他与纳粹政权的关系的问题，并谈了对于现代工业文明的看法。按照双方的约定，这次采访的记录只能在海德格尔死后发表。

1976年5月26日，马丁·海德格尔逝世于弗莱堡，享年87岁。他自年青时曾患有心脏病，因而几度改变了生活道路。尽管这样，他活了几乎九旬。除了有强健体力这一原因外，山野小屋中的沉思生活想必也大有益于其生命。

按照海德格尔本人的遗愿，他的遗体很快运回家乡梅镇安葬。5月28日，葬礼在梅镇公墓的小教堂举行，由海德格尔的侄子，即弗里茨·海德格尔的次子亨利希·海德格尔主持。亨利希是一名天主教神父，供职于巴登州的圣勃拉西恩(St. Blasien)教堂。出席者有海德格尔的亲属、朋友和梅镇镇(市)长。除了没有"焚香洒净"(Weihrauch und Weihwasser)之外，其仪式可说是一个天主教徒的葬礼。齐唱圣歌之后，梅镇的Kreetzer合唱队唱了挽歌，然后由亨利希读祈祷文。接着，海德格尔的同乡、朋友、天主教神父和神学家B. 威尔特(Welte)发表了题为"寻求与发现"的悼词，并朗诵《旧约》中"诗篇第130首"。海德格尔曾在1976年1月14日与他通了一个很长的电话，请他在自己的葬礼上致悼词。故有此举。随后又是亨利希诵读《马太福音》中的片断。然后由镇长致词。随后在梅镇乐队的伴奏下，护送棺木前往墓穴安葬，全体出席者齐唱“我们的父……”最后一项是由海德格尔的儿子赫尔曼朗读海德格尔生前选好的弗里德里希·荷尔德林的诗歌片断。[①]

然而，关于此葬礼的宗教含义和安排也出现了争议和问题。按亨利希所讲，在海德格尔去世前的那个生日（1975 年 9 月 26 日），他询问其伯父死后葬礼如何安排，海德格尔回答说要一个在家乡举行的天主教的葬礼，但不要焚香洒净，不用拉丁文而用德文，最后由赫尔曼朗读荷尔德林的诗节。[②] 但海德格尔的儿子赫尔曼则否认这次葬礼的天主教本质。按照他的说法，其父生前是与 B. 威尔特教授商定葬礼事宜的，而亨利希在执行时加上了海德格尔所没有要求的天主教仪式色彩。其父在第一次世界大战之后就已脱离天主教的影响，十分同情新教。[③] 赫尔曼在反驳奥特的海德格尔传记的文章中曾写道：“作为侄子的亨利希·海德格尔本应按海德格尔的愿望在我们父亲的葬礼中**只说拉丁文**。海德格尔**根本没有**要求过‘预订好的天主教葬礼的文本和仪式’。埃尔芙丽德·海德格尔[海德格尔的夫人] 对于这位侄子在公墓小教堂中向来宾致意的方式和在公开葬礼中**不遵守**海德格尔的最后愿望的做法表示愤慨。”[④]

B. 威尔特的题为“寻求与发现”的悼词是一篇精心之作。它既讲到了海德格尔一生的“道路”、他对“死亡”（及“存在”）的看法，也谈

---

① 以上葬礼的叙述基本上根据亨利希·海德格尔向本书作者提供的此葬礼的程序表，上面有梅镇镇长 S. Schuehle 的签字。此葬礼于 1976 年 5 月 28 日下午 2 点在梅镇公墓举行。

② 此说得自张祥龙和赖贤宗 1997 年 10 月 11 日晚在亨利希家中的采访。

③ 此信息来自 1997 年 10 月 12 日傍晚张祥龙和赖贤宗采访赫尔曼·海德格尔时的谈话。

④ H. 海德格尔：“经济史学家和真理”，《海德格尔研究》第 13 卷，1997 年，Berlin：Dunker & Humblot，第 192 页。

到了这次葬礼的宗教性质。让我们来看一下其中的一些重要段落：

马丁·海德格尔的道路达到了它的尽头(Ende)。……

……

他就出自这片梅斯基尔希的家乡土地。他的思想已震动了这个世界和这个世纪。他也为整个西方历史带来了新的光明、问题和阐释。在海德格尔之后,我们已不像从前那样回顾我们的历史。而且,我们不是也因此以异样的眼光来打量未来?

他永远是一位寻求者,永远在道路之中。他在不同的各种场合都强调他的思想是一条道路。在这条道路上,他无止息地漫游;其间有曲折和转向,也有错误的路段。海德格尔总是将它理解为一条被分派给他和被指引给他的道路。他在自己写的文字中寻找对于这种指引的回答,不断倾听着这使人领会的指引。思想(denken)对于他就是答谢(danken),就是对于这[存在的]惠顾的充满感激的回答。

这位伟大的思想者如何思考他现在已遭遇了的死亡?……有死者是会死的,因为他们能够死。关于死,他这样说道:"死是无(Nichts)的圣龛。它不是任何意义上的单纯存在者,但却还是在场地存在着(west),即作为存在本身的隐秘(Geheimnis)而在场存在。死亡将存在的本性作为无之圣龛隐藏在自身之中。这死亡就是作为无之圣龛的存在之隐藏地(Gebirge des Seins)"(出自《演讲与论文集》,Pfullingen, 1954年,第177页)。存在的隐藏地意味着:这死亡抢救和隐藏(birgt und verbirgt)了某种东西;它的无不是[干瘪的]无。……它抢救和隐藏了这全部道路的目的,它在这里就被称为存在。

但什么是众神(die Goettlichen)?如海德格尔在这里

[“物”这篇文章]所说，众神就是“提示神性的信使”(《演讲与论文集》，第150、177页)。出自消逝的、死的、无的和存在的境域(Gegend)，这众神提示着，并且海德格尔的思想道路就迎着这提示而延伸过去，需要的是去倾听这提示并且通过这众神的提示等待着那位神圣之神的显示(der Epiphanie des goettlichen Gottes)。这位伟大思想者的全部思想都在这条道路上。

……

将马丁·海德格尔按基督教的方式安葬是合宜的吗？这符合基督教的福音吗？适合于海德格尔的思想道路吗？不管怎样，这是他本人的意愿。他也从未断绝过与信仰者共同体的联系。当然，他走的是他自己的道路，他一定要依从内在的召唤将它走完。人们不能不带着犹豫称之为通常意义上的基督教道路，但它可能是本世纪最伟大的寻求者的道路。他以期待着和倾听[福音]消息的方式寻求着这神圣之神及其光辉，同时也在基督的讲道中寻求着神。因此，我们确实可以在这位伟大寻求者的墓边说出福音书中的慰藉之词以及[《旧约》]“诗篇”中的祷词，首先是“出自深邃处”的那首诗篇[第130首]，以及一切祈祷中的最伟大者，即基督传给我们的那个祈祷。①

这篇悼词的立意明显地受到海德格尔的短文“田野道路”(Feldweg)的影响，说出了海德格尔一生的一个最重要特点，即他是一位永在道路之上的寻求者，而这“漫游”绝不是无根的、相对主义的，而恰恰是对终极(神与神性)的隐秘的在场存在的倾听、应答与揭示。

---

① 威尔特(Bernhard Welter)：“寻求与发现”(Suchen und Finden)，译自《海德格尔(1889—1976年)纪念集》(*Zum Gedenken an Martin Heidegger 1889—1976*)，家乡梅镇编辑出版，1977年，第6—9页。

关于这条人生道路以及这次葬礼的本性，威尔特很明智地谈得比较谨慎："人们不能不带着犹豫称之为通常意义上的基督教道路"。但他作为海德格尔的同乡，即作为这有千年基督教（天主教）传统的梅斯基尔希镇生存体的一员，认识到海德格尔"也在基督的讲道中寻求着神"，因此面向这刚刚安息的死者"说出福音书中的慰藉之词……"也确是合情合理的。**但是**，不要忘记了，这道路从根本上乃是"实际生活本身的形式－境域显示"，它里边的蓬勃、曲折、转向、晦暗、苦痛和"柳暗花明又一村"的境界是不能被某一个传统所涵盖尽的，不管称之为天主教、新教或别的什么。本书作者 1997 年 10 月在梅镇公墓看到这样的情景：鲜花装点着并排的三座墓和三块碑，两边是海德格尔的父母和兄弟弗里茨夫妇的墓，中间则是海德格尔的。两边的墓碑稍小，都镶有一个十字架，表明墓主的信仰。马丁·海德格尔的墓碑上没有十字架，但正上方的中间有一颗极为醒目的、似乎在闪烁着光芒的八角星。这白天能看到的星光使我想到海德格尔 1958 年"思想的基本原则"一文中引用《老子》时所写的一段话：

> 这光明不再是发散于一片赤裸裸的光亮中的光明或澄明："比一千个太阳还亮。"困难的倒是去保持此黑暗的清澈；也就是说，去防止那不合宜的光亮的混入，并且去找到那与此黑暗相匹配的光明。《老子》（第 28 章，v. 斯特劳斯译）讲："那理解光明者将自己藏在他的黑暗之中"［"知其白，守其黑"］。这句话向我们揭示了这样一个人人都知晓，但鲜能真正理解的真理：会死的人的必须让自身没入深深泉源的黑暗中，以便在白天能看到星星。①

① 《全集》第 79 卷，第 93 页。

这样，我们便可以用海德格尔的话来发问："这条道路把我们引到哪里来了？"[1]对它的一种（虽然不是最明显的，却可能是最"隐秘"的）回答，用海德格尔自己的话来讲就是：

> "道路"(Weg)很可能是一个语言中古老和原初的词，它向深思着的人发话。在老子诗化的思想之中，主导的词在原文里是"道"(Tao)。它的"真正切身的"(eigentlich)含义就是"道路"(Weg)。……此道(Tao)能够是那为一切开出道路之道域。在它那里，我们才第一次能够思索什么是理性、精神、意义、逻各斯这些词所真正切身地要说出的东西。很可能，在"道路"(Weg)，即道(Tao)这个词中隐藏着思想着的说(Sagen)的全部隐秘之所在(das Geheimnis aller Geheimnisse，玄之又玄者)。[2]

如今，少年海德格尔经常走过的那条"田野道路"已被命名为"海德格尔田野道路"。它仍然在耶稣受难的"十字架"那里拐弯，但也仍然"弯向森林"。就在那林边，仍然有高大的橡树和树下的粗木长椅。那椅上现在和未来仍会坐着读"伟大思想者们的作品"[3]的孩子和少年。他们也可能走向山间的森林草地，在自然的宁静和生动之中倾听那更加遥远的"道"的呼唤。

---

① 海德格尔：《同一与区别》，第 25 页。

② 海德格尔：《在通向语言的道路上》，第 198 页。

③ 海德格尔：《诞辰纪念集(家乡梅镇编辑)》，1969 年，第 11 页。

《现象学研究丛书》书目

后哲学的哲学问题　孙周兴 著
语言存在论　孙周兴 著
从现象学到孔夫子（增订版）　张祥龙 著
在的澄明　熊　伟 著
开端与未来（增订版）　朱　刚 著
从现象学到后现代　蔡铮云 著
现象学及其效应　倪梁康 著
时间与存在　方向红 著
质料先天与人格生成（修订版）　张任之 著
海德格尔哲学概论　陈嘉映 著
诠释与实践　张鼎国 著
胡塞尔与海德格尔　倪梁康 著
胡塞尔现象学概念通释　倪梁康 著
海德格尔传　张祥龙 著
胡塞尔与舍勒　倪梁康 著
缘起与实相　倪梁康 著
错位与生成　蔡祥元 著
在–是　李　菁 著
意识现象学教程　倪梁康 著
反思的使命（卷一、卷二）　倪梁康 著